Tarcízio da Rocha

Excel 2007
Sem Limites

Excel 2007 - Sem Limites

Copyright© Editora Ciência Moderna Ltda., 2010.
Todos os direitos para a língua portuguesa reservados pela EDITORA CIÊNCIA MODERNA LTDA.

De acordo com a Lei 9.610, de 19/2/1998, nenhuma parte deste livro poderá ser reproduzida, transmitida e gravada, por qualquer meio eletrônico, mecânico, por fotocópia e outros, sem a prévia autorização, por escrito, da Editora.

Editor: Paulo André P. Marques
Supervisão Editorial: Aline Vieira Marques
Revisão: Nancy Juozapavicius
Capa: Flávia Lamego
Diagramação: André Oliva
Assistente Editorial: Ana Cristina Andrade

Várias **Marcas Registradas** aparecem no decorrer deste livro. Mais do que simplesmente listar esses nomes e informar quem possui seus direitos de exploração, ou ainda imprimir os logotipos das mesmas, o editor declara estar utilizando tais nomes apenas para fins editoriais, em benefício exclusivo do dono da Marca Registrada, sem intenção de infringir as regras de sua utilização. Qualquer semelhança em nomes próprios e acontecimentos será mera coincidência.

FICHA CATALOGRÁFICA

ROCHA, Tarcízio da.
Excel 2007 - Sem Limites
Rio de Janeiro: Editora Ciência Moderna Ltda., 2010

1. Informática
I — Título

ISBN: 978-85-7393-923-1   CDD 001.642

Editora Ciência Moderna Ltda.
R. Alice Figueiredo, 46 – Riachuelo
Rio de Janeiro, RJ – Brasil   CEP: 20.950-150
Tel: (21) 2201-6662 / Fax: (21) 2201-6896
LCM@LCM.COM.BR
WWW.LCM.COM.BR

DEDICATÓRIA

Dedico esta obra à minha família e a todos que fizeram e fazem parte da minha vida. Em especial, e não poderia ser diferente, dedico à minha esposa Joseli (Jô), a qual tem sido um mar de paciência diante de grandes lutas e ausências de minha parte.

AGRADECIMENTOS

Em primeiro lugar, agradeço a Deus pela vida, força e capacidade de estudar, testar e escrever mais esta obra. Agradeço aos filhos maravilhosos que Deus me deu, os quais têm sido incentivos para que eu siga sempre em frente e jamais desista. Novamente agradeço de modo especial às minhas filhas Thayná, Thábata e Thuane, as quais têm assumido postos acima de suas alçadas para dar conta de cumprir com as necessidades da nossa empresa.

UM NOVO VISUAL COM NOVAS TECNOLOGIAS

Como o leitor já deve ter notado, a nova interface do Office 2007, tanto do Excel, Word ou PowerPoint, está muito mais organizada e adequada às necessidades dos usuários. Essa nova interface foi projetada para permitir que possamos desenvolver documentos com maior rapidez, facilidade e profissionalismo.

As modernizações não se limitam à aparência e disposição das ferramentas, mas abrangem todas as funcionalidades dos Aplicativos do pacote Office. O Office aprimorou as ferramentas de imagens e elementos gráficos para ajudar você a produzir documentos de texto, planilhas e apresentações com melhor aparência e com muito mais rapidez.

Uma variada biblioteca de ferramentas de formatação rápida e diagramas "SmartArt" facilitam a inclusão de visualizações ricas e surpreendentes.

MICROSOFT EXCEL 2007

Bem-vindo ao Microsoft Office Excel 2007, incluído na versão 2007 do Microsoft Office system. O Office Excel 2007 é um poderoso programa de criação de planilhas eletrônicas de dados que dá a você a habilidade de criar e compartilhar planilhas combinando um conjunto abrangente de ferramentas de desenvolvimento com a interface do usuário Microsoft Office Fluent.

O Office Excel 2007 ajuda os profissionais da informação a criar conteúdo de aparência profissional de forma ainda mais rápida. Com uma variedade de novas ferramentas, você pode criar planilhas, gráficos, funções, fórmulas e etc. rapidamente, usando elementos pré-definidos. O Office Excel 2007 é a opção ideal para criar soluções integradas de gerenciamento e gestão de empresas, e certamente tem a capacidade de satisfazer todos os requisitos de qualquer profissional em qualquer área de atuação.

Para isso, possui uma grande diversidade recursos que iremos ver gradativamente neste livro.

SUMÁRIO

Capítulo 01 - Inicializando o aplicativo

Analisando cada item da tela inicial	2
Configurando a Barra de Acesso Rápido	4

Capítulo 02 - Salvando inicialmente o documento

Salvando o documento atual	11
Selecionando e arrastando células	12
Selecionando intervalos de células subsequentes	12
Selecionando intervalos de células aleatórias	13
Copiando/Recortando e colando	13
Colando o conteúdo da área de transferência	14
Colagem específica	14
Colar Especial	15
Arrastando células dentro da planilha	17
Preenchimento automático	18
Autopreenchimento com arraste	18
Alterando o intervalo de incremento	18
Autoincremento com número e texto	19
Incrementando meses	19
Ajustando a largura de colunas e linhas	20
Ajustando colunas e linhas pela caixa de diálogo	20
Ajuste automático de linhas e colunas	22
Formatando várias colunas ou linhas juntas	23
Inserindo e formatando texto em uma planilha	23
Formatando células e intervalo de células	24
Formatando manualmente	24
Outros meios para formatar rapidamente uma tabela	27
Alterando cores rapidamente	27
Criando uma nova planilha	28
Inserindo planilha pelo menu da faixa de opções	29
Inserindo planilha pela paleta de nomes de planilhas	29
Excluindo uma planilha	30
Renomeando planilhas	30

Capítulo 03 - Configurando tipos de dados

Alterando o tipo de dado	33
Alterando casas decimais	34
Outros Tipos de formatos de dados	35
Alternado o tipo de dado em dois cliques	36
Mesclagem de células	36
Mesclando células	36
Quebra automática de texto	37
Alternado o ângulo de escrita	38
Selecionando coluna e linha	40
Selecionando diversas linhas ou colunas	40
Selecionando linhas ou colunas aleatoriamente	41
Inserindo imagem numa planilha de dados	41
Editando figuras no Excel 2007	42
Inserindo Clip-Arts	44
Trabalhando com formas	45
Inserindo uma forma na planilha do Excel 2007	45
Editando formas	46
Temas	48
Configurando temas	49
Configurando página	50
Margens	50
Orientação do papel	50
Tamanho da página	51
Definindo uma área de impressão	52
Quebra de página	53
Aplicando uma quebra de página	54
Visualizando quebras de página	55
Alterando a área de abrangência da página	55
Imprimindo uma página específica de uma quebra de página	56
Repetindo rótulos de tabelas	57
Repetindo a linha 1 nas páginas impressas	57
Removendo quebras de página	58
Redefinindo quebras de página	59
Plano de fundo	59
Inserindo uma imagem como plano de fundo	60
Excluindo um plano de fundo	60
Imprimindo linhas e títulos	61
Configurando detalhes da quebra de página	61

Capítulo 04 - Caixas de Texto

Inserindo caixa de texto	63
Inserindo texto na caixa	63
Formatando a caixa de texto	64
Cabeçalho e Rodapé	65
Inserindo cabeçalho personalizado	65
Inserindo dados no rodapé	66
Primeira página diferente	67
Ocultando e Mostrando a Grade	68
Ocultando e exibindo a grade	68
Imprimindo a grade	68
Estilo de célula	68
Aplicando estilos nas células	69
Classificação dados	69
Classificando dados	69
Personalizando a classificação	71
Adicionando mais critérios	72
Localizando e Selecionando	74
Localizando	74
Mais opções de localização	75
Substituir	75
Critério de localização preenchimento	76
Ir para	78
Acessando rapidamente os modos mais usados de localização	79

Capítulo 05 - Formatação condicional

Aplicando regras condicionais	81
Passando parâmetro de texto	83
Efeitos Barras de dados	84
Usando símbolos estatísticos	86
Condicionais personalizadas	87
Criando nova condicional	87
Editando uma condicional	90
Limpando regras de um intervalo	91
Limpando regras de toda a planilha	91
Tabela dinâmica	91
Gerando uma tabela dinâmica	92

Filtrando rótulos na Tabela Dinâmica 96
    Caracteres coringas 98
        Exemplo de uso do Asterisco como coringa 98
        Exemplo de uso do ponto de Interrogação como coringa 98
Alternando entre rótulos 99
Filtrando valores 100
Omitindo registros do filtro 101
Alterando a função automática 102
Alterando a ordem dos campos (colunas) 104
Opções da Tabela Dinâmica 105
Alterando rapidamente detalhes da Tabela 106
Alterando o design (Layout) da Tabela Dinâmica 106
Alterando o layout do relatório 106
Alterando a fonte de dados da Tabela Dinâmica 107

Capítulo 06 - Gráfico Dinâmico

Inserindo um Gráfico Dinâmico 109
Habilitando campos de dados 112
Aplicando filtros no Gráfico Dinâmico 114
    Filtrado pelos rótulos 115
Limpando o filtro 117
    Filtrado pelos Valores 117
Alterando o tipo de gráfico 119
Gráficos 120
    Criando um gráfico 120
Alterando detalhes do gráfico 122
Selecionando detalhes do gráfico 123
Inserindo um gráfico vazio 126
Inserido uma fonte de dados 127
Alterando o tipo de gráfico 129

Capítulo 07 - Hiperlink

Acessando um endereço da Web 131
Abrindo um documento existente 132
Navegar entre planilhas 133
Abrindo um novo documento 134
Link para envio de e-mail 135
Incorporando objetos externos 136

Inserindo o objeto Corel Graphic	137
WordArt	139
Inserindo WordArt	139
Editando o texto do WordArt	140
Usando a barra de ferramentas de formatação do WordArt	141

Capítulo 08 - Trabalhando dados diversos

Dados externos	143
Bancos de dados em arquivos de texto	144
Importando dados do Access	144
Importando tabelas da web	146
Importando arquivos de texto	149
Outros tipos de conexões	153
Verificando conexões existentes	153
Gerenciando conexões	155
Definições de Conexão importantes	157
Alterando o arquivo ou fonte de dados externa	158
Filtros	158
Filtragem rápida de dados	158
Escolhendo a coluna de filtragem	159
Adicionando parâmetros condicionais	161
Caracteres coringa	162
Removendo um filtro	163
Filtro Avançado	163
Inserindo critérios de filtro	166
Criando o filtro avançado	166
Filtro usando caracteres coringas	168
Exibindo resultado de filtragem separadamente	170
Outro exemplo de Filtro Avançado	173
Aplicando critérios de filtragem em múltiplas colunas	175

Capítulo 09 - Subtotais

1 - Total geral	180
2 – Somente os subtotais	180
3 – Somente os subtotais	180
Excluindo subtotais	181
Agrupamento de células	181
Agrupando intervalo de linhas	182

Modos de visualização	185
Desagrupando intervalo	186
Limpando estruturas de tópicos de uma só vez	186
Remoção de dados duplicados	187
Removendo dados duplicados	187
Conversão de texto em colunas	189
Consolidação de dados	195
Consolidando dados da mesma planilha	196
Consolidando dados de várias tabelas na mesma planilha	199
Consolidando dados de planilhas diferentes	201
Consolidando dados de documentos diferentes	201

Capítulo 10 - Análise hipotética

Cenário	203
Mostrando os resultados na tabela original	207
Atingir Meta	208
Validação de dados	211
Validando número inteiro	211
Personalizando mensagens	213
Mensagem de entrada	213
Alerta de erro	214
Validando número decimal	215
Criando lista ou DropDown	216
Validando Data	218
Validando Hora	218
Validando o comprimento do texto	219
Rastrear células precedentes e dependentes	221
Células precedentes	221
Células dependentes	221
Rastreando células Precedentes	221
Rastreando células Dependentes	222
Removendo rastreamento	224
Mostrando fórmulas existentes	225
Verificando erro de fórmulas	225
Janela de Inspeção	229
Adicionando uma célula para inspeção	229
Removendo um item da lista	230
Funções automáticas	231

Listagem de funções por categoria 232
Acessando as funções por categoria através dos ícones 233
Inserindo funções através do assistente 236

Capítulo 11 - Definindo Nomes

Usando Nomes de Intervalos em equações 241
Usando vários intervalos de uma só vez 242
Gerenciando Nomes 242
Usando Nomes de Intervalos em uma fórmula 243
Corretor ortográfico 244
Verificando a ortografia 244
Adicionando um termo ao dicionário 245
Pesquisando no dicionário da web 245
Dicionário de sinônimos 247
Tradutor 248
Modos de Exibição 248
Modo de Exibição Normal 249
Modo de Exibição Layout da Página 250
Modo Tela Inteira 251
Modo Visualização da Quebra de Página 251
Modos de Exibição Personalizados 251
Aplicando Zoom 252
Aplicando o Modo de Exibição Personalizado 254
Ocultando e Reexibindo planilhas 255
Reexibindo planilhas ocultas 255
Congelando linhas, painéis e colunas 256
Congelando a linha superior 256
Congelando painéis 257
Dividindo planilha 259
Comentários 261
Inserindo um novo comentário 261
Editando um comentário 262
Mantendo o comentário visível permanentemente 263
Mostrando todos os comentários 263
Excluindo comentários 263
Navegando pelos comentários 264

Capítulo 12 - Proteção para acesso restrito

Protegendo Estrutura e Janelas	265
Desprotegendo o documento	267
Protegendo planilhas individualmente	268
Mantendo células desbloqueadas em uma planilha bloqueada	270
Protegendo e compartilhando pasta de trabalho	272
Restrição com gerenciamento remoto	274
Restringindo o acesso não autorizado	275
Restringindo o acesso à pasta de trabalho	281
Acessando o arquivo restrito	283
Gerenciando Credenciais	290
Bloqueando um intervalo de células específico	291
Restringindo acesso a um intervalo de células	292

Capítulo 13 - Funções

Estrutura de soma normal	297
Estrutura de uma função	298
Parâmetros e Argumentos	298
O sinal de igual	299
Sinal de igualdade em texto simples	300
Enganando o Excel com o uso do apóstrofo	300
Separador de parâmetros	301
Separadores de intervalos de células e argumentos	301
Fórmulas	302
Operadores	303
Operadores matemáticos ou aritméticos	303
Ordem de equação	304
A ordem hierárquica	304
Burlando as regras de hierarquia	305
Operadores de comparação ou lógicos	305
Operador de texto	306
Adicionando espaços na concatenação	307
Operadores de Referência	307
Sintaxe de funções	307
Exemplo de sintaxe	307
Mais detalhes sobre funções	308
Função SOMA	308

Sintaxe	308
Função MÉDIA	309
Sintaxe	310
Lógica usada na função média	311
Arrastando fórmulas e funções	311
Restrições da função Média	312
Função MÁXIMO	312
Sintaxe	312
Função MÍNIMO	313
Sintaxe	313
Função HOJE	314
Sintaxe	314
Modo de armazenamento de datas	314
Aplicando datas retroativas e prospectivas	314
Função DATA	315
Sintaxe	315
Função ANO	316
Sintaxe	316
Função MÊS	317
Sintaxe	317
Função DIA	318
Sintaxe	318
Função HORA	319
Sintaxe	319
Função MINUTO	319
Sintaxe	319
Função SEGUNDO	320
Sintaxe	320
Função AGORA	321
Sintaxe	321
Função TEMPO	322
Função DIA.DA.SEMANA	324
Sintaxe	324
Exemplo de Uso	324
Função CONCATENAR	326
Sintaxe	326
Dando espaço à cadeia de caracteres concatenados	326
Concatenando com "E" comercial "&"	327
Concatenando com referência externa	327

Função CONT.VALORES 328
    Sintaxe 328
Função CONTAR.VAZIO 329
    Sintaxe 329
Função CONT.SE 329
Mais exemplos de uso da função CONT.SE 331
Função SOMASE 332
Função condicional ÉTEXTO 334
    Sintaxe de exemplo 334
Usando a função ÉTEXTO 334
Função ÉNÚM 335
    Usando a função ÉNÚM 335
Função ALEATÓRIO 335
    Sintaxe 335
A função ARRED 336
    Sintaxe 336
Função MOD (Resto) 337
Descobrindo se o número é par ou impar com a função MOD 338
Função ALEATÓRIOENTRE 338
    Sintaxe 338
Função SOMARPRODUTO 339
Função CONTAR.VAZIO 340
Função NÚM.CARACT 340
Função RAIZ 341
Função IMRAIZ 341
Função RAIZPI 342
Função TIPO 342
Função INFORMAÇÃO 343
Função TIPO.ERRO 345
Função CÉL 346
Função PAR 348

Capítulo 14 - Funções E e OU

Função E 349
Mais detalhes da função condicional E 350
    Função OU 350
A função condicional SE 351
    Avaliando notas com a função SE 351

Aninhando SE dentro de SE	352
A função SE aninhando outras funções	353
Usando a função E dentro de SE	353
Concatenando dentro da fórmula aninhada	354
Usando a função OU dentro de SE	354
Verificando quantidade de caractere em uma célula	355
Verificando número de caracteres e tipo de dados usando SE	355
Função NÃO	356
Função ESCOLHER	356
Função COL	358
Função COLS	358
Função PROCH	359
Usando na prática a função PROCH	360
PROCH em SE e CONT.SE	363
Função CORRESP	363
Função LIN	364
Aninhando as funções CONCATENAR, LIN e COL	365
Função LINS	365
Função PROCV	366

Capítulo 15 - Macros

Módulos	371
Modos de criação de macros	371
Modo gravação	371
Modo editor de VBA	371
Exibindo o painel Desenvolvedor	372
Gravando uma macro	373
Iniciando a gravação	374
Executando uma macro criada	376
Como as macros são formadas	377
Criando novas funções pelo editor de VBA	380
Inserindo novo módulo	380
Renomeando o módulo	381
Acessando a área de edição de código do VBA	381
Estrutura de uma função em VBA	382
Função usando a estrutura Select Case	383
Comentando código no Visual Basic	383
Aplicando funções criadas na planilha do Excel	384

Função usando o laço (loop) If...Then...Else 385
Testando valores lógicos com laço 386

Capítulo 1

Inicializando o aplicativo

O Excel 2007 poderá ser inicializado pelo método padrão, ou seja, seguindo um destes dois caminhos:

1 – Iniciar > Programas Microsoft Office > Microsoft Office Excel 2007.

Figura 1.001

2 – Dando duplo clique no ícone do aplicativo na Área de trabalho.

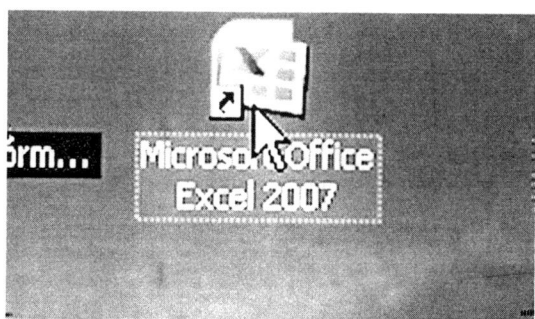

Figura 1.002

Quer por um método ou por outro, o Excel 2007 será aberto.

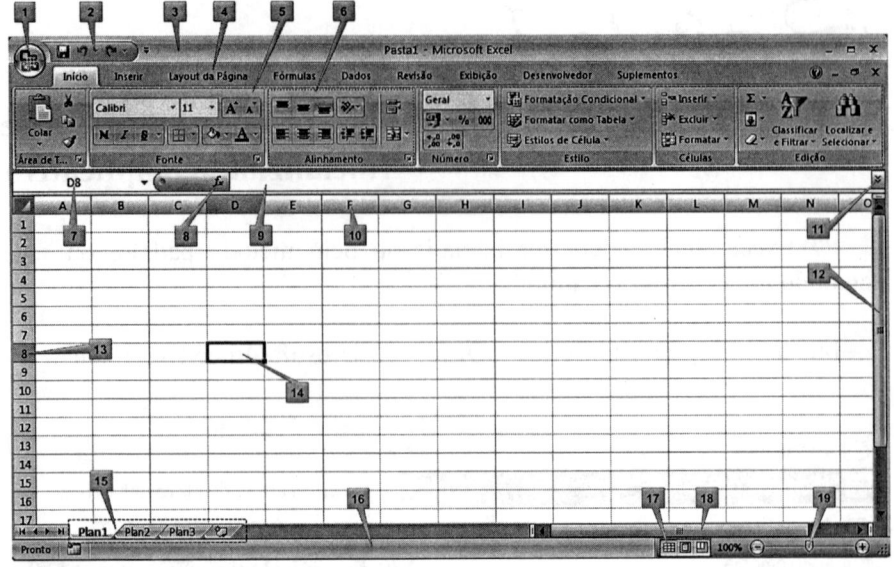

Figura 1.003

A tela inicial do Excel 2007 possui uma arquitetura extremamente amigável; possui ferramentas muito bem distribuídas e de fácil acesso. Os painéis ou grupos da faixa de opções facilitam muito as tarefas de criação de documentos, pois a cada escolha de um menu, praticamente todas as ferramentas relacionadas ficam expostas de uma vez.

Analisando cada item da tela inicial

1 – Botão Office – Por este botão temos acesso a diversos menus e submenus do Excel 2007. Ao clicá-lo, várias opções ficam expostas, como Salvar, Imprimir, Opções do Excel, Abrir, Novo e outras mais.

Inicializando o aplicativo | 3

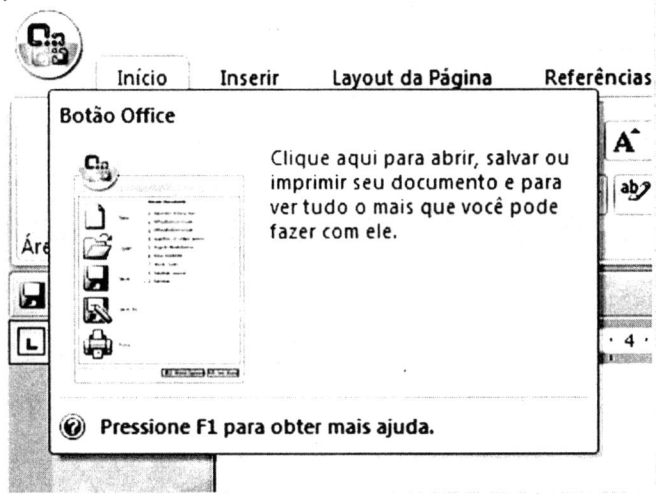

Figura 1.004

2 – Barra de Ferramentas de Acesso Rápido – Esta barra funciona como a Barra de inicialização rápida do Windows, facilitando o acesso a determinadas ferramentas num só clique.

Figura 1.005

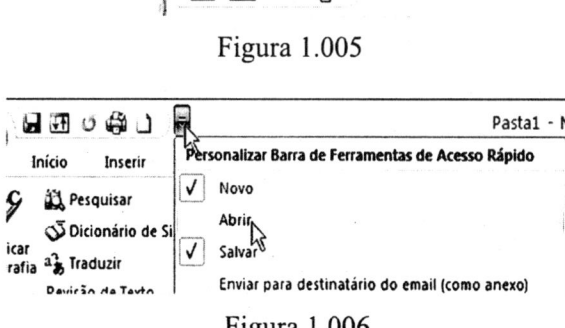

Figura 1.006

Podemos ainda alterar rapidamente a quantidade dos ícones mostrados na Barra de Acesso Rápido clicando na pequena seta à direita da barra e selecionando uma opção no menu de contexto. Observe a figura 1.006.

Configurando a Barra de Acesso Rápido

Para alterar a Barra de Acesso Rápido, siga a rota: botão Office > Opções do Excel > na coluna da esquerda, clique em Personalizar > na lista, selecione um comando > clique em Adicionar. Exemplo:

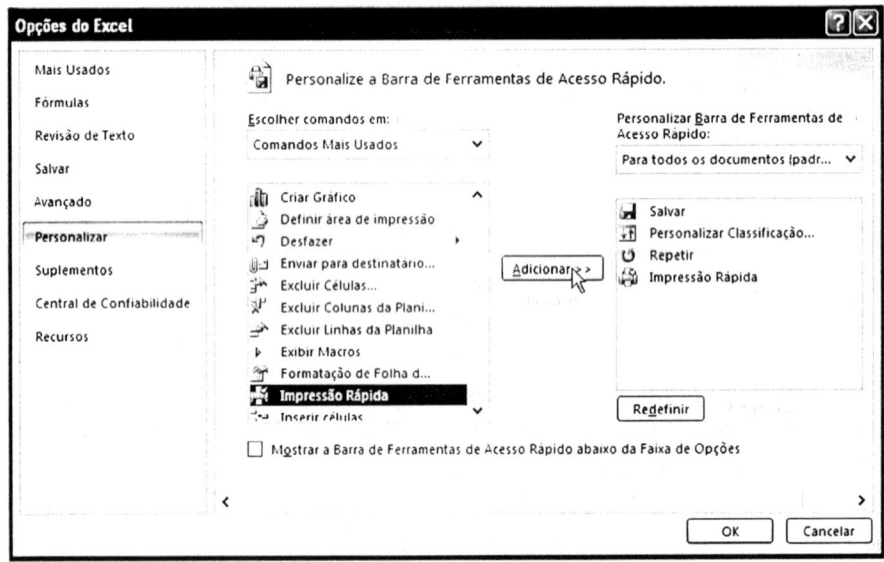

Figura 1.007

3 – Barra de título – A barra de títulos, como o próprio nome sugere, apresenta o nome do documento aberto e o nome do aplicativo em uso. Ainda podemos ver na barra de título, na extremidade direita, os ícones: Minimizar, Maximizar e Fechar. Vejamos o exemplo na figura que segue:

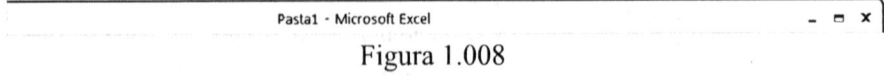

Figura 1.008

4 – Barra de Menu – A Barra de Menus exibe os links que dão acesso aos diversos painéis de opções relacionados. Ao selecionarmos um menu, temos a disposição uma gama de ferramentas de trabalho expostas na Faixa de Opções. Observemos a figura que segue:

Inicializando o aplicativo | 5

Figura 1.009

5 – Faixa de Opções – A Faixa de Opções, é encarregada de exibir uma diversidade de painéis ou grupos distintos de ferramentas. O conjunto de grupos são mostrados de acordo com o Menu escolhido. Por exemplo, caso selecionássemos o menu Inserir, praticamente todas as ferramentas de inserção seriam exibidas através de grupos classificados por subcategorias. Vejamos:

Figura 1.010

6 – Painéis ou grupos de opções – Estes grupos são exibidos na Faixa de Opções, que possui opções de configuração classificadas por subcategoria de acordo com o menu selecionado.

Nota: Observe que a cada menu selecionado, cada painel é alterado, oferecendo um completa lista de opções.

Vejamos um exemplo de painel:

Figura 1.011

7 – Caixa de nome – Aqui é onde o Excel exibe o nome da célula selecionada.

Figura 1.012

8 – Inserir função (ícone de acesso às funções do Excel 2007) –

Dá acesso à caixa de diálogo para inserção de funções pré-existentes no Excel 2007. Vejamos:

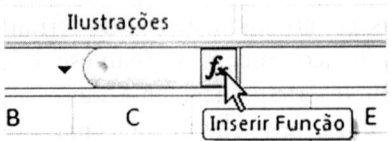

Figura 1.013

9 - Barra de fórmulas - Neste campo, inserimos as funções no Excel. Por exemplo, ao digitar a linha =SOMA(A1:D3) o Microsoft Excel 2007 efetuará a soma do intervalo de células inserido dentro dos parênteses. Vejamos um exemplo de uso da barra de fórmulas:

Figura 1.014

9 – Rótulos de colunas – O Excel rastreia e interpreta cada coluna existente em uma planilha através dos rótulos dessas colunas (exceto em algumas funções), por exemplo, quando inserimos a célula D3 em uma função, estamos dizendo ao Excel que nos referimos à coluna D, ou seja, inserimos o rótulo da coluna para que ele entenda que se trata de uma coluna específica. Vejamos a barra de rótulos:

| A | B | C | D | E | F | G |

Figura 1.015

11 – Expande e Recolhe a Barra de Fórmulas– Ao clicar neste ícone, o Excel 2007 expande a barra de fórmulas para facilitar a visualização ou exibe uma fórmula por completo caso ocupe mais de uma linha.

Figura 1.016

12 – Barra de rolagem vertical – Ao clicar, manter pressionada e arrastar esta barra, o Excel 2007 altera o posicionamento da planilha, possibilitando a visualização completa da mesma. Role para cima e para baixo para visualizar outras partes do documento.

Figura 1.017

13 – Índice de linha – De forma semelhante às colunas, o Excel rastreia e interpreta cada linha existente numa planilha através dos rótulos dessas linhas; por exemplo, quando inserimos a célula A1 em uma função, estamos dizendo ao Excel que nos referimos à linha um, ou seja, inserimos o índice da linha para que ele entenda que se trata de uma linha específica. Vejamos:

1		
2		
3		
4		
5		
6		

Figura 1.018

14 – Célula da planilha – Como sabemos, o Excel trabalha com células. Células são endereços resultantes da interseção das coordenadas Y e X em uma planilha, ou seja, é o ponto de interseção entre uma coluna e uma linha. Um exemplo seria a célula D8 onde "D" é a coluna e "8" é linha. A interseção dessas coordenadas gera o endereço D8. Vejamos um exemplo de célula selecionada:

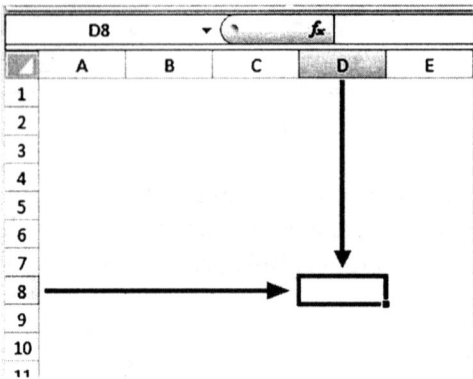

Figura 1.019

15 – Paletas de planilhas – As paletas ou guias de planilhas são usadas para mudar de uma planilha para outra dentro do mesmo documento. Ao clicar em uma planilha na paleta, essa fica com tom de cor diferente das demais. Vejamos:

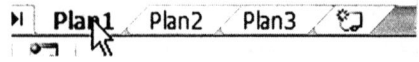

Figura 1.020

16 – Barra de status – Esta barra apresenta detalhes do estado do documento, se esse possui macros, modo de exibição e zoom:

Figura 1.021

17 – Modos de visualização – Aqui podemos determinar o modo que desejamos visualizar o documento atual. Vejamos:

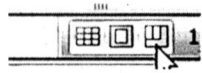

Figura 1.022

18 – Barra de rolagem horizontal – Ao clicar, manter pressionada e arrastar esta barra, o Excel 2007 altera o posicionamento da planilha no sentido horizontal, possibilitando a visualização mais ampla dessa.

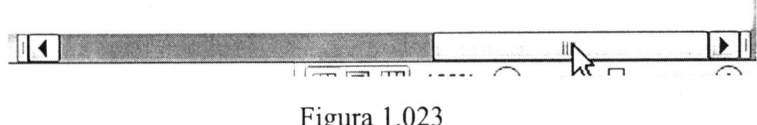

Figura 1.023

19 – Seletor de Zoom – O Excel 2007 nos permite alterar o zoom da página usando tanto o seletor de zoom quanto os botões (-) e (+). Ao clicar, manter pressionado e arrastar o seletor central, o Excel 2007 altera o zoom da planilha.

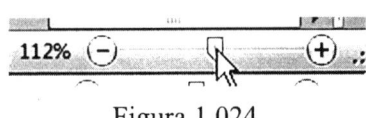

Figura 1.024

É muito importante conhecer bem cada objeto mostrado até agora, suas localizações, nomes e outros atributos mais. Isso garantirá melhor compreensão dos assuntos seguintes.

Capítulo 2

Salvando inicialmente o documento

É muito comum ouvirmos pessoas comentando que perderam trabalhos quase acabados por algum descuido durante o desenvolvimento do mesmo.

Por incrível que pareça, a causa das perdas, na grande maioria das vezes, é as pessoas quase sempre se esquecerem de salvar o documento ao iniciar sua criação.

Nota: O computador, enquanto o documento não está salvo, armazena os dados em um local chamado Memória RAM (Randomic Access Memory) ou Memória de Acesso Aleatório. Esse local, como o próprio nome insinua, é de uso aleatório, somente armazenando dados enquanto o computador estiver ligado. Sendo assim, caso esteja escrevendo um texto com o documento não salvo, uma queda de energia seria um desastre provocando a perda de tudo já feito.

Salvando o documento atual

Para salvar o documento inicial, siga a rota: botão Office > Salvar. Nesse momento, uma caixa de diálogo surgirá; nessa caixa podemos dar um nome ao arquivo, escolher um local de salvamento, escolher o tipo de formato (compatibilidade). Vejamos:

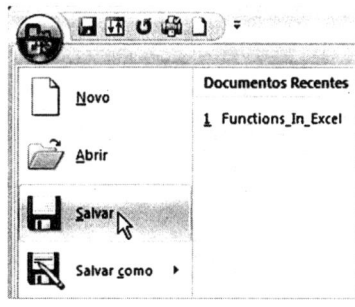

Figura 2.001

Figura 2.002

Depois de tudo configurado, basta clicar em Salvar. Agora estamos prontos para continuar, pois o documento está salvo no seu HD dentro da pasta Meus documentos.

Selecionando e arrastando células

O ato de selecionar células é composto pelo simples clique do mouse sobre qualquer célula de uma planilha do Excel. Com a ajuda de outros recursos, podemos selecionar uma ou mais células ao mesmo tempo, para assim aplicar configurações a um grupo de células ao mesmo tempo.

Selecionando intervalos de células subsequentes

Para selecionarmos um intervalo de células subsequentes, clicamos em uma célula, mantemos pressionado o botão do mouse e arrastamos sobre as demais células; dessa forma, outras células além da primeira serão selecionadas. Vejamos:

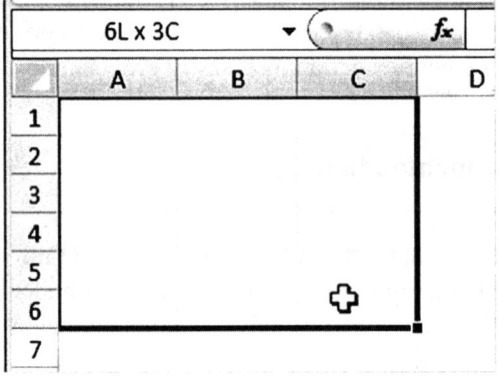

Figura 2.003

Nota: Observe o sinal de adição (+) na cor branca, ele equivale ao ponteiro do mouse mostrado no Word. Esse símbolo indica o estado de seleção e arraste. Portanto, todas as vezes que pretendermos selecionar uma célula ou um intervalo delas, esse símbolo estará visível.

Selecionando intervalos de células aleatórias

Para selecionarmos um intervalo de células aleatórias (salteadas ou intermitentes), clicamos em uma célula, mantemos pressionada a tecla Control (Ctrl) e seguimos clicando nas demais células. Dessa forma, outras células serão selecionadas. Vejamos:

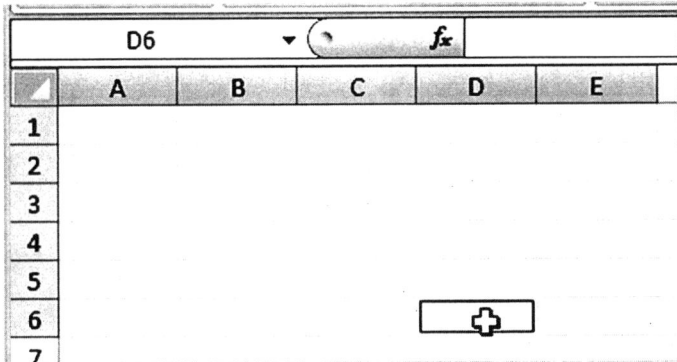

Figura 2.004

Copiando/Recortando e colando

Para copiar e colar o conteúdo de uma célula para outra, clique na célula para selecioná-la ou mantenha pressionada a tecla Ctrl para selecionar mais de uma célula e siga a rota: menu Início > painel Área de Transferência > opção Copiar. Vejamos:

Figura 2.005   Figura 2.006

O ato de copiar uma célula é bem diferente do ato de recortar, pois ao copiar, o conteúdo vai para a área de transferência do Windows até ser colada (inserida) em outro local. Nesse caso, a célula de origem continua intacta. No caso do recorte, o arquivo de origem é eliminado, ou seja, recortar significa dizer ao Windows que remova o conteúdo e não só copie.

Nota: Existem atalhos para facilitar a cópia ou recorte de células; nesse caso, para copiar uma célula selecionada, clique simultaneamente as teclas Ctrl+C para copiar e Ctrl+X para recortar.

Colando o conteúdo da área de transferência

O ato de Colar é o mesmo que Inserir. Lembrando que somente podemos inserir algo em uma planilha do Excel através desse comando caso exista conteúdo na área de transferência do Windows,; de outro modo, necessitamos usar os comandos do painel Inserir.

Posicione o cursor (ponto de inserção) no local em que se deseja colar o conteúdo da área de transferência e siga a rota: menu Início > painel Área de Transferência > opção Colar. Vejamos:

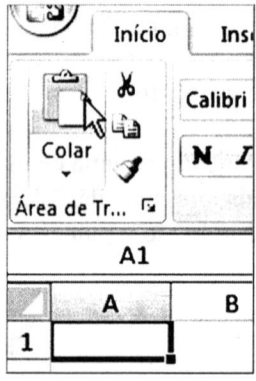

Figura 2.007

Podemos usar o atalho de teclado para simplificar o ato de colagem. Para isso, clique simultaneamente Ctrl+V.

Colagem específica

Além de colar, o Excel nos oferece opções de modo de colagem, o que vem muito a calhar dependendo da situação. Para acessar as opções de colagem, siga a rota: menu Início > painel Área de Transferência > clicar na seta abaixo do ícone Colar. Vejamos:

Figura 2.008

Na lista, podemos escolher entre as opções de colagem.

Colar Especial

O atributo Colar Especial oferece ainda mais opções de colagem podendo o usuário determinar antecipadamente o que exatamente será colado e de que forma isso deverá ocorrer. Para acessar essa ferramenta, siga a rota: menu Início > painel Área de Transferência > clicar na seta abaixo do ícone Colar > opção Colar Especial. Vejamos:

Figura 2.009

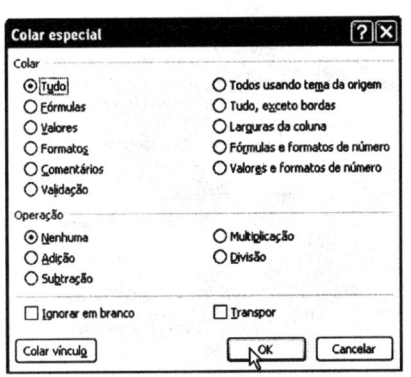

Figura 2.010

Por padrão, a caixa de diálogo Colar Especial surge com duas opções marcadas: Tudo e Nenhuma. Essa configuração diz ao Excel para simplesmente colar o conteúdo e mais nada.

Como podemos ver, temos outras opções de colagem disponíveis nas duas seções da caixa de diálogo.

A primeira seção é a Colar, onde podemos escolher o que exatamente queremos colar, se tudo ou se simplesmente as fórmulas contidas na última cópia feita e outras opções a mais.

```
Colar
  ⊙ Tudo                    ○ Todos usando tema da origem
  ○ Fórmulas                ○ Tudo, exceto bordas
  ○ Valores                 ○ Larguras da coluna
  ○ Formatos                ○ Fórmulas e formatos de número
  ○ Comentários             ○ Valores e formatos de número
  ○ Validação
```

Figura 2.011

A melhor para está na seção Operação Aqui podemos, além de colar, executar uma equação usando para isso o conteúdo da memória e o contido na célula de destino.

```
Operação
  ⊙ Nenhuma                 ○ Multiplicação
  ○ Adição                  ○ Divisão
  ○ Subtração

  ☐ Ignorar em branco       ☐ Transpor
```

Figura 2.012

Por exemplo, caso o conteúdo a ser colado seja o número 10 e haja na célula de destino o valor 100, podemos então usar a função Multiplicação para multiplicar os dois valores.

Para executar uma equação, tendo, por exemplo, o número 10 copiado na memória; e na célula A1 o número 100, selecione a célula com o valor 100 e siga a rota: menu Início > painel Área de Transferência > clicar na seta abaixo do ícone Colar > opção Colar Especial > na caixa de diálogo, selecionar a opção Multiplicar > clicar em OK. O resultado será o valor 1000, o resultado da multiplicação de 10 por 100. Vejamos:

Figura 2.013

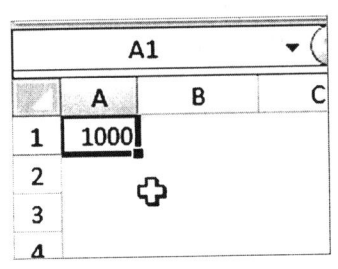

Figura 2.014

As figuras anteriores mostram a célula em estado de cópia (os traços circulares indicam célula copiada – figura 2.013) e a segunda figura mostra o resultado da equação.

Arrastando células dentro da planilha

O Excel 2007 nos permite arrastar uma célula ou um intervalo de células dentro de uma planilha para, assim, alterar sua localização dentro dela.

Os passos para arrastar uma célula são simples, primeiramente selecione a célula desejada, em seguida passe o ponteiro do mouse sobre ela até que ele se torne um símbolo de adição (+) com setas. Em seguida, clique e arraste a célula ou intervalo de células para onde desejar.

Observe como ficaria o cursor do mouse indicando a forma de arraste.

Figura 2.015

Preenchimento automático

O Excel 2007 nos permite preencher células adjacentes de modo automático, ou seja, podemos determinar um tipo de prosseguimento no preenchimento de células selecionadas após uma célula de conteúdo.

Autopreenchimento com arraste

Este procedimento diz respeito ao preenchimento de células incrementando a partir das duas primeiras células de conteúdo. Para usar esse atributo, digite 1 na célula A1 e 2 na célula A2.

Feito isto, selecione as duas células, passe o ponteiro do mouse no canto inferior direito da seleção até que o cursor se torne um símbolo de adição (+), clique exatamente nesse ponto e arraste para baixo. Observe que houve um autoincremento. Vejamos:

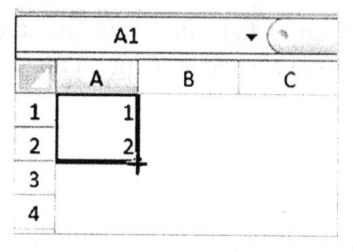

Figura 2.016

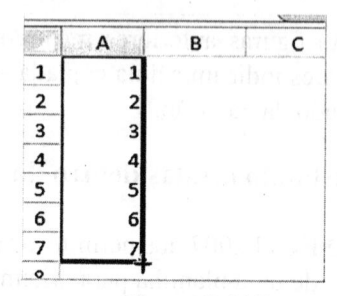

Figura 2.017

Alterando o intervalo de incremento

Podemos alterar o intervalo de incremento simplesmente dando a sequência nas duas primeiras células. Por exemplo, caso quiséssemos um intervalo de três em três, bastaria digitar 1 na célula A1 e 4 na célula A2 e executar o mesmo procedimento do exemplo anterior. Vejamos:

Figura 2.018

Figura 2.019

Autoincremento com número e texto

Podemos ainda repetir o mesmo exemplo usando como parâmetro inicial, formações do tipo: Cad1, Num1, Cód1. Ainda é possível incrementar o autopreenchimento com meses do ano, por exemplo, Janeiro, Dezembro e etc. Vejamos alguns exemplos:

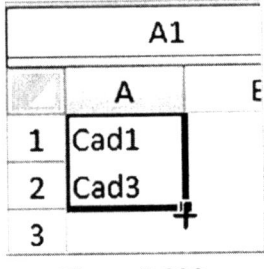

Figura 2.020

Figura 2.021

Embora esse exemplo tenha seguido o anterior, caso queira uma sequência normal em ordem numérica (ex. 1, 2, 3, 4, 5), não são necessários dois argumentos iniciais, bastando digitar Cad1.

Incrementando meses

Da mesma forma que os exemplos já dados, os incrementos baseados em parâmetros de meses são de simples aplicação, bastando digitar o primeiro mês, por exemplo, na célula A1 e em seguida arrastar. Vejamos:

Figura 2.022

Figura 2.023

Como podemos ver na figura 2.023, é possível alterar a ordem de incremento de meses da mesma forma que qualquer outro argumento.

Nota: O atributo de autopreenchimento poderá ser executado arrastando através da linha e não somente pela coluna.

Ajustando a largura de colunas e linhas

Por diversos motivos, muitas vezes precisamos alterar as dimensões das linhas e colunas de uma determinada planilha. Isso é perfeitamente possível no Excel 2007.

A alteração das dimensões de linhas e colunas para se adequar ao conteúdo pode ser feita de duas maneiras distintas, a primeira delas executando manualmente o arraste ou editando a configuração das dimensões.

Em segundo lugar, podemos aplicar o autoajuste de largura ou altura mediante um duplo clique do botão esquerdo do mouse sobre a linha divisória de rótulos.

Ajustando colunas e linhas pela caixa de diálogo

Para acessar a caixa de diálogo para alteração das dimensões de linhas e colunas, podemos seguir dois caminhos diferentes; um deles é através do clique com o botão direito do mouse sobre o rótulo da linha ou coluna em seguida escolhendo a opção de largura ou altura.

Para formatar a largura de uma coluna através da caixa de diálogo, siga a rota: botão direito sobre o rótulo de uma coluna (ex. B) > opção Largura da Coluna.

Outro caminho para se chegar ao mesmo destino seria seguindo a rota: menu Início > painel Células > opção Formatar > Largura da Coluna. Vejamos:

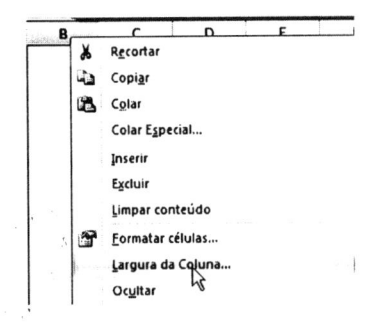

Figura 2.024 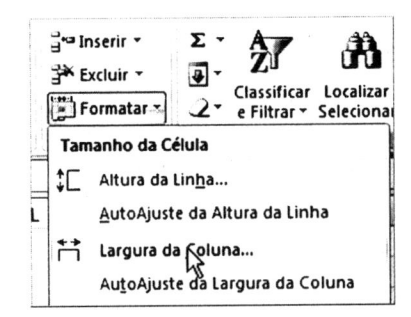   Figura 2.025

Ao clicar na opção Largura da Coluna seguindo uma das opções mostradas, o Excel 2007 exibirá a caixa de diálogo para edição. Vejamos:

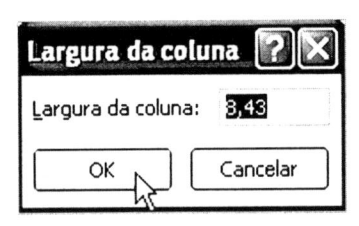

Figura 2.026

Basta digitar o valor pretendido para a largura da coluna selecionada e clicar em OK.

A configuração de linhas também pode ser feita do mesmo modo que o exemplo das colunas, simplesmente clicando com o botão direito do mouse sobre o índice de linha (ex. 1) e escolhendo a opção Altura da linha. Caso queiramos, podemos também seguir a rota: menu Início > painel Células > opção Formatar > Altura da Linha. Vejamos:

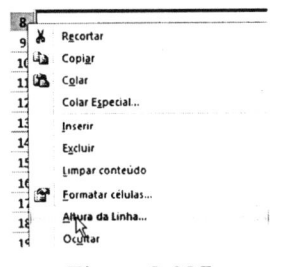

Figura 2.027 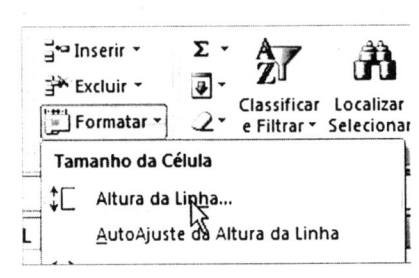   Figura 2.028

Ajuste automático de linhas e colunas

O ajuste automático de linhas e colunas simplifica e muito o trabalho de adequação do conteúdo à célula que esse se encontra. Podemos ajustar linhas e colunas ao seu conteúdo simplesmente dando duplo clique sobre a divisa de rótulo ou índice.

Um exemplo seria quando digitamos uma palavra ou frase maior do que a largura da célula. Note que enquanto a célula da direita não possuir conteúdo podemos todo o conteúdo da célula. Observe a figura a seguir:

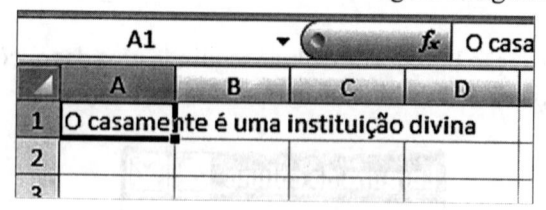

Figura 2.029

Porém, ao digitarmos algo na célula da direita (vide célula B1 da figura 2.029), o texto (da célula A1) é ocultado. Vejamos o exemplo que se segue:

Figura 2.030

Para solucionar este problema, passe o cursor do mouse sobre a linha existente entre os rótulos A e B até esse tomar a forma de traço e seta; nesse momento, dê duplo clique sobre a linha. Observe que a célula A1 foi ajustada de acordo com o comprimento do texto. Vejamos:

Figura 2.031

Faça o mesmo com as linhas para ajustá-las à altura do conteúdo.

Formatando várias colunas ou linhas juntas

Esta forma de ajustar a largura da coluna ou altura da linha é bastante interessante, pois nos permite selecionar várias colunas ou linhas e aplicarmos a largura desejada, sendo que a configuração será aplicada a todo o intervalo selecionado.

Para aplicar um valor de largura em várias colunas ao mesmo tempo, selecione o intervalo de colunas. Para isso, clique sobre um rótulo de coluna e arraste para a direita ou esquerda, dependendo do intervalo desejado. Observe:

Figura 2.032

Para selecionar várias linhas ao mesmo tempo, execute o mesmo procedimento clicando sobre um número de linha e arrastando para cima ou para baixo.

Note a pequena seta preta ao passar o cursor do mouse sobre os rótulos, ela indica o estado de seleção e arraste.

Inserindo e formatando texto em uma planilha

Da mesma forma que um editor de texto comum, o Excel 2007 suporta com perfeição a inserção de textos e objetos em suas planilhas. Para inserir um texto em uma célula, simplesmente clique na célula desejada e digite.

Para configurar o texto inserido, usamos as ferramentas disponíveis nos painéis de formatação na barra de ferramentas do Excel 2007. Para acessá-las, siga a rota: menu Início > painel Fonte e Alinhamento. Vejamos:

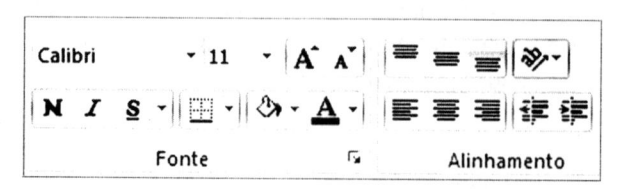

Figura 2.033

Para usar as ferramentas de formatação, selecione a célula com o texto a ser formatado e clique em uma das opções. Teste você mesmo cada opção para se familiarizar.

Formatando células e intervalo de células

A formatação de células é útil quando precisamos criar e definir tabelas diferentes dentro da mesma planilha. Podemos formatar células ou grupos de células (intervalo) manualmente ou utilizando mecanismos automáticos do Excel 2007.

Formatando manualmente
Como primeiro exemplo, vamos formatar um intervalo de células aplicando-lhe atributos de Moeda (converterá o formato de números comuns em formato de moeda usando vírgula e a sigla do Real "R$"), daremos às células envolvidas uma cor de fundo e configuraremos uma borda espessa somente para o perímetro da seleção.

Para acessar a caixa de diálogo de formatação, siga a rota: menu Início > painel Células > opção Formatar > opção Formatar células. Vejamos:

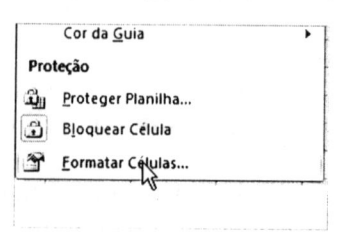

Figura 2.034

Figura 2.034

Neste instante, o Excel 2007 exibe uma caixa de diálogo para configuração do intervalo selecionado. Primeiramente iremos configurar a interpretação dos dados pelo programa, ou seja, queremos que ele interprete como Moeda. Vejamos:

Figura 2.035

Em seguida, vamos dar ao intervalo uma cor de fundo; para isso, selecionamos a guia Preenchimento, e, em seguida, uma cor. Observe:

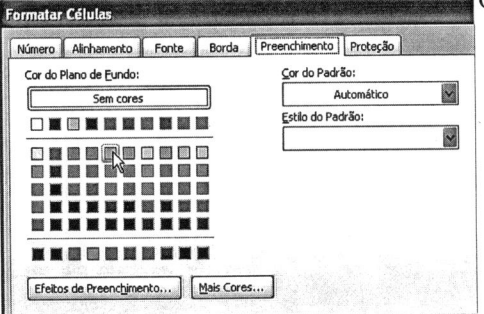

Figura 2.036

Agora, somente falta a configuração da borda. Selecione a guia Borda e configure a gosto. Clique no botão Contorno e escolha um estilo de borda, depois clique no botão Interna e configure um estilo de borda mais fino que o

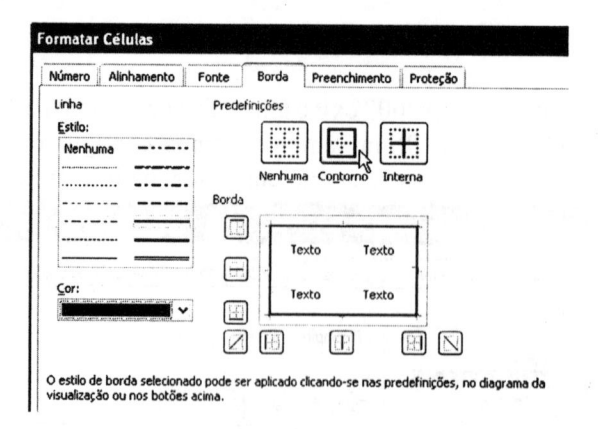

Figura 2.037

Caso não escolha um estilo de borda interna, as linhas de contorno de células não aparecerão na tabela criada.

Estando tudo configurado, clique em OK. Observe então o intervalo selecionado; agora tomou outra forma, distinguindo-se na planilha:

Figura 2.038

Este procedimento poderá ser usado para configurar cabeçalho, colunas e outros intervalos dentro da mesma tabela, dando assim um aspecto profissional ao documento. Vejamos mais um exemplo:

Figura 2.039

Outros meios para formatar rapidamente uma tabela
Além dos meios mostrados, podemos ainda usar a ferramenta de configuração de bordas para existente no painel Fontes, na faixa de opções. Para aplicar rapidamente bordas em uma célula ou grupo de células, selecione a(s) célula(s), em seguida siga a rota: menu Início > painel Fontes > opção menu bordas. Vejamos:

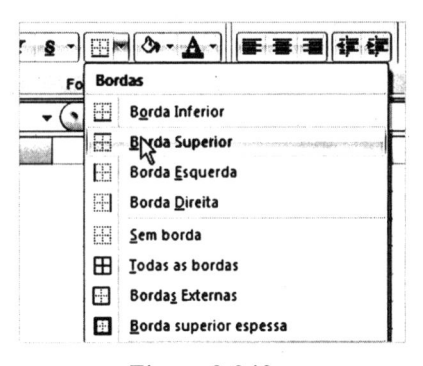

Figura 2.040

Alterando cores rapidamente
Para alterar a cor tanto do texto quanto do plano de fundo de uma célula, de forma rápida, use os ícones mostrados na figura a seguir. Vejamos:

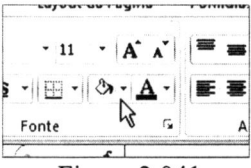

Figura 2.041

O ícone em forma de balde é o que aplica cor de fundo na(s) célula(s) selecionada(s) e o ícone com a letra "A", é o que permite aplicar rapidamente cor ao texto.

Criando uma nova planilha

Para criar uma nova planilha no documento do Excel 2007, simplesmente clique com o botão direito do mouse sobre uma das paletas ou guias de nomes e opte por Inserir. Vejamos:

Figura 2.042

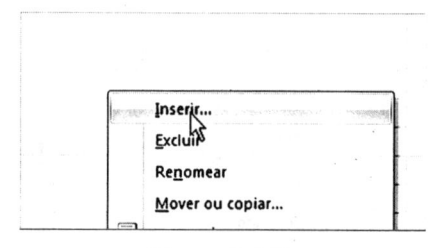

Figura 2.043

Ao clicar, o Excel 2007 exibirá a seguinte caixa de diálogo:

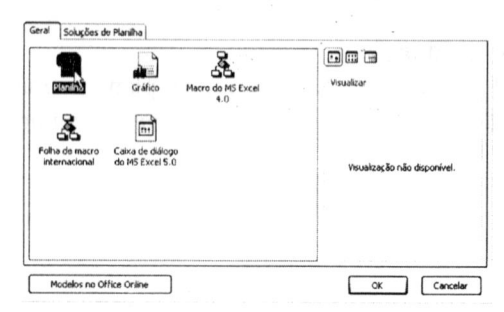

Figura 2.044

Nesta caixa, selecione a opção Planilha e, em seguida, clique em OK. Uma nova planilha acaba de ser criada.

A nova planilha, seguindo esse método, sempre será criada à esquerda da que estava selecionada anteriormente.

Inserindo planilha pelo menu da faixa de opções

Outro meio de se inserir uma nova planilha ao documento atual seria através do menu Início. Para inserir uma nova planilha por esse método, sigamos a rota: menu Início > painel Células > opção Inserir > opção Inserir Planilha. Vejamos:

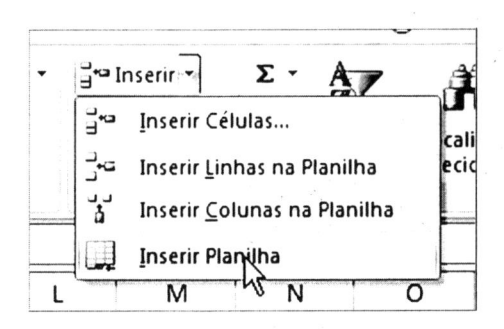

Figura 2.045

O mesmo irá ocorrer. Uma nova planilha será inserida à esquerda da que estava selecionada no momento da inserção.

Inserindo planilha pela paleta de nomes de planilhas

Podemos ainda adicionar uma nova planilha ao documento atual dando um único clique; para isso, basta clicar sobre o ícone

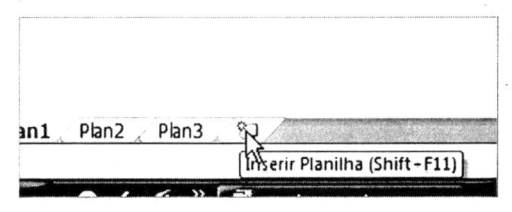

Figura 2.046

Se preferir, ainda poderá usar a combinação de teclas Shift+F11 para adicionar uma nova planilha ao documento.

Excluindo uma planilha

Para excluir uma planilha, selecione-a através da guia (paleta) de nome com o botão direito do mouse e opte por Excluir, no menu de contexto.

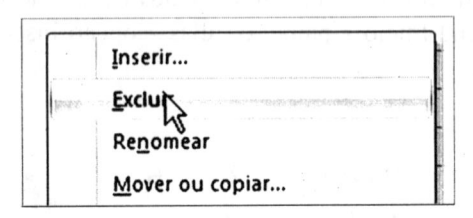

Figura 2.047

Ou ainda, através da rota: menu Início > painel Células > opção Excluir > opção Excluir Planilha. Vejamos:

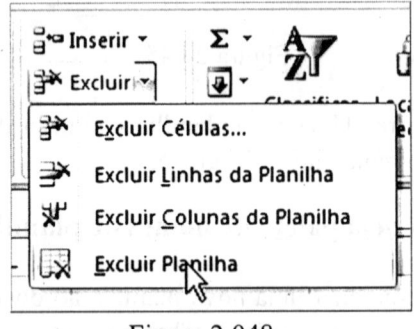

Figura 2.048

Renomeando planilhas

O processo de renomear planilhas no Excel 2007 é bastante simples, para executar essa tarefa, simplesmente clique com o botão direito do mouse sobre o nome da planilha que deseja renomear e opte por Renomear. Vejamos:

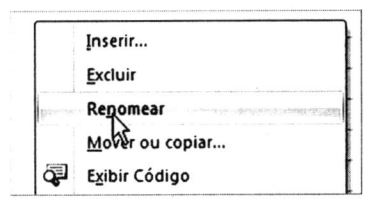

Figura 2.049

Ao clicar, o Excel 2007 exibirá o nome da planilha selecionado com fundo preto. Agora, basta digitar o novo nome. Observe a figura que segue:

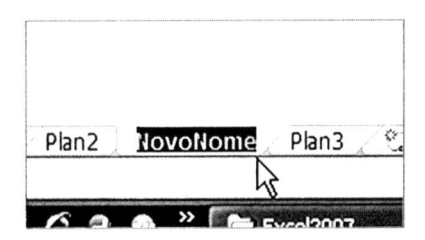

Figura 2.050

Ao digitar o novo nome, simplesmente clique em qualquer lugar da planilha para confirmar ou tecle Enter.

Outra forma de renomear uma planilha seria acessando o menu Renomear Planilha através da rota: menu Início > painel Células > opção Formatar > opção Renomear Planilha. Vejamos:

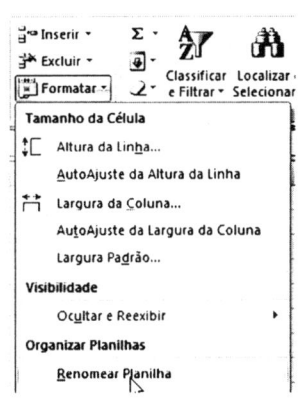

Figura 2.051

Capítulo 3

Configurando tipos de dados

O Excel 2007 possibilita a inserção de vários tipos de dados em suas células, porém seria aconselhável configurar o local antes de receber um tipo específico de dado. Um exemplo seria o dado do tipo Moeda. Este tipo de dado mostra o símbolo do Real (R$) à esquerda do número e ainda acrescenta zeros após a vírgula.

Ao digitar um valor numérico em uma célula do Excel 2007, ele, por padrão, reconhecerá o valor digitado como se fosse do tipo string (texto), assim, não mostrará o número formatado.

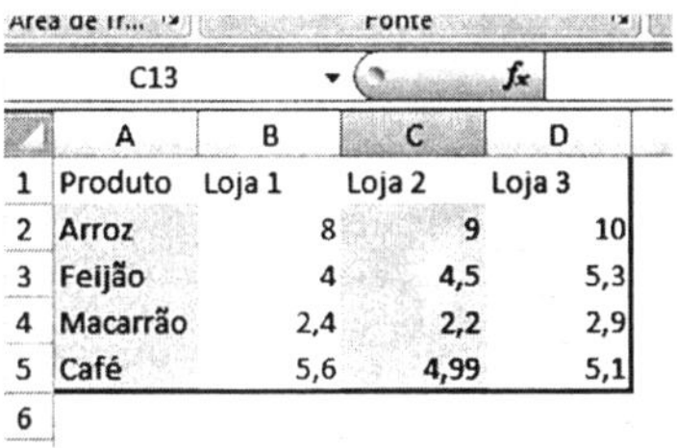

	A	B	C	D
1	Produto	Loja 1	Loja 2	Loja 3
2	Arroz	8	9	10
3	Feijão	4	4,5	5,3
4	Macarrão	2,4	2,2	2,9
5	Café	5,6	4,99	5,1
6				

Figura 3.001

Como podemos perceber, os valores são exibidos de forma numeral e não em forma de moeda. É extremamente importante conhecer os diversos tipos de dados suportados pelas planilhas do Excel, para assim, poder construir fórmulas seguras e funcionais futuramente.

Alterando o tipo de dado

Para alterar o tipo de dado de uma célula ou de um intervalo de célula, primeiramente selecione o intervalo ou a célula pretendida:

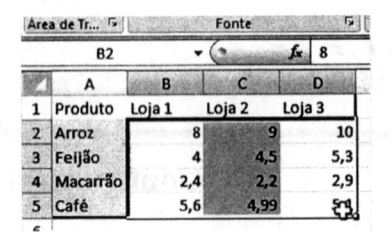

Figura 3.002

Em seguida, percorra a rota: menu Início > painel Número > opção Formato de número de Contabilização. Vejamos:

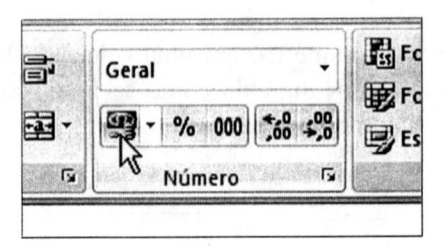

Figura 3.003

Ao clicar neste ícone, o Excel exibirá os números das células selecionadas no formato contábil. Vejamos:

Figura 3.004

Alterando casas decimais

Podemos muitas vezes precisar alterar o número de casas decimais de um número; para isso, o Excel 2007 disponibiliza dois ícones onde podemos acrescentar ou remover zeros.

Com a célula selecionada, siga a rota: menu Início > painel Número > opções Aumentar ou Diminuir Casas Decimais. Vejamos:

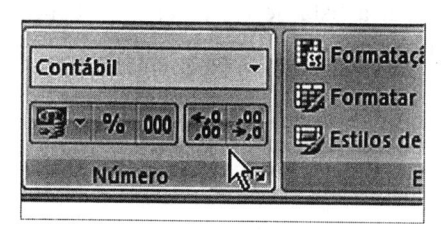

Figura 3.005

Figura 3.006

Outros Tipos de formatos de dados

Podemos ainda configurar outros tipos de formatos para as células do Excel 2007; para isso, disponibiliza a caixa de diálogo Formatar célula. Para acessá-la, clique no ícone Formatar Célula Número existente á direita no rótulo do painel número. Vejamos:

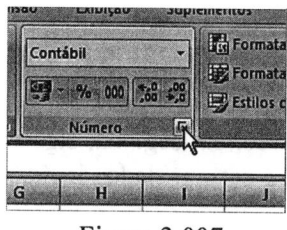

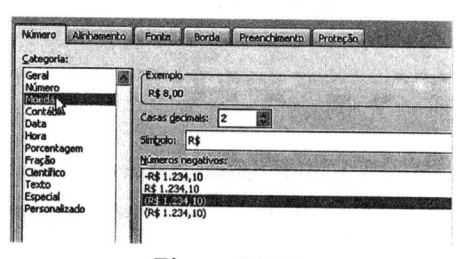

Figura 3.007   Figura 3.008

Observe que ao clicar a caixa de diálogo é aberta e a guia Número já está automaticamente selecionada. Veja então a lista de opções para configuração dos tipos de dados.

Alternando o tipo de dado em dois cliques

Podemos ainda usar a lista de formatos para configurar rapidamente os dados na nossa planilha, vejamos:

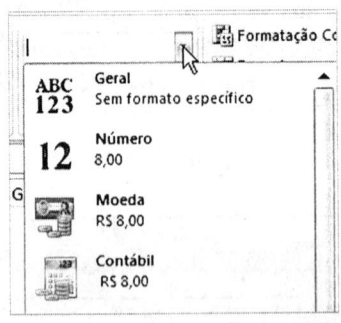

Figura 3.009

Mesclagem de células

Mesclar células significa transformar duas ou mais células selecionadas em uma só. O Excel oferece algumas opções de mesclagem, por exemplo, ao mesclar células podemos centralizar o texto automaticamente na mesma, bastando escolher a opção referente.

A mesclagem de células é bastante útil para configurarmos cabeçalhos de tabelas de dados, onde o objetivo é centralizar o título da tabela deixando-o independente das colunas da mesma.

Mesclando células

Primeiramente selecione duas ou mais células; em seguida, siga a rota: menu Início > painel Alinhamento > clicar na seta ao lado do ícone de mesclagem. Vejamos:

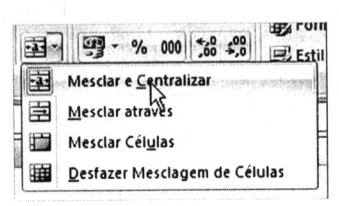

Figura 3.010

No menu desdobrável mostrado na figura anterior, podemos optar por:

Mesclar e Centralizar (mescla e centraliza o conteúdo).
Mesclar através (mescla sem centralizar o conteúdo).
Mesclar Células (faz o mesmo que o mesclar através) e por fim a opção Desfazer Mesclagem de Células (desfaz a mesclagem).

Observe um exemplo prático de uso da mesclagem:

Tabela de preços			
Produto	Loja 1	Loja 2	Loja 3
Arroz	R$ 8,00	R$ 9,00	R$ 10,00
Feijão	R$ 4,00	R$ 4,50	R$ 5,30
Macarrão	R$ 2,40	R$ 2,20	R$ 2,90
Café	R$ 5,60	R$ 4,99	R$ 5,10

Figura 3.011

Neste exemplo, o topo da tabela foi selecionado e mesclado em um total de quatro células adjacentes equivalentes à largura total da tabela. Observe que o texto (título da tabela) foi centralizado independente das colunas da própria tabela.

Quebra automática de texto

Quebrar o texto automaticamente é uma forma de impedir que ao digitar, o texto se expanda e invada a célula adjacente.

Para habilitar essa função, selecione a célula pretendida e siga a rota: menu Início > painel Alinhamento > opção Quebrar Texto Automaticamente.

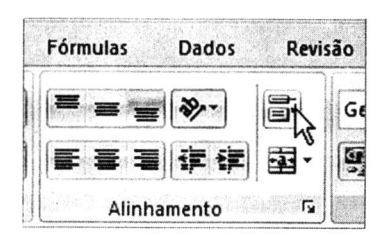

Figura 3.012

Com este ícone acionado, o Excel 2007 quebrará a linha de texto ao ser digitada. Vejamos um exemplo:

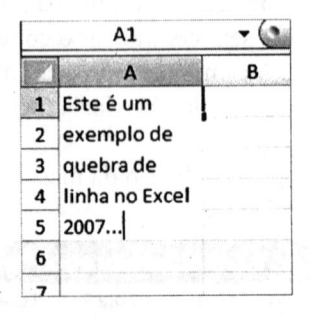

Figura 3.013

A quebra de linha ainda poderá ser acionada através da caixa de diálogo Formatar Células, a qual poderá ser acionada através dos passos mostrados nas figuras a seguir:

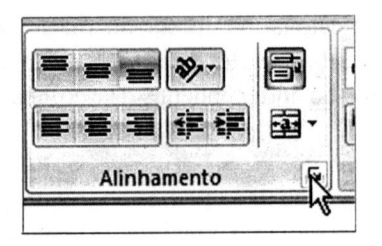

Figura 3.014 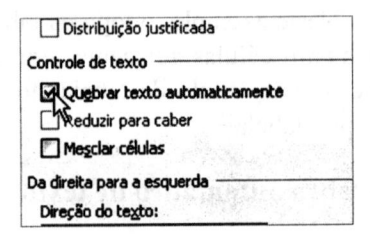   Figura 3.015

Alternado o ângulo de escrita

Podemos configurar o texto de um cabeçalho de tabela para que esse fique inclinado, dando um aspecto mais refinado ao documento. Para isso, primeiramente digite todos os rótulos necessários para assim simplificar a configuração. Observe:

Configurando tipos de dados | 39

Figura 3.016

Depois de criados os rótulos e de ter selecionado o intervalo que contém os cabeçalhos (veja figura 3.016), siga a rota: menu Início > painel Alinhamento > opção Orientação > escolha uma das opções de orientação:

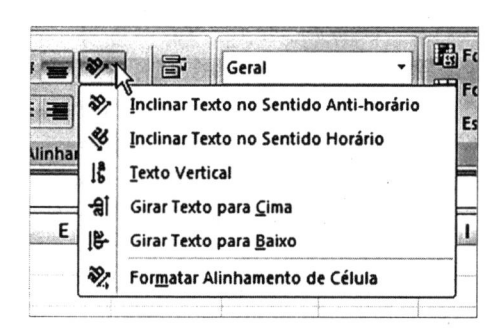

Figura 3.017

Tendo escolhido uma das opções de orientação, os rótulos de colunas ficarão semelhantes aos da figura que se segue:

Figura 3.018

Agora, use a imaginação e para criar outras configurações usando as ferramentas do Excel 2007 nas suas tabelas.

Selecionando coluna e linha

Para selecionarmos colunas ou linhas no Excel, o que temos a fazer é simplesmente clicar no rótulo da coluna ou no índice da linha desejada. Vejamos:

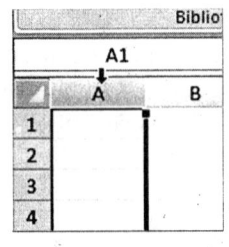

Figura 3.019 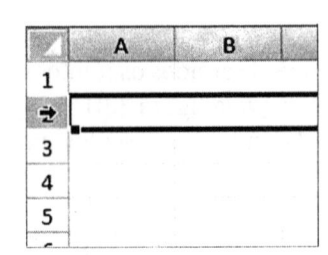   Figura 3.020

Lembrando que rótulo e índice nada mais são do que nomes que identificam cada unidade de linha ou coluna.

Observe ainda que ao passar o cursor do mouse sobre um rótulo ou índice, o ponteiro do mesmo se converterá em uma seta pret., Isso indica que ao clicar, a linha ou coluna correspondente será selecionada por completo.

Selecionando diversas linhas ou colunas

Para selecionarmos mais de uma linha ou coluna ao mesmo tempo, basta clicarmos sobre o primeiro rótulo de linha ou coluna e arrastarmos em uma direção adjacente. Vejamos:

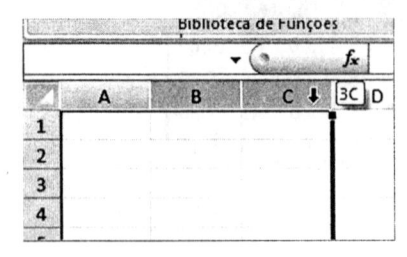

Figura 3.021 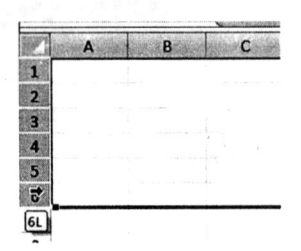   Figura 3.022

Selecionando linhas ou colunas aleatoriamente

Para selecionarmos mais de uma linha ou coluna ao mesmo tempo de forma aleatória, ou seja, salteadas (intermitentes), basta clicarmos sobre o primeiro rótulo de linha ou coluna, pressionarmos a tecla Ctrl (Control) e clicarmos nas demais células uma a uma. Vejamos:

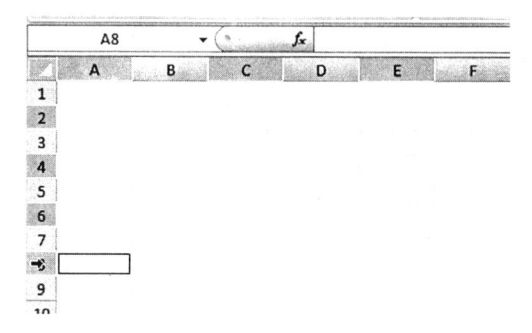

Figura 3.023

Podemos observar através da figura anterior que é possível selecionarmos linhas e colunas ao mesmo tempo.

Inserindo imagem numa planilha de dados

O Excel 2007 permite a inserção e manipulação de figuras em suas planilhas. O modo de tratamento das figuras é bastante semelhando ao modo do Word 2007, onde podemos editar várias características da imagem.

Para inserir uma figura em uma planilha do Excel 2007, siga a rota: menu Inserir > painel Ilustrações > ícone Inserir Imagem do Arquivo > escolha a pasta onde se encontra a Figura > selecione a Figura > clique no botão Inserir.

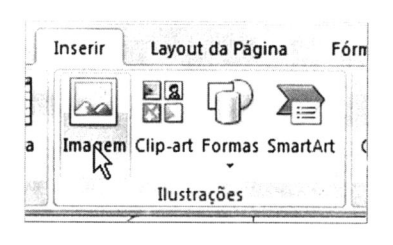

Figura 3.024 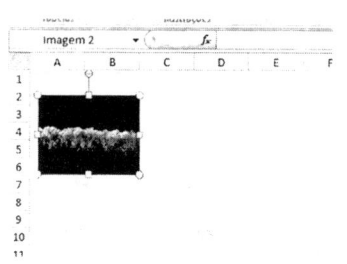   Figura 3.025

Editando figuras no Excel 2007

Após inserir uma imagem, podemos aditá-la usando a barra de formatação de imagens, existente na faixa de opções. Para exibir a barra de formatação de imagens, primeiramente selecione a figura e clique no botão Formatar, na parte superior da página. Vejamos:

Figura 3.026

Ao clicar no botão indicado na figura 3.026, observe que a Barra de Exibição de Tarefas tomou outra forma e agora exibe todas as ferramentas disponíveis para a edição. Vejamos:

Figura 3.027

Como podemos notar, temos a nossa disposição várias opções de edição de imagem. A Barra de Exibição de Tarefas exibe quatro painéis nos quais estão agrupadas ferramentas referentes a cada função.

Painel ajustar – aqui podemos ajustar detalhes da figura selecionada, bem como brilho, contraste e outros mais. Exemplo:

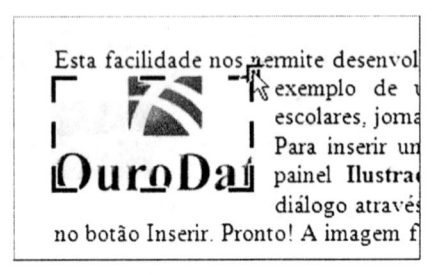

Figura 3.028

Estilos de Imagem – Aqui podemos aplicar efeitos, bordas, além de escolher alguns efeitos pré-configurados. Exemplo:

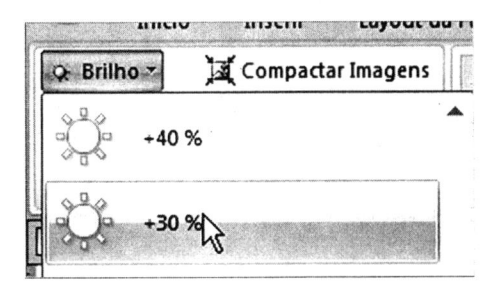

Figura 3.029

Organizar – Neste painel temos acesso às configurações já vistas sobre disposição de imagem, só que com mais detalhes e opções reunidas em um único painel.

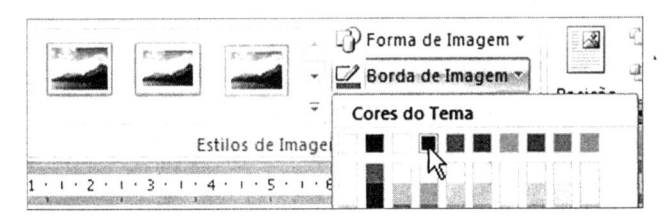

Figura 3.030

Tamanho – Este painel mostra o tamanho da imagem selecionada atualmente (largura e altura). Podemos configurar o tamanho da imagem de duas maneiras: alterando seu tamanho ou recortando a mesma. Usando as duas caixas da direita alteramos o tamanho da imagem, porém mantemos sua forma original.

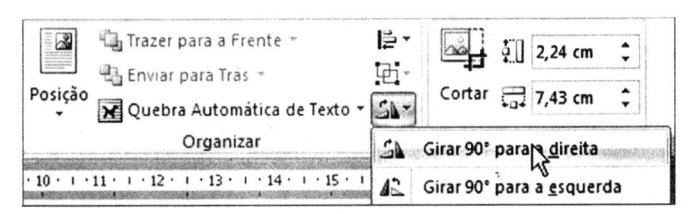

Figura 3.031

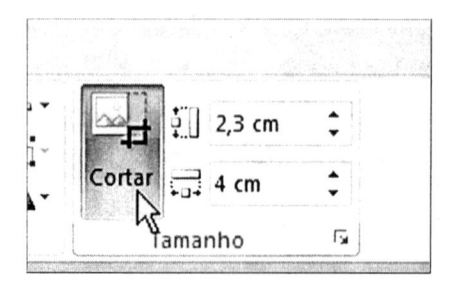

Figura 3.032

Caso queira usar a opção de corte, basta selecionar a imagem e clicando no botão Cortar (Figura 3.031), observe que a figura ganhou uma borda tracejada e o ponteiro do mouse tomou outra forma também. Clique na borda tracejada e mantenha pressionado o botão do mouse, arraste até atingir o tamanho pretendido.

Inserindo Clip-Arts

Imagens e clip-art podem ser inseridos ou copiados em um documento de muitas fontes diferentes, incluindo baixando de um site provedor de clip-arts, copiado de uma página da Web ou inserido a partir de um arquivo onde você salva as imagens.

Também é possível alterar a maneira que um clip-art é posicionado em relação ao texto dentro de um documento, da mesma forma que acontece com as imagens.

Para inserir um clip-art no documento atual, siga a rota: posicione o ponto de inserção no local do documento em que se deseja inserir o clip-art > acione o menu Inserir > painel Ilustrações > clique no botão Clip-art > note o painel estendido Clip-Art (a direita da página). Na caixa Procurar por, digite, por exemplo, "casa" e clique no botão Ir.

Figura 3.033 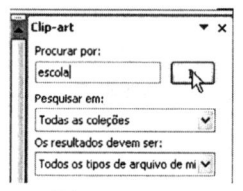   Figura 3.034

O Word 2007 fará então uma busca na galeria de Clip-Arts e tentará encontrar uma figura relacionada com a palavra-chave "casa". Caso encontre, ele listará na parte central do painel. Vejamos:

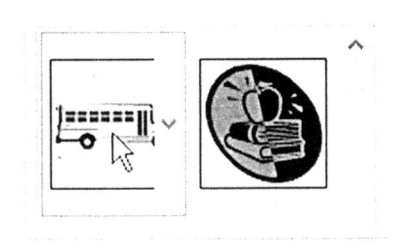

Figura 3.035

Para inserir o clip-art no documento você poderá utilizar-se de três meios distintos, os quais são:

a) Clique simples no clip-art,
b) Clicando, mantendo pressionada a tecla do mouse e arrastando para o corpo do documento.
c) Botão direito sobre a figura e optar por Inserir.

Trabalhando com formas

Assim como os ícones já vistos (Imagem e Clip-Art) O ícone Formas disponibiliza diversas figuras já desenhadas para serem inseridas diretamente no documento de texto. O Excel 2007 oferece diversas opções dentro do botão Formas, bem como setas largas, fluxogramas e outras dezenas mais.

Inserindo uma forma na planilha do Excel 2007

Para inserir uma forma pronta em um documento, siga a rota: menu Inserir > painel Ilustrações > clique em Formas. Agora, selecione a figura desejada, vá à folha de texto, clique, mantenha pressionada a tecla do mouse e arraste para desenhá-la. Vejamos:

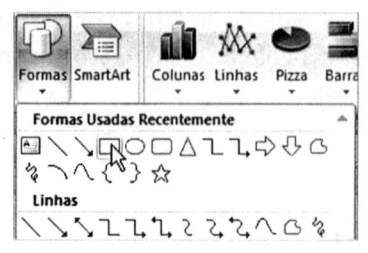

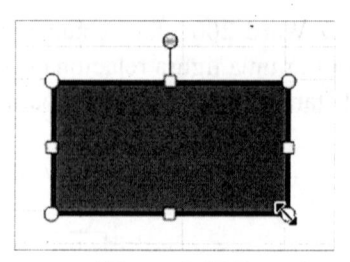

Figura 3.036   Figura 3.037

Editando formas

Podemos editar todos os detalhes de uma forma, seu plano de fundo, suas bordas, conteúdo, efeitos e muito mais. Para isto, o Excel 2007 preparou dezenas de ferramentas específicas para esse fim.

Para acessar as ferramentas de edição de formas, selecione a forma com um clique e observe a Barra de Exibição de Tarefas:

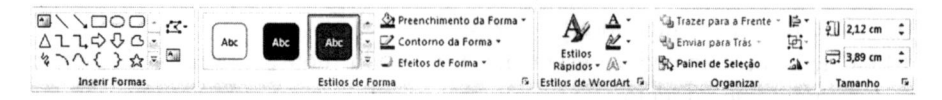

Figura 3.038

Temos aqui cinco painéis de opções onde encontramos grupos de ferramentas para cada configuração de modo distinto. Vejamos:

Inserir formas – nos possibilita inserir novas formas no documento atual. Exemplo:

Figura 3.039

Estilo de forma – nos permite aplicar estilos pré-configurados á forma selecionada. Exemplo:

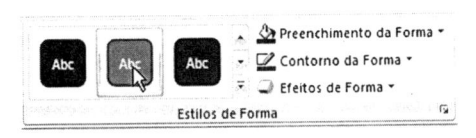

Figura 3.040

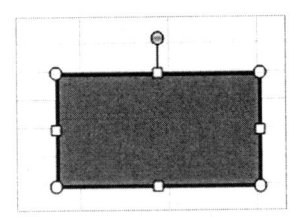

Figura 3.041

Estilos do WordArt – Podemos aqui aplicar efeitos no texto digitado dentro da forma criada. Exemplo:

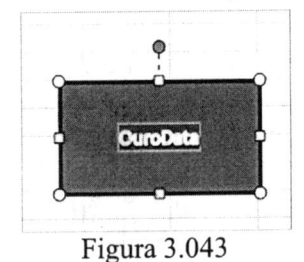

Figura 3.042

Figura 3.043

Organizar – Disponibiliza as ferramentas de organização, disposição e empilhamento das formas. Exemplo:

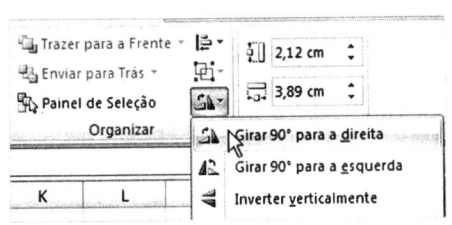

Figura 3.044

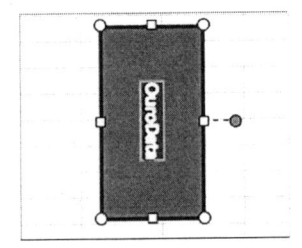

Figura 3.045

Tamanho – Mostra o tamanho da forma atualmente selecionada e disponibiliza ferramentas para alteração do tamanho. Exemplo:

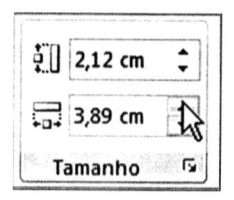

Figura 3.046

Temas

Ao aplicar um tema numa planilha do Excel 2007, estaremos alterando o tema do documento o qual é aplicado por padrão nos programas do Office bem como Word, Excel e PowerPoint. Para aplicar um novo tema pré-definido, siga a rota: menu Layout de página > painel Temas > ícone Temas > escolha um tema clicando sobre o mesmo na lista que surge. Observe:

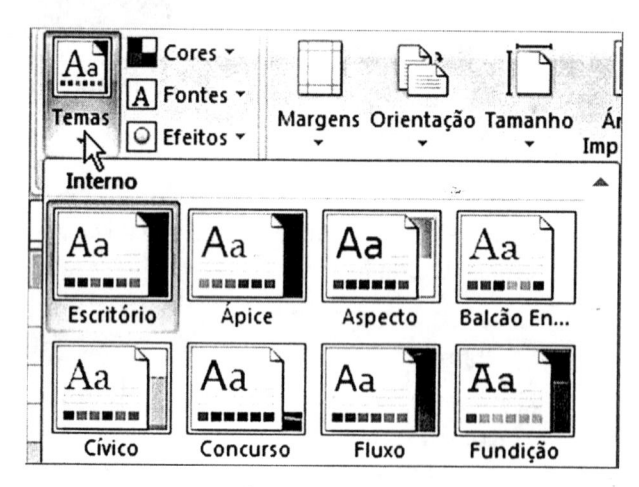

Figura 3.047

Ao simplesmente passar o cursor do mouse sobre a lista de temas, o Excel 2007 aplicará temporariamente o tema referente à planilha atual; dessa forma, você poderá escolher um dos temas, vendo de antemão como esse ficaria ao ser aplicado definitivamente.

Configurando tipos de dados | 49

Configurando temas

Podemos ainda configurar vários detalhes de um tema aplicado a uma planilha, para isto usamos as opções de configuração, logo à direita do ícone Temas. Vejamos:

Figura 3.048

Aqui temos as opções: Cores, Fontes e Efeitos. Ao clicar em cada ícone, o Excel 2007 exibirá as opções de formatação do tema atualmente aplicado. Eis um exemplo:

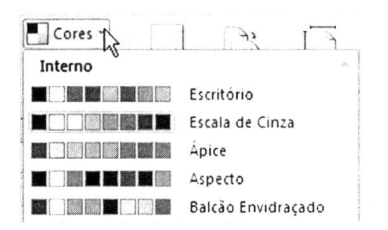

Figura 3.049 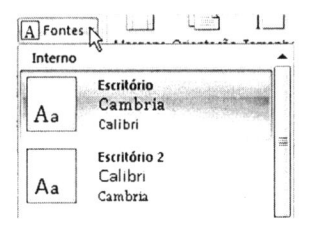   Figura 3.050

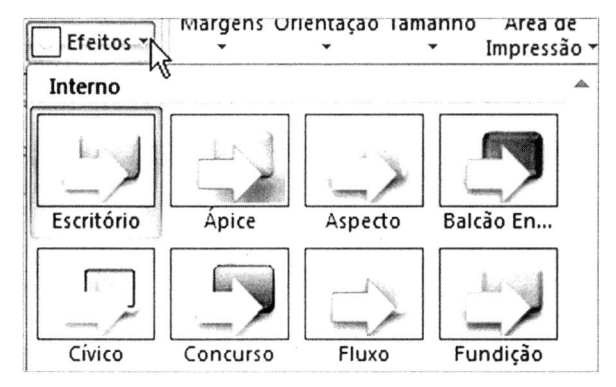

Figura 3.051

Configurando página

No Excel 2007, assim como no Word, é possível escolher várias configurações para uma planilha (página) entre as opções estão: a orientação do papel (retrato = posição vertical) ou (paisagem = posição horizontal) Margens da folha, Tamanho da página, Área de impressão, Quebra de página, Plano de fundo e Modos de impressão de títulos.

Margens

Para definir as margens da folha clique no ícone Margens do painel Configurar Página e escolha uma das opções de margens. Vejamos:

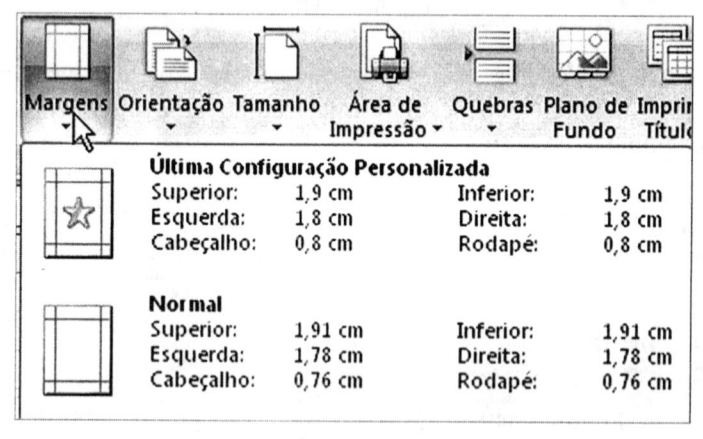

Última Configuração Personalizada		
Superior: 1,9 cm	Inferior: 1,9 cm	
Esquerda: 1,8 cm	Direita: 1,8 cm	
Cabeçalho: 0,8 cm	Rodapé: 0,8 cm	
Normal		
Superior: 1,91 cm	Inferior: 1,91 cm	
Esquerda: 1,78 cm	Direita: 1,78 cm	
Cabeçalho: 0,76 cm	Rodapé: 0,76 cm	

Figura 3.052

Cada opção exposta na lista traz suas configurações listadas à direita, possibilitando assim, a visualização dos detalhes antes da aplicação.

Orientação do papel

Podemos definir aqui a orientação do papel, ou seja, se ele será mostrado na posição vertical (retrato) ou se na posição horizontal (paisagem). Para alterar a orientação do papel, clique no ícone Orientação no painel Configurar Página e escolha uma das duas opções. Vejamos:

Figura 3.053

Tamanho da página

O tamanho da página refere-se ao tamanho completo da folha de dados, considerando de extremidade a extremidade sem descontos de bordas. Para configurar o tamanho do papel, clique no ícone Tamanho no painel Configurar Página e escolha uma das opções. Vejamos:

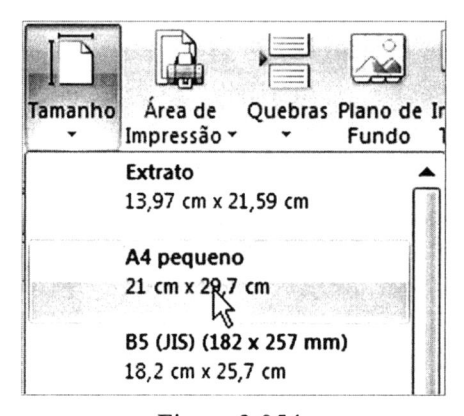

Figura 3.054

Não podemos ver nenhuma dessas configurações ainda. A visualização somente será possível no modo Visualização de impressão.

Definindo uma área de impressão

Esta opção nos permite definir as células de uma planilha as quais pretendemos imprimir. Não existe uma quantidade de células mínimas, ou seja, podemos imprimir qualquer quantidade de células.

Para imprimir, por exemplo, o intervalo A1:D8, primeiramente devemos selecionar esse intervalo para que o Excel marque-o como área imprimível:

Figura 3.055

Depois de selecionado o intervalo, clique no ícone Área de impressão no painel Configurar Página e opte por Definir área de impressão. Vejamos:

Figura 3.056

Ao clicar na opção mostrada anteriormente, o intervalo de células selecionado anteriormente será contornado por uma borda tracejada. Vejamos:

A	B	C	D
Deposite	sua	confiança	nas coisas
materiais,	porém,	somente	naquelas
que	surtirão	efeito	em sua
vida	daqui	a 120 anos.	Caso
isso não	seja	possível,	confie em
Deus	somente,	o qual tem	vida
eterna	àqueles	que crerem	no sacrifício
da cruz.	João 14:1-6	Jesus te	Ama.

Figura 3.057

Ao visualizar impressão desta planilha, somente o intervalo demarcado será mostrado e impresso. Para uma visualização rápida da impressão, Vejamos:

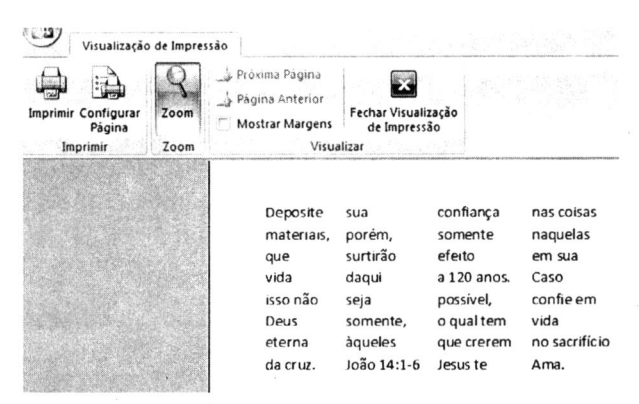

Figura 3.058

Quebra de página

Executar quebra de página é o ato de fragmentar uma planilha do Excel em várias páginas independentes. Usamos a quebra de página para separar em partes uma planilha e assim, podermos efetuar, por exemplo, a impressão e visualização de uma área específica.

Aplicando uma quebra de página

Para aplicar quebra de página em uma planilha, clique numa célula qualquer, com exceção da célula A1 e siga a rota: menu Layout da página > painel Configurar Página > ícone Quebras > opção Inserir Quebra de Página. Vejamos:

Figura 3.059

Observe que surgiram linhas tracejadas delimitando áreas da planilha, cada área dessas representa na prática uma página de impressão. Use a barra de rolagem para averiguar isso.

	A	B	C	D	E
1	Produto	Wall Mart	Extra	Carrefour	Média de preços
2	Arroz	R$ 8,00	R$ 8,50	R$ 8,10	R$ 8,20
3	Feijão	R$ 4,00	R$ 3,50	R$ 2,90	R$ 3,47
4	Macarrão	R$ 2,00	R$ 1,99	R$ 1,89	R$ 1,96
5	Farinha	R$ 2,40	R$ 2,12	R$ 2,55	R$ 2,36
6	Couve	R$ 0,90	R$ 1,00	R$ 0,89	R$ 0,93
7	Sabonete	R$ 1,00	R$ 1,20	R$ 0,90	R$ 1,03
8	Carne	R$ 8,78	R$ 8,99	R$ 10,22	R$ 9,33
9	Batatas	R$ 1,99	R$ 1,74	R$ 1,85	R$ 1,86
10	Azeitonas	R$ 5,15	R$ 5,96	R$ 5,11	R$ 5,41
11	Sal	R$ 0,89	R$ 0,95	R$ 1,00	R$ 0,95
12	Alho	R$ 4,55	R$ 5,66	R$ 4,85	R$ 5,02
13	Extrato	R$ 1,85	R$ 1,52	R$ 1,86	R$ 1,74
14	Mel	R$ 6,52	R$ 8,45	R$ 4,89	R$ 6,62
15	Uva	R$ 2,85	R$ 2,56	R$ 2,56	R$ 2,66
16	Almeirão	R$ 0,96	R$ 1,00	R$ 0,96	R$ 0,97
17	Alface	R$ 1,00	R$ 1,20	R$ 1,32	R$ 1,17
18	Manteiga	R$ 2,50	R$ 2,83	R$ 2,78	R$ 2,70
19					

Figura 3.060

Visualizando quebras de página

O Excel 2007 disponibiliza um recurso muito útil, onde podemos visualizar as páginas geradas com a quebra de páginas. Para isso, siga a rota: menu Exibição > painel Modos de Exibição de Pastas de Trabalho > opção Visualização da Quebra de Página. Vejamos:

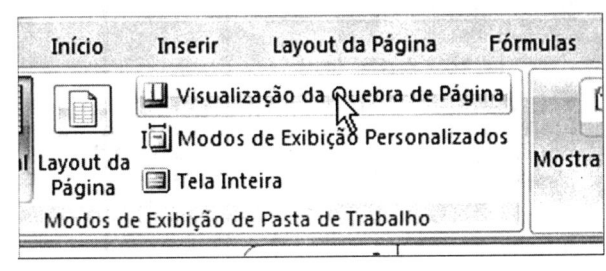

Figura 3.061

Agora podemos ver as páginas geradas com a quebra. Vejamos:

Figura 3.062

Alterando a área de abrangência da página

O Excel 2007 nos permite alterar a área de impressão ou abrangência de uma quebra. Essa funcionalidade poderá ser bastante útil quando necessitarmos incluir em uma folha de impressão um intervalo de células a mais.

Estando no modo de visualização de quebras de páginas, clique e arraste sobre as linhas azuis que circundam o intervalo de impressão. Observe o exemplo na figura que se segue:

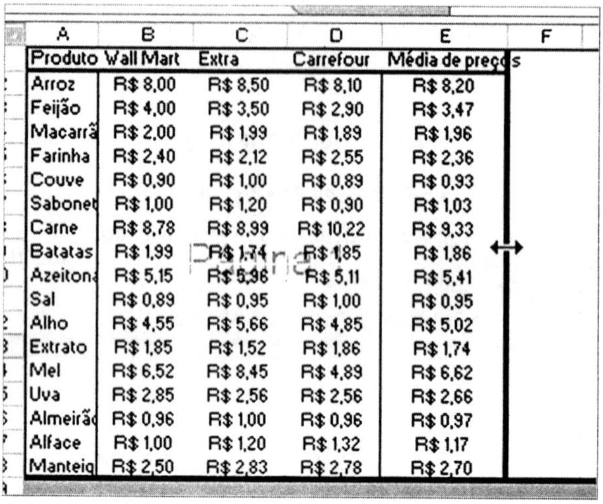

Produto	Wall Mart	Extra	Carrefour	Média de preços
Arroz	R$ 8,00	R$ 8,50	R$ 8,10	R$ 8,20
Feijão	R$ 4,00	R$ 3,50	R$ 2,90	R$ 3,47
Macarrã	R$ 2,00	R$ 1,99	R$ 1,89	R$ 1,96
Farinha	R$ 2,40	R$ 2,12	R$ 2,55	R$ 2,36
Couve	R$ 0,90	R$ 1,00	R$ 0,89	R$ 0,93
Sabonet	R$ 1,00	R$ 1,20	R$ 0,90	R$ 1,03
Carne	R$ 8,78	R$ 8,99	R$ 10,22	R$ 9,33
Batatas	R$ 1,99	R$ 1,74	R$ 1,85	R$ 1,86
Azeiton	R$ 5,15	R$ 5,36	R$ 5,11	R$ 5,41
Sal	R$ 0,89	R$ 0,95	R$ 1,00	R$ 0,95
Alho	R$ 4,55	R$ 5,66	R$ 4,85	R$ 5,02
Extrato	R$ 1,85	R$ 1,52	R$ 1,86	R$ 1,74
Mel	R$ 6,52	R$ 8,45	R$ 4,89	R$ 6,62
Uva	R$ 2,85	R$ 2,56	R$ 2,56	R$ 2,66
Almeirã	R$ 0,96	R$ 1,00	R$ 0,96	R$ 0,97
Alface	R$ 1,00	R$ 1,20	R$ 1,32	R$ 1,17
Manteig	R$ 2,50	R$ 2,83	R$ 2,78	R$ 2,70

Figura 3.063

Imprimindo uma página específica de uma quebra de página

Para imprimir um número exato de páginas, acesse o menu Visualizar Quebra de Página para ajustar rapidamente as quebras de página.

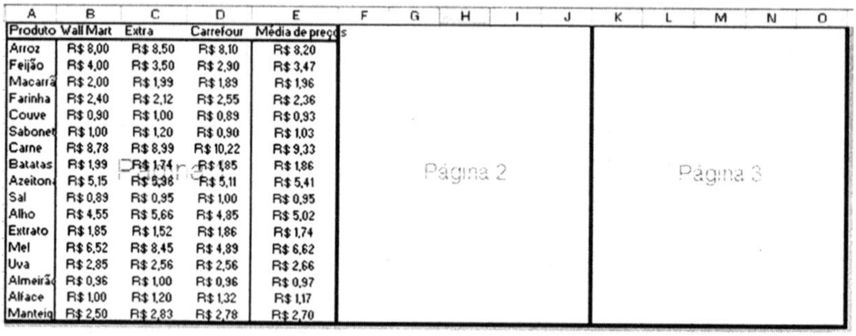

Produto	Wall Mart	Extra	Carrefour	Média de preços
Arroz	R$ 8,00	R$ 8,50	R$ 8,10	R$ 8,20
Feijão	R$ 4,00	R$ 3,50	R$ 2,90	R$ 3,47
Macarrã	R$ 2,00	R$ 1,99	R$ 1,89	R$ 1,96
Farinha	R$ 2,40	R$ 2,12	R$ 2,55	R$ 2,36
Couve	R$ 0,90	R$ 1,00	R$ 0,89	R$ 0,93
Sabonet	R$ 1,00	R$ 1,20	R$ 0,90	R$ 1,03
Carne	R$ 8,78	R$ 8,99	R$ 10,22	R$ 9,33
Batatas	R$ 1,99	R$ 1,74	R$ 1,85	R$ 1,86
Azeiton	R$ 5,15	R$ 5,36	R$ 5,11	R$ 5,41
Sal	R$ 0,89	R$ 0,95	R$ 1,00	R$ 0,95
Alho	R$ 4,55	R$ 5,66	R$ 4,85	R$ 5,02
Extrato	R$ 1,85	R$ 1,52	R$ 1,86	R$ 1,74
Mel	R$ 6,52	R$ 8,45	R$ 4,89	R$ 6,62
Uva	R$ 2,85	R$ 2,56	R$ 2,56	R$ 2,66
Almeirã	R$ 0,96	R$ 1,00	R$ 0,96	R$ 0,97
Alface	R$ 1,00	R$ 1,20	R$ 1,32	R$ 1,17
Manteig	R$ 2,50	R$ 2,83	R$ 2,78	R$ 2,70

Figura 3.064

Nesse modo de exibição, as quebras de página inseridas manualmente são exibidas como linhas sólidas já as linhas tracejadas indicam onde o Excel 2007 inseriu quebras de página automáticas.

Nota: Quebra de página é o ato de dividir ou separar uma planilha do Excel em páginas para impressão. O aplicativo insere quebras de página automáticas com base no tamanho do papel, nas configurações de margem, nas opções de escala e nas posições de qualquer quebra de página manual inserida pelo usuário.

Como você deve ter percebido, o modo de exibição Visualização da Quebra de Página é especialmente útil para ver de que forma outras alterações feitas por você afetam as quebras de página automáticas, permitindo assim o ajuste manual visualizando o que se está fazendo.

Repetindo rótulos de tabelas

Em determinadas situações uma planilha poderá gerar mais de uma página impressa; nesse caso, talvez seja necessário repetir linhas ou colunas específicas de uma tabela, como títulos ou rótulos na parte superior ou à esquerda de cada página impressa.

Por exemplo, imagine uma tabela com 200 linhas de dados. Certamente que essa não poderá ser impressa em uma só página. Neste caso, nós teremos que imprimi-la em várias páginas e para facilitar a leitura do documento impresso, devemos repetir a linha 1, já que essa contém os rótulos de colunas.

Repetindo a linha 1 nas páginas impressas

Para repetir a linha 1 em cada página impressa siga a rota: menu Layout da Página > painel Configurar Página > clicar no ícone Configurar Página no canto inferior direito do painel. Veja o mesmo sendo clicado pelo ponteiro do mouse na figura que segue:

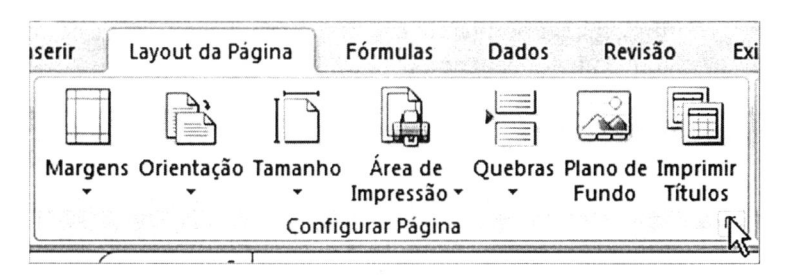

Figura 3.065

Na caixa de diálogo que surge, insira no campo Área de impressão o intervalo de células a ser impresso.

Nota: Caso tenha selecionado o intervalo antes de ir à configuração da página, o Excel já exibirá o intervalo nesse campo.

Figura 3.066

No campo Linhas a repetir na parte superior, insira o intervalo referente a essa opção, ou seja, o endereço $1:$1.

Caso prefira, em ambos os campos expostos poderemos clicar no botão à direita do mesmo e clicar na linha referente diretamente na planilha. Para restabelecer a caixa de diálogo, clique novamente no botão.

Removendo quebras de página

Para remover um quebra de página siga a rota: menu Layout da Página > Configurar Página > ícone Quebrar > opção Remover Quebra de Página.

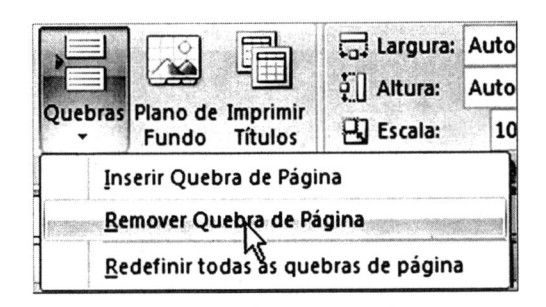

Figura 3.067

Redefinindo quebras de página

Redefinir quebra de página significa voltar ao padrão de quebra executado automaticamente pelo Excel 2007. Para efetuar a redefinição de quebras de página, siga a rota: menu Layout da Página > Configurar Página > ícone Quebrar > opção Redefinir todas as quebras de página.

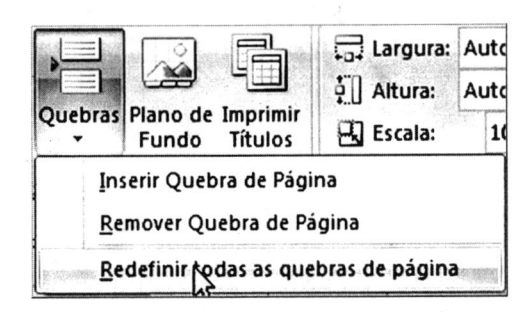

Figura 3.068

Observe agora que as quebras manuais foram apagadas e somente as criadas automaticamente pelo Excel 2007 foram mantidas.

Plano de fundo

O uso de plano de fundo nas planilhas do Excel pode ser bastante útil, dependendo do trabalho em desenvolvimento. Por exemplo, podemos inserir a figura de uma logomarca, a foto do nosso filho (a) e outras.

Inserindo uma imagem como plano de fundo

Para inserir uma imagem, como plano de fundo de uma planilha do Excel 2007, siga a rota: menu Layout da Página > Configurar Página > ícone Plano de Fundo. Vejamos:

Figura 3.069

Agora, localize a imagem no computador e clique em Inserir. Como resultado, teremos algo semelhante ao exemplo que segue:

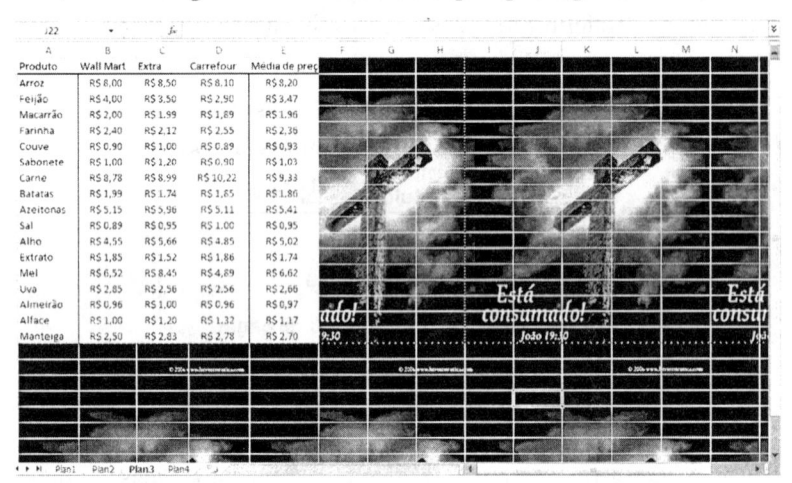

Figura 3.070

Caso seus dados fiquem ilegíveis em contraste com o fundo aplicado, uma saída seria aplicar cor de fundo nas células da tabela contrária à cor do plano de fundo da planilha.

Excluindo um plano de fundo

Para excluir um plano de fundo, simplesmente siga a rota: menu Layout da Página > menu Configurar Página > ícone Excluir plano de fundo. Vejamos:

Configurando tipos de dados | 61

Figura 3.071

Imprimindo linhas e títulos

Como já vimos anteriormente neste capítulo, o Excel 2007 nos oferece a possibilidade de imprimir linhas repetidas para facilitar a leitura de documentos extensos. Para acessar esta caixa de diálogo use o ícone Imprimir Títulos, existente no painel Layout da Página. Vejamos:

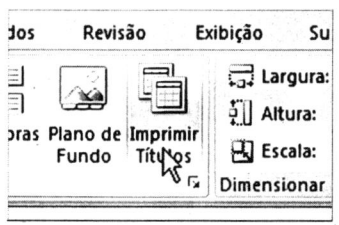

Figura 3.072

Configurando detalhes da quebra de página

O Excel 2007 oferece, além do que já foi visto em relação à quebra de páginas, uma vasta gama de ferramentas de configuração que possibilita acertar detalhe por detalhe das páginas. Para configurar, use as opções dos painéis: Dimensionar para Ajustar e Opções de Planilha. Vejamos:

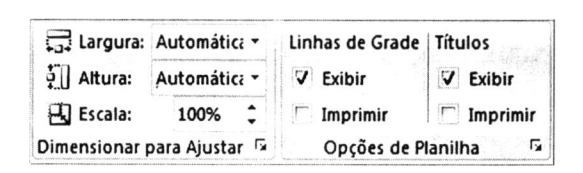

Figura 3.073

Nestes painéis podemos, por exemplo, ajustar a largura das páginas a serem impressas, exibir ou não linhas e títulos e etc.

Capítulo 4

Caixas de Texto

Usamos caixas de texto quando pretendemos inserir um objeto de texto sobre as células de uma planilha, da mesma forma que inserimos uma imagem. A peculiaridade existente nas caixas de texto é que elas nos permitem manipular diversos detalhes como forma, sobra, borda, etc. Além de permitirem a manipulação independente da planilha de dados.

Inserindo caixa de texto

Para inserir uma caixa de texto em uma planilha do Excel, siga a rota: menu Inserir > painel Texto > opção Caixa de Texto. Vejamos:

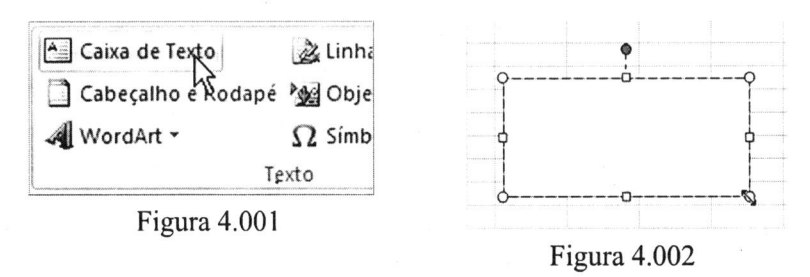

Figura 4.001

Figura 4.002

Basta clicar, manter a tecla do mouse pressionada e arrastar sobre a planilha para criar a caixa do tamanho que desejar.

Inserindo texto na caixa
Para inserir conteúdo na caixa de texto criada, basta clicar dentro dela e digitar o texto desejado. Vejamos:

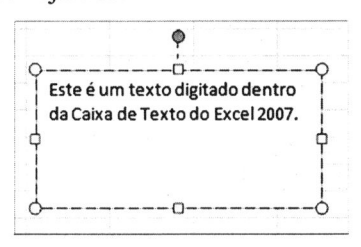

Figura 4.003

Formatando a caixa de texto

Para formatar a caixa de texto criada, selecione-a e clique no botão Formatar que surge na faixa de opções do Excel 2007. Vejamos:

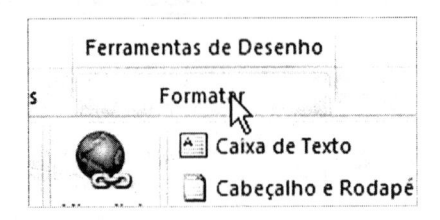

Figura 4.004

Ao clicar em Formatar, o Excel exibirá diversas opções de formatação nos painéis da faixa de opções. Teste cada uma das opções e perceba que, enquanto escolhe, o efeito é aplicado em tempo real à caixa de texto selecionada. Vejamos:

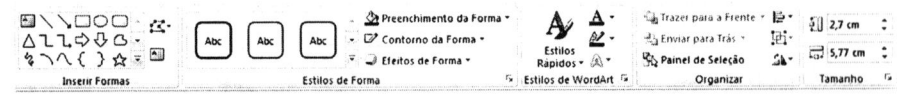

Figura 4.005

No painel Inserir Formas, você pode criar uma nova forma da caixa de texto. (para inserir texto em uma forma, clique com o botão direito sobre ela e opte por Editar Texto).

No painel Estilos de forma, manipulamos a forma da caixa aplicando contornos, sombra e outros.

No painel Estilos de WordArt, escolhemos um estilo para o texto dentro da caixa.

O painel Organizar oferece a opção de girar a caixa.

E por último, o painel Tamanho, nos oferece meios de alterar numericamente o tamanho da caixa.

Eis um exemplo de formatação de caixa de diálogo:

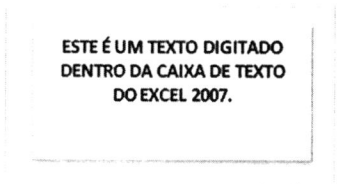

> ESTE É UM TEXTO DIGITADO
> DENTRO DA CAIXA DE TEXTO
> DO EXCEL 2007.

Figura 4.006

Cabeçalho e Rodapé

No Microsoft Excel 2007, é possível adicionar ou alterar rapidamente cabeçalhos ou rodapés a fim de fornecer informações úteis nas impressões de documentos de planilha. Ainda temos a liberdade tanto de adicionar informações de cabeçalho e rodapé predefinidos ou inserir itens específicos como números de página, data e hora e outros mais.

Inserindo cabeçalho personalizado

Para inserir um cabeçalho em uma planilha do Excel 2007, siga a rota: menu Inserir > painel Texto > opção Cabeçalho. Vejamos:

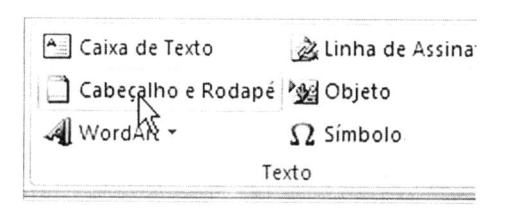

Figura 4.007

O Excel 2007 então mostrará o cabeçalho para ser configurado. Observe.

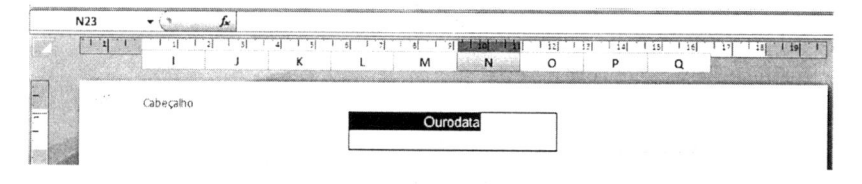

Figura 4.008

Inicialmente, o cabeçalho é gerado com o campo central contendo o nome do usuário logado na máquina, embora isto possa ser mudado.

Nos demais campos (direita e esquerda), podemos inserir outros dados importantes para serem impressos, como, hora de criação do documento, data e etc. para isto, clique no campo e lecione uma das opções na faixa de opções. Vejamos:

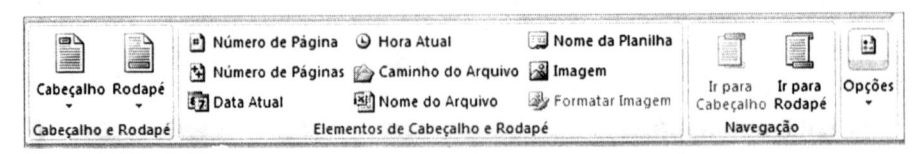

Figura 4.009

Observe que ao adicionar um item no cabeçalho, um código de referência é exibido. Ao clicar em outro campo o código se converte no dado legível.

Figura 4.010

Para sair do modo cabeçalho e voltar à planilha normal, use o ícone de Modos de exibição na base do documento. Vejamos:

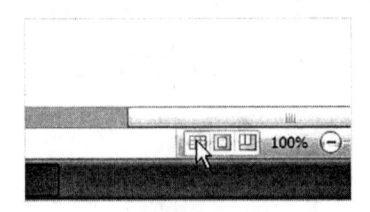

Figura 4.011

Inserindo dados no rodapé

Para acionar o campo reservado para o rodapé, use a opção Ir para Rodapé no menu Navegação. Observe o exemplo que segue:

Figura 4.012

Daqui para frente, proceda da mesma forma usada para criação e edição de cabeçalho.

Primeira página diferente

Muitas vezes em determinados trabalhos, surge a necessidade de inserirmos um cabeçalho ou rodapé diferente na primeira página, por exemplo, em trabalhos de faculdade, documentos de empresas e muitos outros casos.

O Excel 2007 possui uma forma bastante simples de fazer isso, estando no modo cabeçalho, seguir a rota: opção Primeira Página Diferente. Vejamos:

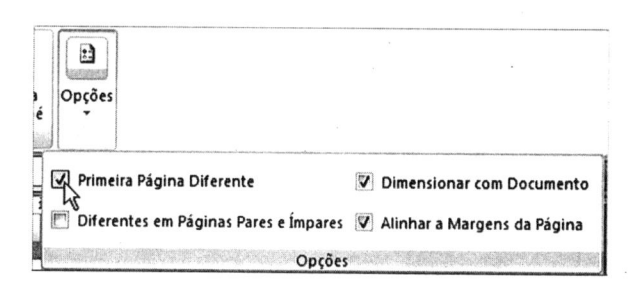

Figura 4.013

Ao marcar esta opção, o Excel exibirá acima do cabeçalho o rótulo Cabeçalho da Primeira Página. Vejamos:

Figura 4.014

Ocultando e Mostrando a Grade

Em muitos projetos, algumas planilhas, por uma questão de organização ou disposição de dados ou objetos em geral, deverão ter suas células omitidas, ou seja, as células continuarão na planilha, porém, essas não serão delimitadas visualmente pela grade acinzentada padrão do Excel.

Ocultando e exibindo a grade

Para ocultar ou exibir a grade delimitadora das células siga a rota: menu Layout da Página > painel Opções de Planilha > na seção Linhas de Grade marcar ou desmarcar a caixa Exibir. Vejamos:

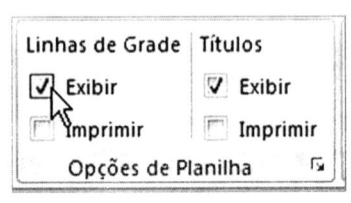

Figura 4.015

Imprimindo a grade

Para imprimir a grade delimitadora das células juntamente com o documento siga a rota: menu Layout da Página > painel Opções de Planilha > na seção Linhas de Grade marcar ou desmarcar a caixa Imprimir. Vejamos:

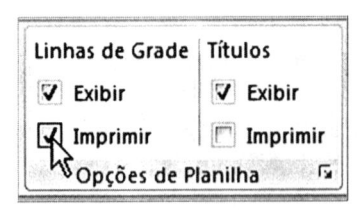

Figura 4.016

Estilo de célula

O Excel 2007 disponibiliza uma vasta lista de estilos de células pré-formatados para o nosso uso, desta forma, basta selecionarmos a célula ou intervalo de célula e então aplicar o estilo.

Aplicando estilos nas células

Após selecionar, siga a rota: menu Início > painel Estilo > opção Estilos de células > escolha uma opção que mais convier. Vejamos:

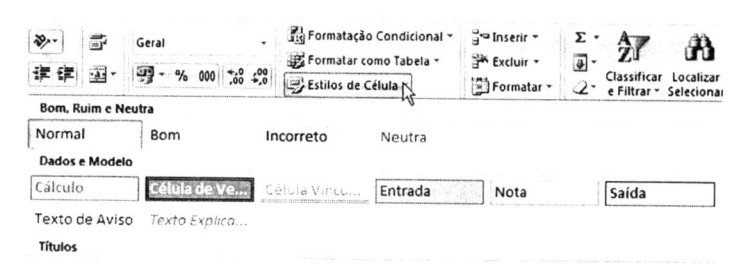

Figura 4.017

Nota: Observe que antes mesmo de clicar sobre um dos exemplos de estilo, a célula ou intervalo selecionado já exibe uma previsão.

Classificação dados

Classificar dados significa organizá-los em uma linha ou coluna de uma forma indexada ou ordenada através de índice alfabético ou numérico. Muitos são os casos em que a classificação dos dados é imprescindível, pois assim, podemos manter a organização de uma base de dados e até mesmo para uso em envio e captura automática através de macros.

Classificando dados

Para classificar dados de uma tabela, primeiramente selecione a linha ou coluna desejada. Vejamos:

	A1
1	Produto
2	Arroz
3	Feijão
4	Macarrão
5	Farinha
6	Couve
7	Sabonete
8	Carne
9	Batatas
10	Azeitonas
11	Sal

Figura 4.018

Em seguida, siga a rota: menu Início > painel Edição > opção Classificar e Filtrar > escolha a opção desejada. Vejamos:

Figura 4.019

1	Produto
2	Alface
3	Alho
4	Almeirão
5	Arroz
6	Azeitonas
7	Batatas
8	Carne
9	Couve
10	Extrato
11	Farinha

Figura 4.020

Observe a diferença entre as duas colunas nas figuras 4.018 e 4.020. Observe que houve uma classificação por ordem alfabética crescente.

O Excel 2007 exclui automaticamente o cabeçalho da lista de linhas a classificar e ainda percebe se houver mais dados ao lado da área selecionada.

Caso ele mostre uma mensagem de expansão de coluna ou linha, você poderá escolher o campo somente confirme.

Personalizando a classificação

O Excel 2007 inovou bastante em termos de classificação de dados. Uma das opções acrescentadas foi a possibilidade de classificação por cores de células, assim, o critério poderá ser passado selecionando uma cor específica de célula. Resumindo, agora podemos personalizar a classificação para que mais critérios sejam observados.

Para vermos essa opção de classificação em funcionamento, aplique cores intermitentes nas células de uma coluna de dados. Vejamos um exemplo:

Alface	R$ 1,00	R$ 1,20
Alho	R$ 4,55	R$ 5,66
Almeirão	R$ 0,96	R$ 1,00
Arroz	R$ 8,00	R$ 8,50
Azeitonas	R$ 5,15	R$ 5,96
Batatas	R$ 1,99	R$ 1,74
Carne	R$ 8,78	R$ 8,99
Couve	R$ 0,90	R$ 1,00
Extrato	R$ 1,85	R$ 1,52
Farinha	R$ 2,40	R$ 2,12

Figura 4.021

No caso deste exemplo, aplicamos a cor cinza em algumas células da coluna Wall Mart.

Tendo feito desta forma, siga o mesmo caminho do exemplo anterior: menu Início > painel Edição > opção Classificar e Filtrar > escolha a opção Personalizar Classificação. Observe:

Figura 4.022

O Excel exibirá a caixa de diálogo que segue:

Figura 4.023

De início, selecione em cada campo conforme mostrado na figura 4.023. Observe o penúltimo e último campo, nos quais configuramos a cor pela qual o Excel deverá classificar e onde queremos ver o resultado da classificação, se na parte inferior ou superior da seleção.

Uma atenção especial deve ser dada à caixa Meus dados contêm cabeçalho no topo da caixa de diálogo, caso não esteja marcada o Excel 2007 considerará os rótulos de colunas como se fossem dados também. Neste caso, os rótulos serão também classificados.

	A	B	C	D
1	Produto	Wall Mart	Extra	Carrefour
2	Alho	R$ 4,55	R$ 5,66	R$ 4,85
3	Arroz	R$ 8,00	R$ 8,50	R$ 8,10
4	Batatas	R$ 1,99	R$ 1,74	R$ 1,85
5	Couve	R$ 0,90	R$ 1,00	R$ 0,89
6	Farinha	R$ 2,40	R$ 2,12	R$ 2,55
7	Alface	R$ 1,00	R$ 1,20	R$ 1,32

Figura 4.024

Adicionando mais critérios
Para adicionar mais critérios à classificação, clique no botão Adicionar Nível existente no topo da caixa de diálogo. Vejamos:

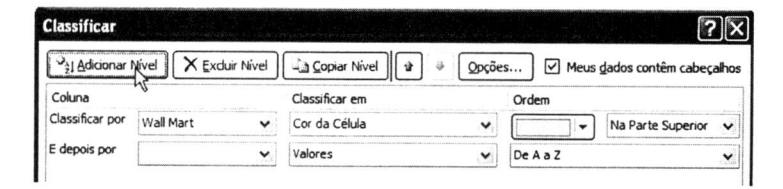

Figura 4.025

Veja que mais um nível foi acrescentado, assim, basta aplicar as condições necessárias para cada campo e executar a classificação novamente clicando em OK.

Podemos ainda definir mais detalhes para a classificação usando as opções do botão Opções. Clique neste botão e configure conforme as necessidades:

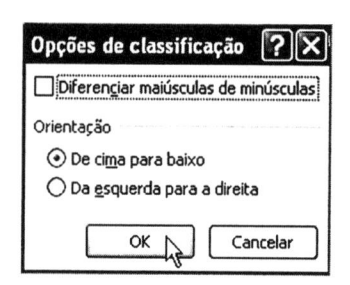

Figura 4.026

Podemos ainda Excluir ou Copiar um nível de critérios, para isso faça uso dos botões referentes.

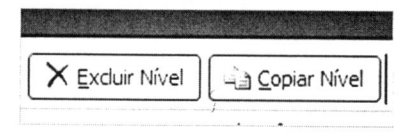

Figura 4.027

Localizando e Selecionando

O Excel nos oferece uma lista de ferramentas para efetuarmos diversas tarefas de busca e seleção em uma planilha de dados. Essas ferramentas visam simplificar a vida dos usuários gerando mais rapidez e eficiência na busca e ou seleção de dados diversos.

Localizando

Para localizar dados específicos na planilha do Excel 2007, siga a rota: menu Início > painel Edição > ícone Localizar e Selecionar > escolha a opção Localizar. Vejamos:

Figura 4.028

Na caixa de diálogo que aparece, digite uma palavra que gostaria de encontrar no documento no campo Localizar. Feito isso, clique em Localizar próxima. Vejamos:

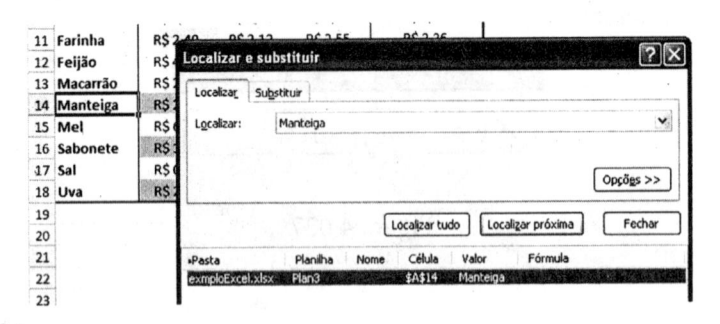

Figura 4.029

Note que é mostrada a localização exata do dado encontrado; nesse caso, a palavra Manteiga foi encontrada na célula A14.

Mais opções de localização

Temos ainda a possibilidade de passar alguns parâmetros antes de realizar a busca. Para acessar as configurações opcionais, clique no botão Opções.

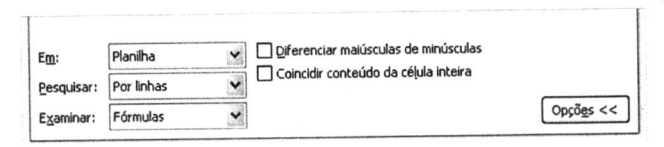

Figura 4.030

Configure a gosto ou segundo as necessidades. Para ocultar as opções de localização, clique novamente em Opções. Efetue a localização usando as configurações feitas clicando em Localizar próxima.

Substituir

Podemos, além de localizar um determinado dado em uma planilha, substituí-lo automaticamente por outro. Essa ferramenta torna-se extremamente útil quando temos que fazer alterações repetidas em um documento e que despenderiam muito tempo para serem feitas manualmente.

Para Localizar e substituir um dado siga a rota: menu Início > painel Edição > ícone Localizar e Selecionar > escolha a opção Substituir. Vejamos:

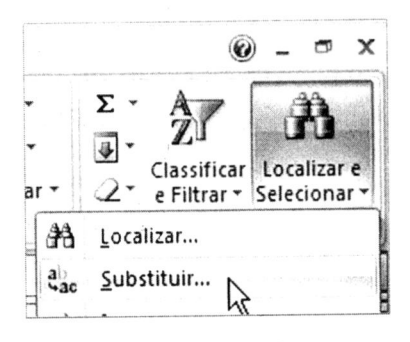

Figura 4.031

Será mostrada então a caixa de diálogo Localizar e substituir. Observe os campos de opções de configuração:

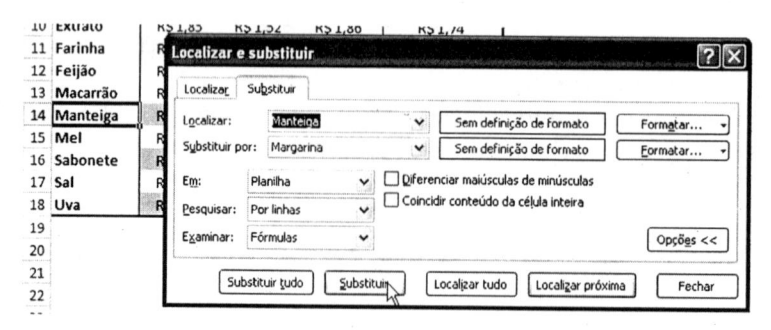

Figura 4.032

No campo Localizar, inserimos o valor a ser encontrado. No campo Substituir por, inserimos a palavra a ser inserida em seu lugar, ou seja, o campo inferior deve conter a palavra que será inserida e permanecerá como correção da anterior. Para fazer a substituição, clique no botão Substituir.

Para substituir todas as ocorrências da mesma palavra inserida no campo Localizar, clique em Localizar tudo e depois em Substituir tudo.

Critério de localização preenchimento

Podemos também passar parâmetro de preenchimento para localização de células; para isso, depois de preencher os campos Localizar e Substituir por clique no botão Formatar e escolha Formatar ou Escolher formato da célula. Caso opte por Formatar, o Excel exibirá a caixa de cores. Vejamos:

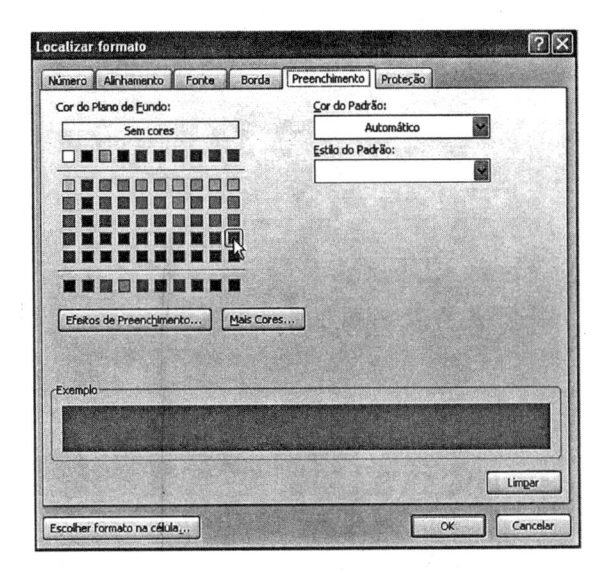

Figura 4.033

Tendo escolhido uma cor, clique em OK.

Observe o botão Escolher formato da célula. Caso não tenha certeza da cor da célula que pretende localizar, ao clicar nesse botão um conta-gotas será acionado permitindo que capture a cor da célula clicando sobre a mesma.

Figura 4.034

Depois de configurada a cor de fundo da célula a ser localizada, clique em ok. Agora é só localizar novamente.

Nota: Lembre-se que o Excel 2007 levará em conta se o dado está em uma célula com a cor especificada.

Ir para

Além das ferramentas Localizar e Substituir, o Excel nos oferece a ferramenta Ir para, a qual nos permite navegar pelo documento simplesmente digitando um endereço de destino. Para acessar essa opção, siga a rota: menu Início > painel Edição > ícone Localizar e Selecionar > escolha a opção Ir para. Vejamos:

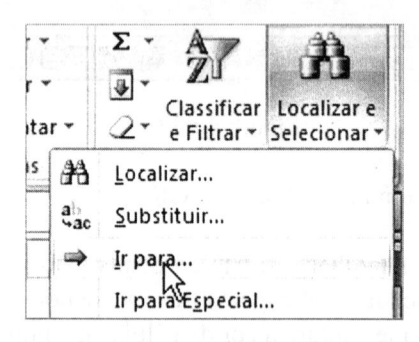

Figura 4.035

O Excel 2007 exibirá a caixa de diálogo simplificada. Vejamos:

Figura 4.036

Caso não seja nenhum desses o destinatário pretendido, clique no botão Especial. A seguinte caixa de diálogo será aberta:

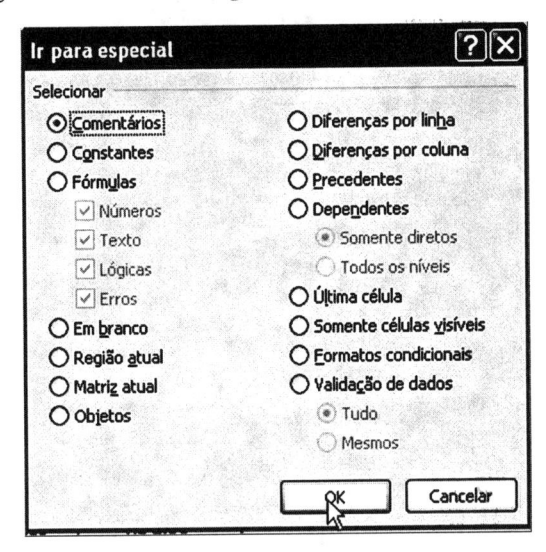

Figura 4.037

Basta escolher o que deseja encontrar, ou seja, que local deseja ir baseado nas opções da caixa de diálogo e dar OK. Automaticamente será selecionado o local indicado.

Observe, por exemplo, que podemos marcar a opção Em branco para selecionar as células em branco dentro de uma área selecionada.

Acessando rapidamente os modos mais usados de localização

O Excel 2007 disponibiliza acessos de forma variada para os mecanismos de localização e seleção. Nós já conhecemos um deles através dos exemplos anteriores, porém podemos ainda acessar através do das teclas de atalho Ctrl+L e através da lista de opções da faixa de opções. Vejamos:

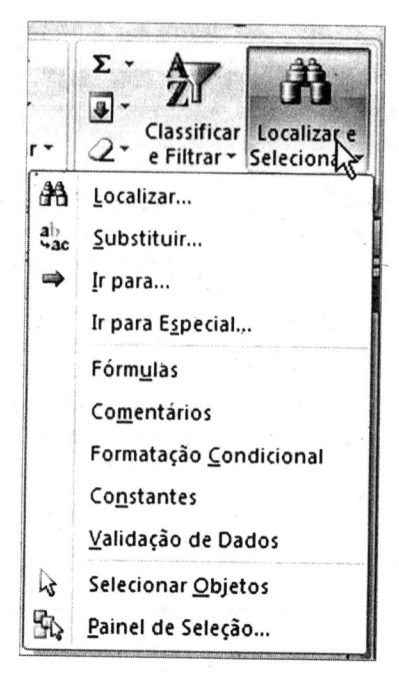

Figura 4.038

Capítulo 5

Formatação condicional

A formatação condicional é uma ferramenta a qual nos permite alterar dinamicamente o formato de uma célula quando uma condição for satisfeita. Um exemplo seria fazer com que uma célula ficasse vermelha quando o valor dentro da mesma fosse maior ou tornar-se maior que 10. Nesse caso, o Excel aplicaria o formato escolhido quando essa condição fosse satisfeita.

Aplicando regras condicionais

Para configurar uma célula ou um intervalo de células com condicionais primeiramente devemos selecionar o intervalo de célula desejado. Vejamos:

5	Arroz	R$ 8,00	R$ 8,50	R$ 8,10	R$ 8,20
6	Azeitonas	R$ 5,15	R$ 5,96	R$ 5,11	R$ 5,41
7	Batatas	R$ 1,99	R$ 1,74	R$ 1,85	R$ 1,86
8	Carne	R$ 8,78	R$ 8,99	R$ 10,22	R$ 9,33
9	Couve	R$ 0,90	R$ 1,00	R$ 0,89	R$ 0,93
10	Extrato	R$ 1,85	R$ 1,52	R$ 1,86	R$ 1,74

Figura 5.001

Neste exemplo, eu gostaria que o Excel me avisasse, alterando a cor de fundo da célula, cada vez que o preço da carne estivesse acima de R$ 10,00, ou seja, vou solicitar que ele altere a cor de fundo para vermelho, assim, ficará mais fácil perceber.

Com o texto selecionado, siga a rota: menu Início > painel Estilo > opção Formatação Condicional > Realçar Regras das Células > É Maior do que. Vejamos:

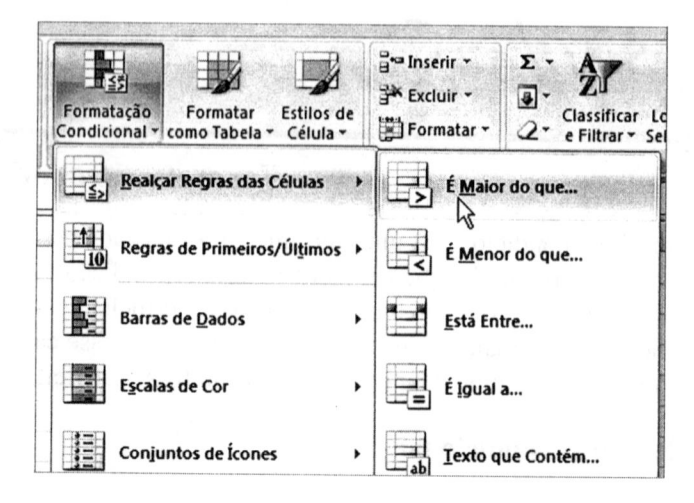

Figura 5.002

Ao clicar na opção É Maior do que, o Excel 2007 exibirá a seguinte caixa de diálogo:

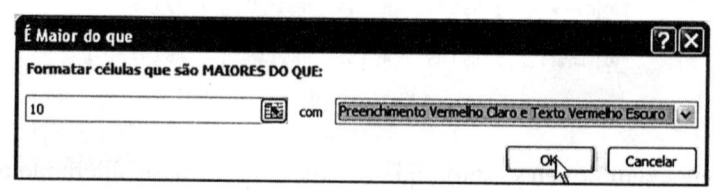

Figura 5.003

Configure conforme mostrado na figura 5.003. Observe que digitamos o valor 10 e selecionamos a opção Preenchimento Vermelho claro e Vermelho escuro para o texto. Feito isto, clique em OK.

5	Arroz	R$ 8,00	R$ 8,50	R$ 8,10	R$ 8,20
6	Azeitonas	R$ 5,15	R$ 5,96	R$ 5,11	R$ 5,41
7	Batatas	R$ 1,99	R$ 1,74	R$ 1,85	R$ 1,86
8	Carne	R$ 8,78	R$ 8,99	R$ 10,22	R$ 9,33
9	Couve	R$ 0,90	R$ 1,00	R$ 0,89	R$ 0,93
10	Extrato	R$ 1,85	R$ 1,52	R$ 1,86	R$ 1,74
11	Farinha	R$ 2,40	R$ 2,12	R$ 2,55	R$ 2,36

Figura 5.004

Observe que somente a célula D8 recebeu a configuração da condicional, pois somente essa célula contém valor maior do que 10 entre as três células selecionadas.

Passando parâmetro de texto

Podemos atribuir texto como parâmetro de uma condicional, da mesma forma que atribuímos números no exemplo anterior. Para atribuir valores de caracteres de texto, selecione primeiramente o intervalo desejado. Vejamos um exemplo:

	A	B
1	Produto	Wall Mart
2	Alface	R$ 1,00
3	Alho	R$ 4,55
4	Almeirão	R$ 0,96
5	Arroz	R$ 8,00
6	Azeitonas	R$ 5,15
7	Batatas	R$ 1,99
8	Carne	R$ 8,78
9	Couve	R$ 0,90
10	Extrato	R$ 1,85

Figura 5.005

Neste caso selecionei um intervalo de texto. Agora, siga a rota: menu Início > painel Estilo > opção Formatação Condicional > Realçar Regras das Células > Texto que Contém. Vejamos:

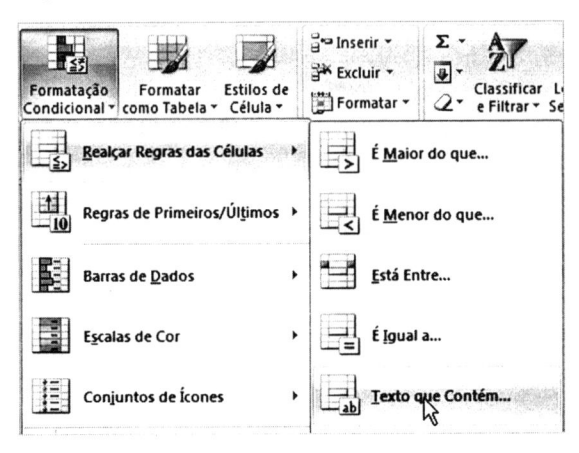

Figura 5.006

Na caixa que surge em seguida, digite o texto que deve ser o parâmetro da condicional.

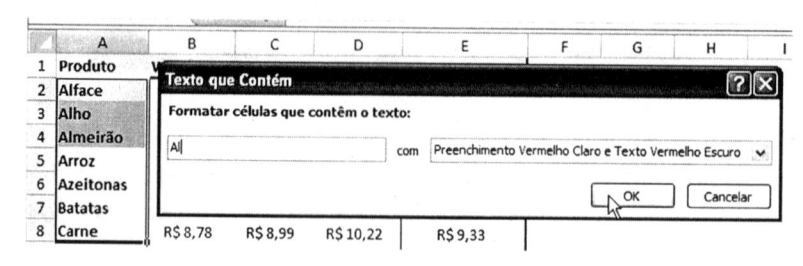

Figura 5.007

Observe que ao digitar o parâmetro no campo da esquerda, o texto correspondente vai sendo selecionado na planilha do documento. Tendo digitado o texto de parâmetro, clique em OK.

Nota: Será possível usar o comando Ir para > botão Especial tanto para localizar apenas células com formatos condicionais específicos, como para localizar todas as células com formatos condicionais. Tente usar essa função para aprender mais sobre a mesma.

Vale lembrar que Formatação Condicional é um formato, como sombreamento de célula e cor de fonte, que o Excel 2007 aplica automaticamente às células caso uma condição especificada seja satisfeita.

Efeitos Barras de dados

Para facilitar a visualização dos dados em uma planilha do Excel 2007, podemos aplicar efeitos de cores em formato de barras de dados. Para aplicar, primeiramente selecione o intervalo de células e, em seguida, siga a rota: menu Início > painel Estilo > opção Formatação Condicional > Barras de Dados > escolha um Modelo. Vejamos:

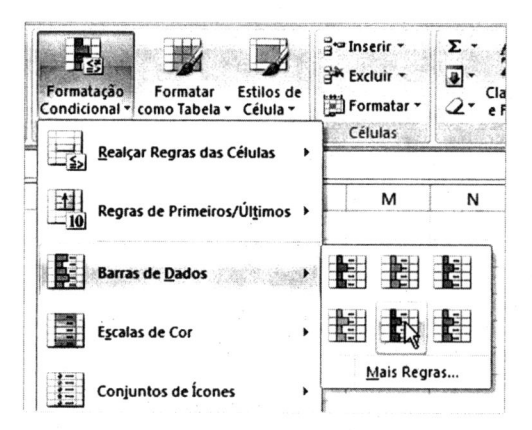

Figura 5.008

Observe que ao simplesmente passar o ponteiro do mouse sobre um dos modelos, esse é apresentado na planilha selecionada. Clique naquele que melhor agradar e vejamos o resultado:

	A	B	C	D	E
1	Produto	Wall Mart	Extra	Carrefour	Média de preços
2	Alface	R$ 1,00	R$ 1,20	R$ 1,32	R$ 1,17
3	Alho	R$ 4,55	R$ 5,66	R$ 4,85	R$ 5,02
4	Almeirão	R$ 0,96	R$ 1,00	R$ 0,96	R$ 0,97
5	Arroz	R$ 8,00	R$ 8,50	R$ 8,10	R$ 8,20
6	Azeitonas	R$ 5,15	R$ 5,96	R$ 5,11	R$ 5,41
7	Batatas	R$ 1,99	R$ 1,74	R$ 1,85	R$ 1,86
8	Carne	R$ 8,78	R$ 8,99	R$ 10,22	R$ 9,33
9	Couve	R$ 0,90	R$ 1,00	R$ 0,89	R$ 0,93
10	Extrato	R$ 1,85	R$ 1,52	R$ 1,86	R$ 1,74
11	Farinha	R$ 2,40	R$ 2,12	R$ 2,55	R$ 2,36
12	Feijão	R$ 4,00	R$ 3,50	R$ 2,90	R$ 3,47
13	Macarrão	R$ 2,00	R$ 1,99	R$ 1,89	R$ 1,96
14	Manteiga	R$ 2,50	R$ 2,83	R$ 2,78	R$ 2,70
15	Mel	R$ 6,52	R$ 8,45	R$ 4,89	R$ 6,62
16	Sabonete	R$ 1,00	R$ 1,20	R$ 0,90	R$ 1,03
17	Sal	R$ 0,89	R$ 0,95	R$ 1,00	R$ 0,95
18	Uva	R$ 2,85	R$ 2,56	R$ 2,56	R$ 2,66

Figura 5.009

Usando símbolos estatísticos

Para simplificar a leitura dos dados podemos também atribuir à tabela selecionada símbolos estatísticos, que nos darão uma visão clara das diferenças de valores entre as células, linhas de registros ou colunas de dados envolvidas.

O primeiro passo para usar um conjunto de símbolos em uma tabela seria selecionar a tal tabela e em seguida, seguir a rota: menu Início > painel Estilo > opção Formatação Condicional > Conjunto de Símbolos > escolha um Modelo. Vejamos:

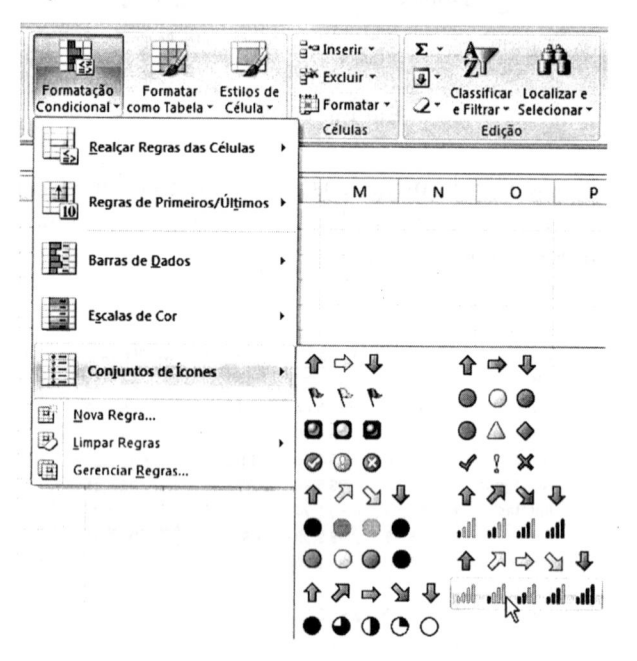

Figura 5.010

O resultado será como segue:

	A	B	C	D	E
1	Produto	Wall Mart	Extra	Carrefour	Média de preços
2	Alface	R$ 1,00	R$ 1,20	R$ 1,32	R$ 1,17
3	Alho	R$ 4,55	R$ 5,66	R$ 4,85	R$ 5,02
4	Almeirão	R$ 0,96	R$ 1,00	R$ 0,96	R$ 0,97
5	Arroz	R$ 8,00	R$ 8,50	R$ 8,10	R$ 8,20
6	Azeitonas	R$ 5,15	R$ 5,96	R$ 5,11	R$ 5,41
7	Batatas	R$ 1,99	R$ 1,74	R$ 1,85	R$ 1,86
8	Carne	R$ 8,78	R$ 8,99	R$ 10,22	R$ 9,33
9	Couve	R$ 0,90	R$ 1,00	R$ 0,89	R$ 0,93
10	Extrato	R$ 1,85	R$ 1,52	R$ 1,86	R$ 1,74
11	Farinha	R$ 2,40	R$ 2,12	R$ 2,55	R$ 2,36
12	Feijão	R$ 4,00	R$ 3,50	R$ 2,90	R$ 3,47
13	Macarrão	R$ 2,00	R$ 1,99	R$ 1,89	R$ 1,96
14	Manteiga	R$ 2,50	R$ 2,83	R$ 2,78	R$ 2,70
15	Mel	R$ 6,52	R$ 8,45	R$ 4,89	R$ 6,62
16	Sabonete	R$ 1,00	R$ 1,20	R$ 0,90	R$ 1,03
17	Sal	R$ 0,89	R$ 0,95	R$ 1,00	R$ 0,95
18	Uva	R$ 2,85	R$ 2,56	R$ 2,56	R$ 2,66

Figura 5.011

Condicionais personalizadas

Muitos outros parâmetros pré-configurados poderão ser utilizados rapidamente pelo usuário do Excel 2007 através do caminho: menu Início > painel Estilo > opção Formatação Condicional; porém, o programa oferece ainda uma forma totalmente personalizada de criar condicionais ou editar as existentes no intervalo selecionado.

Criando nova condicional

Para acessar a caixa de diálogo para formatação condicional personalizada, selecione o intervalo de dados e siga a rota: menu Início > painel Estilo > opção Formatação Condicional > Gerenciar Regras. Vejamos:

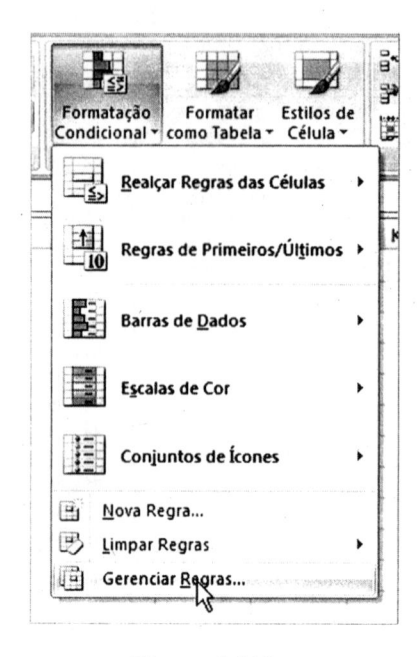

Figura 5.012

O Excel 2007 mostrará então a caixa de diálogo para criação ou edição de regras de condicionais. Clique em Nova Regra. Vejamos:

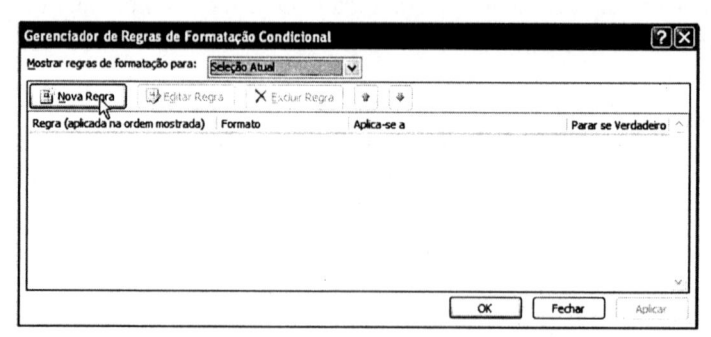

Figura 5.013

Ao clicar no botão Nova Regra, o Excel 2007 exibirá a próxima caixa de diálogo, onde configuraremos as regras (novas condições). Vejamos:

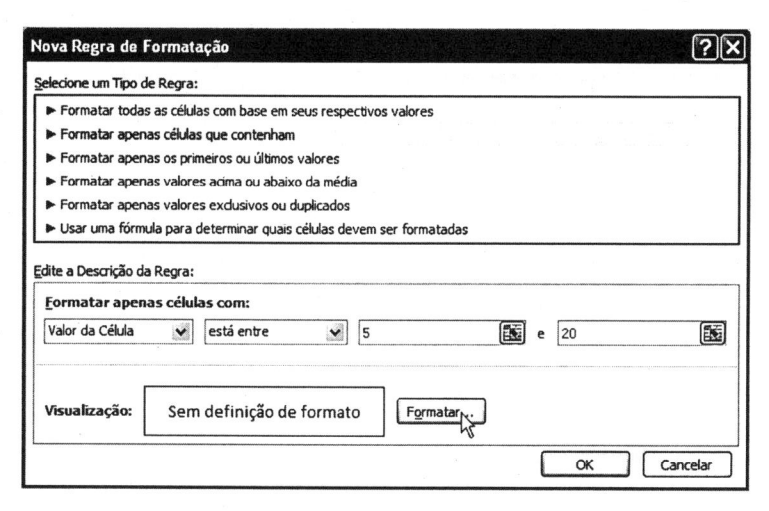

Figura 5.014

Na caixa mostrada anteriormente (Figura 5.014), selecione Formatar apenas células que contenham. Na seção Formatar apenas células com, configure como mostrado o exemplo. Feito isso, clique no botão Formatar. Vejamos:

Figura 5.015

Escolha uma cor de preenchimento acionando a guia preenchimento e clicando em uma das cores da paleta. Em seguida, clique em OK, OK e OK novamente para fechar as três caixas de diálogo. Observe que as células que satisfizeram as condições passadas receberam cor de preenchimento. Vejamos:

	G	H	I	J	K
13	Produto	Wall Mart	Extra	Carrefour	Média de preços
14	Alface	R$ 1,00	R$ 1,20	R$ 1,32	R$ 1,17
15	Alho	R$ 4,55	R$ 5,66	R$ 4,85	R$ 5,02
16	Almeirão	R$ 0,96	R$ 1,00	R$ 0,96	R$ 0,97
17	Arroz	R$ 8,00	R$ 8,50	R$ 8,10	R$ 8,20
18	Azeitonas	R$ 5,15	R$ 5,96	R$ 5,11	R$ 5,41
19	Batatas	R$ 1,99	R$ 1,74	R$ 1,85	R$ 10,00
20	Carne	R$ 8,78	R$ 8,99	R$ 20,00	R$ 12,59
21	Couve	R$ 0,90	R$ 1,00	R$ 0,89	R$ 15,00
22	Extrato	R$ 1,85	R$ 1,52	R$ 1,86	R$ 1,74
23	Farinha	R$ 2,40	R$ 2,12	R$ 2,55	R$ 2,36
24	Feijão	R$ 4,00	R$ 3,50	R$ 2,90	R$ 3,47
25	Macarrão	R$ 2,00	R$ 1,99	R$ 1,89	R$ 1,96
26	Manteiga	R$ 2,50	R$ 2,83	R$ 2,78	R$ 2,70
27	Mel	R$ 6,52	R$ 8,45	R$ 4,89	R$ 6,62
28	Sabonete	R$ 1,00	R$ 1,20	R$ 0,90	R$ 1,03
29	Sal	R$ 0,89	R$ 0,95	R$ 1,00	R$ 0,95
30	Uva	R$ 2,85	R$ 2,56	R$ 2,56	R$ 2,66

Figura 5.016

Ou seja, todas as células com valor entre 10 e 20 foram preenchidas com cor de fundo diferenciada.

Editando uma condicional

Para editar uma condicional já aplicada a um intervalo, basta selecionar o intervalo que contém a condicional e seguir a rota: menu Início > painel Estilo > opção Formatação Condicional > Gerenciar Regras. Note que dessa vez os botões Editar Regra e Excluir Regra aparecem habilitados:

Figura 5.017

Ao clicar em Editar Regra, o Excel 2007 exibirá a mesma caixa de diálogo de criação de condicionais para que possamos editar as regras referentes.

Nota: Para excluir uma regra (condicional), simplesmente clique no botão Excluir Regra.

Limpando regras de um intervalo

Para remover ou limpar regras de um determinado intervalo de células, selecione o intervalo e siga a rota: menu Início > painel Estilo > opção Formatação Condicional > Limpar Regras > Limpar Regras das Células Selecionadas.

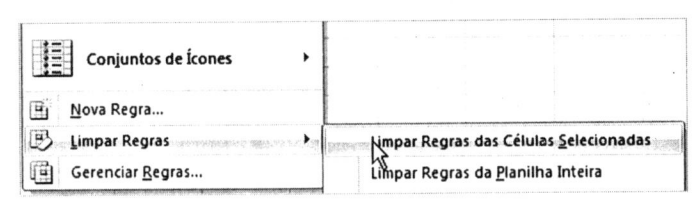

Figura 5.018

Note que através desse menu você poderá ainda criar nova Regra. Para isso, basta clicar em Nova Regra e configurar a gosto, conforme mostrado anteriormente.

Nota: Explore mais e mais as ferramentas de formatação condicional do Excel 200;, dessa forma, você ficará por dentro de cada funcionalidade e facilidade dessa poderosa ferramenta de trabalho.

Limpando regras de toda a planilha

Para remover ou limpar regras de toda a planilha, siga a rota: menu Início > painel Estilo > opção Formatação Condicional > Limpar Regras > Limpar Regras da Planilha Inteira.

Tabela dinâmica

Tabela dinâmica é uma das ferramentas mais práticas e úteis do Excel, sendo bastante usada por profissionais de negócios, para os quais precisão da análise de dados é fundamental. Uma tabela dinâmica é um tipo de relatório dinâmico gerado através de uma fonte de dados, ou seja, a tabela dinâmica é alimentada com dados armazenados em outra tabela previamente desenvolvida.

Em que momento nós devemos usar uma tabela dinâmica:
Acredito que o momento de usar uma tabela dinâmica é justamente aquele que a caneta não dá mais conta do recado e não há mais tempo suficiente para cálculos humanos. Podemos usar um relatório de tabela dinâmica quando desejarmos comparar valores totais relacionados, principalmente diante de uma longa lista de valores a serem resumidos ou totalizados ou quando desejamos que o Excel 2007 classifique, subtotalize ou totalize por você.

Gerando uma tabela dinâmica

Usaremos para nossos exemplos uma tabela simples de dados. Caso não tenha ainda uma tabela e queira testar esses exemplos, crie uma tabela de exemplo semelhante à mostrada na figura a seguir:

	A	B	C	D
1	Produto	Wall Mart	Extra	Carrefour
2	Alface	R$ 1,00	R$ 1,20	R$ 1,32
3	Alho	R$ 4,55	R$ 5,66	R$ 4,85
4	Almeirão	R$ 0,96	R$ 1,00	R$ 0,96
5	Arroz	R$ 8,00	R$ 8,50	R$ 8,10
6	Arroz	R$ 5,15	R$ 5,96	R$ 5,11
7	Batatas	R$ 1,99	R$ 1,74	R$ 1,85
8	Arroz	R$ 8,78	R$ 8,99	R$ 20,00
9	Couve	R$ 0,90	R$ 1,00	R$ 0,89
10	Extrato	R$ 1,85	R$ 1,52	R$ 1,86
11	Farinha	R$ 2,40	R$ 2,12	R$ 2,55
12	Feijão	R$ 4,00	R$ 3,50	R$ 2,90
13	Macarrão	R$ 2,00	R$ 1,99	R$ 1,89
14	Manteiga	R$ 2,50	R$ 2,83	R$ 2,78
15	Arroz	R$ 6,52	R$ 8,45	R$ 4,89
16	Sabonete	R$ 1,00	R$ 1,20	R$ 0,90
17	Sal	R$ 0,89	R$ 0,95	R$ 1,00
18	Uva	R$ 2,85	R$ 2,56	R$ 2,56

Figura 5.019

Na coluna produto, existem repetições de rótulos; esses foram inseridos de propósito para dar exemplo de totalização de valores via tabela dinâmica.

Para começar, selecione a tabela inteira, incluindo todos os rótulos de colunas e linhas. Tendo feito isso, siga a rota: menu Inserir > painel Tabelas > opção Tabela Dinâmica > Tabela Dinâmica. Vejamos:

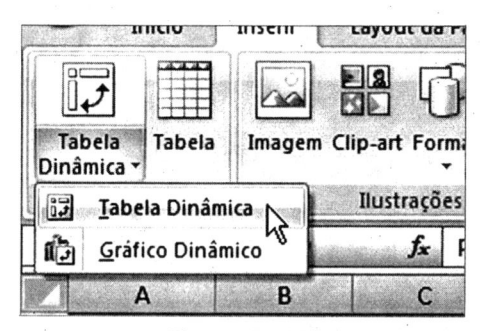

Figura 5.020

Nota: Não clique sobre o símbolo acima do nome "Tabela Dinâmica", mas sobre a seta logo abaixo desse; caso contrário, você não terá opção de escolha entre Tabela Dinâmica e Gráfico Dinâmico.

O Excel 2007 exibirá nesse momento a seguinte caixa de diálogo:

Figura 5.021

Na seção Escolha os dados que deseja analisar, marque a opção Selecionar uma tabela ou intervalo. Feito isso, na seção seguinte, selecione a opção Planilha Existente, pois pretendemos gerar nossa Tabela Dinâmica na planilha atual. Em seguida, clique no botão à direita do campo Local para encolher a caixa de diálogo e possibilitar a seleção do local na planilha onde a Tabela Dinâmica será inserida. Vejamos:

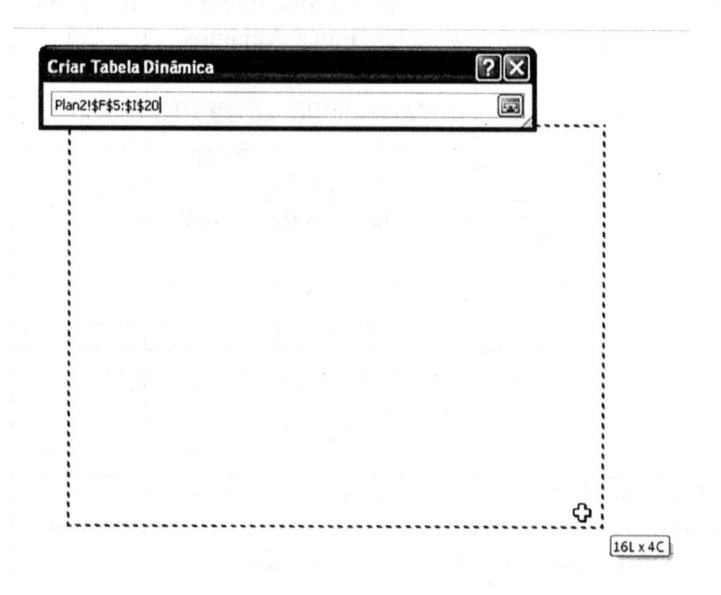

Figura 5.022

Ao clicar no botão Encolher janela, a caixa de diálogo se resumirá em um campo apenas. Você poderá digitar o endereço de células manualmente ou clicar e arrastar. No caso do exemplo, cliquei e arrastei, formando assim o intervalo F5:I20.

Depois de selecionado o local de inserção da tabela Dinâmica, clique novamente sobre o botão à direita do campo para expandir novamente a caixa de diálogo. Vejamos:

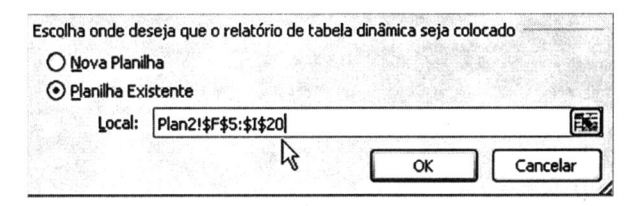

Figura 5.023

Perceba que agora já está sendo mostrado o endereço de células onde a Tabela será inserida. Note ainda, que os endereços dos dois campos da janela estão fixos (usando um "$" à esquerda da coluna e da linha), ou seja, estão formatados como absoluto. Ao digitar manualmente um endereço de células, á aconselhável esse formato.

Clique em OK para finalizar o processo de configuração e gerar a Tabela Dinâmica. Vejamos:

Figura 5.024

Marcamos então as colunas de nossa tabela que queremos exibir em nossa Tabela dinâmica que foi gerada até esse momento, mas que está vazia. Note que, conforme vamos marcando os campos na seção Escolha os campos para adicionar ao relatório, esses campos são adicionados na

Por padrão, a Tabela Dinâmica soma as colunas, isso quando não configuramos as opções de equação antes de gerá-la. Para esse primeiro exemplo, deixaremos assim mesmo. Somente clique na planilha do Excel para que a caixa de opções desapareça. Teremos então o seguinte formato de tabela:

Rótulos de Linha	Soma de Wall Mart	Soma de Extra	Soma de Carrefour
Alface	1	1,2	1,32
Alho	4,55	5,66	4,85
Almeirão	0,96	1	0,96
Arroz	28,45	31,9	38,1
Batatas	1,99	1,74	1,85
Couve	0,9	1	0,89
Extrato	1,85	1,52	1,86
Farinha	2,4	2,12	2,55
Feijão	4	3,5	2,9
Macarrão	2	1,99	1,89
Manteiga	2,5	2,83	2,78
Sabonete	1	1,2	0,9
Sal	0,89	0,95	1
Uva	2,85	2,56	2,56
Total geral	55,34	59,17	64,41

Figura 5.025

Observe que à direita do rótulo de produtos existe uma pequena seta voltada para baixo. Clicando nessa seta, podemos configurar, por exemplo, a ordem de classificação dos dados. Vejamos:

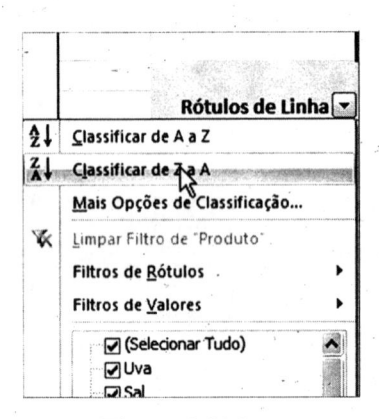

Figura 5.026

Podemos também aplicar filtros Rótulos e Valores para simplificar o trabalho de localização de dados.

Filtrando rótulos na Tabela Dinâmica

O filtro de rótulos possibilita a localização e seleção rápida de registro de dados baseando-se em um rótulo de linha. Para filtrar, clique na seta do

Formatação condicional | 97

primeiro campo e, passando o ponteiro do mouse sobre opção Filtro de Rótulos, opte por uma das condicionais. Vejamos:

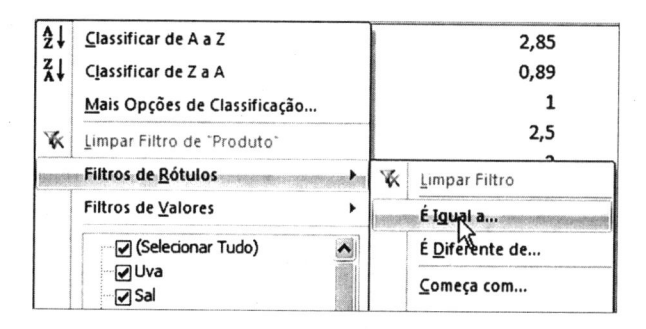

Figura 5.027

Ao escolher o exemplo dados na figura anterior, uma nova janela é exibida para inserção do argumento de procura, no caso o rótulo a ser listado. Vejamos:

Figura 5.028

Nesse caso estou pedindo ao Excel que somente me mostre as ocorrências das linhas cujo rótulo for Arroz. Vejamos o resultado:

Rótulos de Linha	Valores Soma de Wall Mart	Soma de Extra	Soma de Carrefour
Arroz	28,45	31,9	38,1
Total geral	28,45	31,9	38,1

Figura 5.029

Caracteres coringas

Podemos usar caracteres coringas para simplificar o processo de busca e seleção de dados. Os caracteres suportados são dois: o ponto de Interrogação (?), que poderá simbolizar um caractere e o símbolo Asterisco (*), que substituirá vários caracteres.

Exemplo de uso do Asterisco como coringa

Como já sabemos, para usarmos o asterisco (*) como coringa, basta inseri-lo em um local da palavra onde não sabemos ao certo o conjunto de letra que ocupa. Um exemplo seria se tentássemos localizar todos os rótulos que iniciem em "A": bastaria inserirmos a letra A e adicionarmos o coringa. Vejamos o exemplo a seguir:

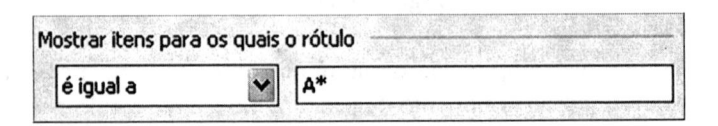

Figura 5.030

Nesse caso o coringa (*) está substituindo o restante do nome, assim, o Excel retornará como resultado do filtro todos os rótulos que iniciem em A, ignorando completamente o restante do nome. Observe o resultado:

Rótulos de Linha	Valores Soma de Wall Mart	Soma de Extra	Soma de Carrefour
Arroz	28,45	31,9	38,1
Almeirão	0,96	1	0,96
Alho	4,55	5,66	4,85
Alface	1	1,2	1,32
Total geral	34,96	39,76	45,23

Figura 5.031

Podemos usar o asterisco no início do nome (ex. *oz). Neste caso o Excel 2007 retornará todos dados cujo rótulo termine em "oz". O asterisco poderá representar vários caracteres sequenciais.

Exemplo de uso do ponto de Interrogação como coringa

Como já sabemos, para usarmos o ponto de Interrogação (?) como coringa, basta inseri-lo em um local da palavra onde não sabemos ao certo a letra que ocupa. Um exemplo seria se tentássemos localizar todos os rótulos que iniciem em "A", mas não sabemos uma determinada letra no meio do nome; bastaria inserirmos o trecho que sabemos e adicionarmos o coringa no lugar da letra desconhecida. Vejamos o exemplo a seguir:

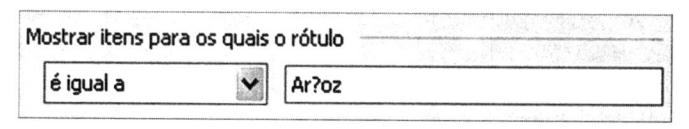

```
Mostrar itens para os quais o rótulo
  é igual a    ▼   Ar?oz
```

Figura 5.032

Podemos usar o ponto de Interrogação repetidamente na palavra (ex. A??oz). Mas lembre-se que cada ponto somente representará um caractere apenas.

Alternando entre rótulos

Podemos visualizar a tabela gerada no modo Rótulo de linha ao invés de Rótulo de Coluna. Nesse caso, o Excel 2007 exibe os dados organizados por rótulos de linha.

Para alterar o modo de exibição, clique na tabela. Note que a caixa de diálogo de configuração da Tabela Dinâmica surge.

Clique na barra valores e opte por Mover para rótulos de Linha. Vejamos:

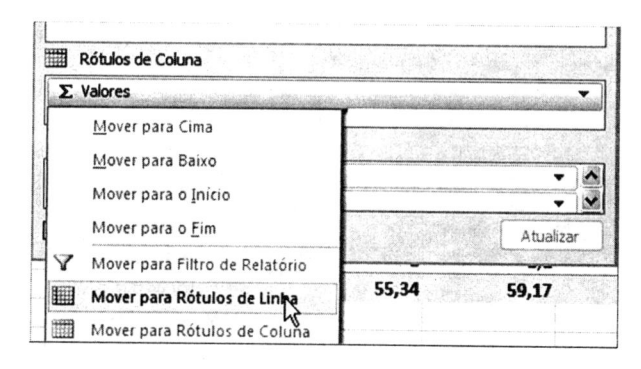

Figura 5.033

Nesse momento, o Excel altera o modo de exibição para Rótulos de Linha. Vejamos:

Rótulos de Linha	
Uva	
Soma de Wall Mart	2,85
Soma de Extra	2,56
Soma de Carrefour	2,56
Sal	
Soma de Wall Mart	0,89
Soma de Extra	0,95
Soma de Carrefour	1
Sabonete	

Figura 5.034

Filtrando valores

Nós podemos, assim como o filtro de rótulos, filtrar resultados baseados em valores. Por exemplo, caso precisássemos filtrar somente os produtos que possuíssem valor dentro do intervalo R$ 2,00 a R$ 8,00, bastaria clicar na seta da primeira coluna, ir até a opção Filtro de Valores e em seguida optar por Está Entre. Vejamos:

Figura 5.035

Formatação condicional | 101

O Excel 2007 exibirá então uma nova caixa de diálogo, pela qual passaremos os parâmetros de filtragem, ou seja, diremos ao Excel o intervalo de valores que ele deverá retornar. Vamos a ela:

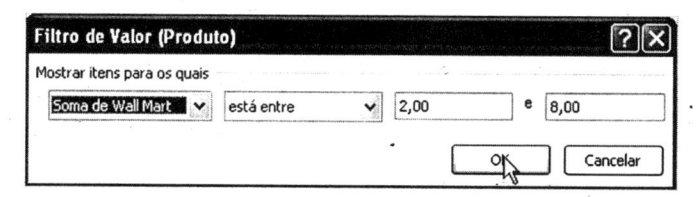

Figura 5.036

Preencha como mostrado na figura anterior, mas não se esquecendo de escolher a coluna pela qual o Excel deverá filtrar. No caso selecionei a coluna Wall Mart. Agora clique em OK para ver o resultado da filtragem de dados:

Rótulos de Linha	Valores Soma de Wall Mart	Soma de Extra	Soma de Carrefour
Uva	2,85	2,56	2,56
Manteiga	2,5	2,83	2,78
Macarrão	2	1,99	1,89
Feijão	4	3,5	2,9
Farinha	2,4	2,12	2,55
Alho	4,55	5,66	4,85
Total geral	**18,3**	**18,66**	**17,53**

Figura 5.037

Note que o Excel 2007 filtrou somente produtos com valor entre 2 e 8 reais. Note também que a coluna filtrada foi a Wall Mart.

Omitindo registros do filtro

Às vezes pode ser ncessário efetuar uma filtragem omitindo alguns registros; por exemplo, eu poderia não querer que o Excel 2007 incluísse no filtro o produto Arroz. Para isso, basta desmarcar essa linha de dado clicando no ícone de filtro:

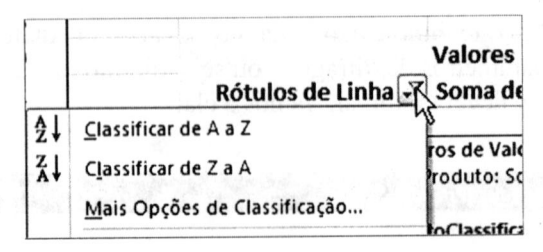

Figura 5.038

E, em seguida, desmarcando o campo Arroz. Vejamos:

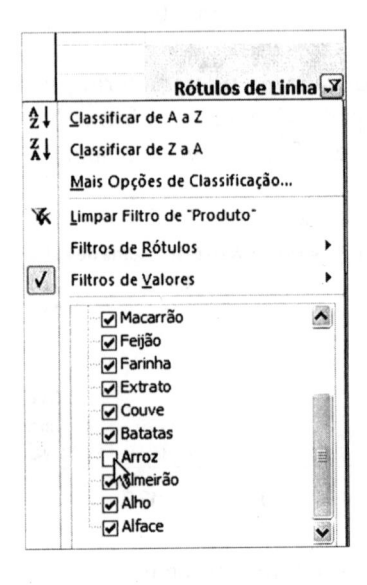

Figura 5.039

Agora o item Arroz não mais fará parte da próxima filtragem.

Alterando a função automática

Para alterarmos o tipo de equação de um filtro, basta clicarmos em um dos campos listados na seção valores e optarmos por Configuração do Campo de Valor. Vejamos o caminho:

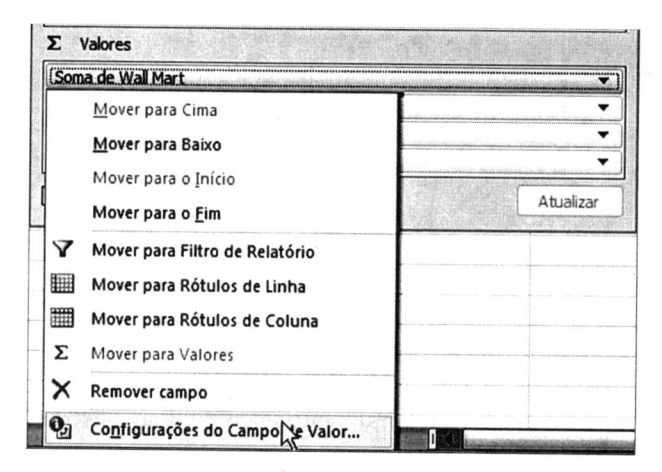

Figura 5.040

Vejamos a caixa de diálogo exibida para configuração de Valor:

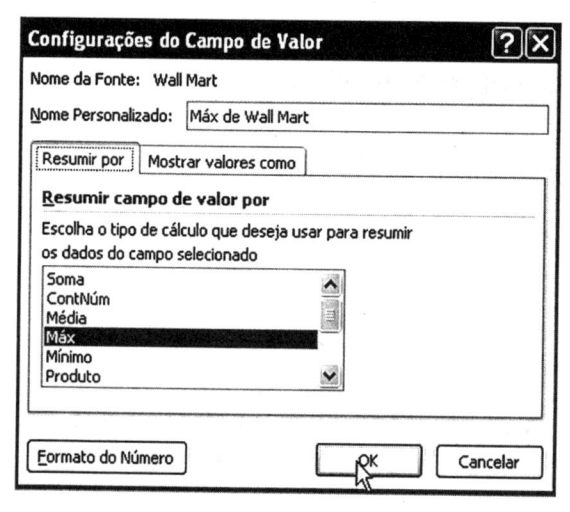

Figura 5.041

Observe que no campo Nome Personalizado ficou Max de Wall Mart, ou seja, o Excel 2007 exibirá, em vez da soma da coluna referente, o valor máximo. Veremos a seguir que todas as colunas estão mostrando a soma dos dados, exceto a coluna Wall Mart:

Valores			
Soma de Extra	Soma de Carrefour	Contar de Produto	Máx de Wall Mart
59,17	64,41	17	8,78

Figura 5.042

Nós podemos utilizar qualquer função da lista, uma diferente para cada campo, se assim necessitarmos.

Alterando a ordem dos campos (colunas)

Você poderá estar se perguntando: porque as colunas estão fora de ordem? A resposta é: o Excel 2007 nos permite alterar a ordem dos campos em uma Tabela Dinâmica. Para alterar a ordem dos campos, basta clicar sobre um deles, manter pressionado o botão esquerdo do mouse e arrastar para a posição desejada. Veja:

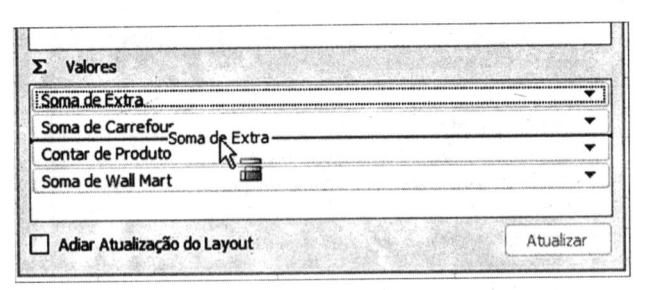

Figura 5.043

Se preferir, poderá clicar e sobre um dos campos e escolher uma das opções (Mover para Cima, Mover para Baixo, Mover para o Início e Mover para o Fim) no menu de contexto. Observe a figura que segue:

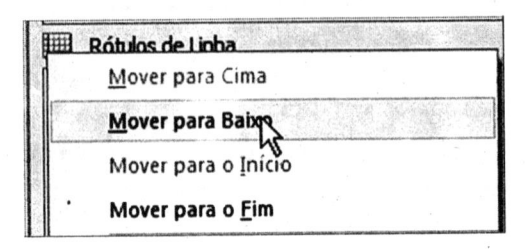

Figura 5.044

Opções da Tabela Dinâmica

Podemos configurar vários detalhes de uma Tabela Dinâmica; para isso, basta selecioná-la e, clicando como botão direito do mouse, selecionar Opções da Tabela Dinâmica. Vejamos o caminho:

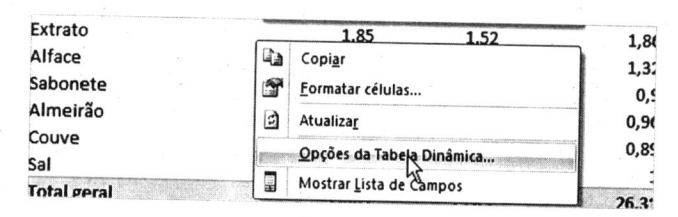

Figura 5.045

Ao clicar, o Excel exibirá a caixa Opções da Tabela Dinâmica. Nessa caixa podemos configurar cada detalhe que julgarmos necessário.

Figura 5.046

Use as guias superiores para ir para outra tela e assim configurar outros detalhes.

Alterando rapidamente detalhes da Tabela

O Excel 2007 oferece uma vasta quantidade de ferramentas de edição, que poderão ser acessadas e utilizadas para efetuar diversas configurações em uma Tabela Dinâmica. Essas ferramentas tornam-se visíveis na Barra de Opções quando clicamos sobre a Tabela Dinâmica. Vejamos:

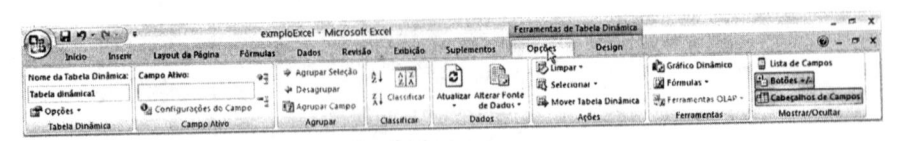

Figura 5.047

Observe que ao clicar no botão Opções (figura 5.047) surgiu uma faixa de ferramentas para que possamos alterar detalhes de nossa tabela Dinâmica. Não preocupe, pois algumas das funções expostas nessa faixa serão estudadas mais adiante.

Alterando o design (Layout) da Tabela Dinâmica

Para alterar o layout da sua Tabela Dinâmica, basta selecioná-la e, clicando no botão Design na Faixa de Opções, escolher um modelo que melhor se encaixe as suas necessidades. Observe:

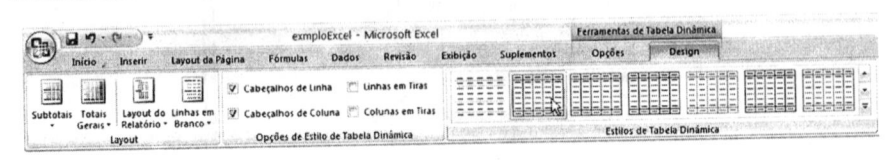

Figura 5.048

Alterando o layout do relatório

Para alterar o layout do relatório (Tabela Dinâmica) e assim, dar uma aparência diferenciada ao seu projeto, você poderá optar por modelo na lista Layout do Relatório na faixa de opções. Vejamos:

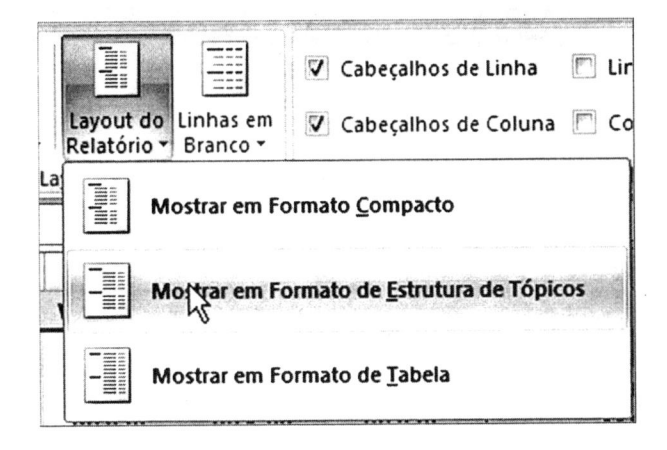

Figura 5.049

Alterando a fonte de dados da Tabela Dinâmica

Poderá ser às vezes necessário alterar a fonte de dados de uma Tabela Dinâmic;, isso poderá ser feito rapidamente no Excel 2007 sem perder as configurações feitas na tabela.

Para isto, selecione a Tabela Dinâmica e na faixa de opções clique no ícone Alterar Fonte de Dados. Em seguida, opte por Alterar Fonte de dados. Vejamos:

Figura 5.050

O Excel 2007 exibirá então a caixa de seleção de intervalo. Vejamos:

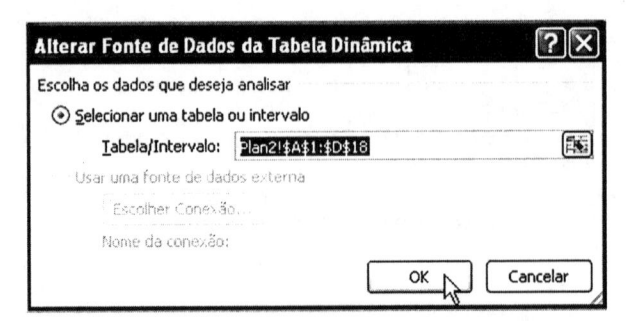

Figura 5.051

Agora basta selecionar o novo intervalo clicando no botão á direita do campo Tabela/Intervalo ou digitando manualmente o endereço. Para saber mais sobre a seleção de intervalo, consulte o início desse assunto nas páginas anteriores.

Capítulo 6

Gráfico Dinâmico

O gráfico gerado através da ferramenta Gráfico Dinâmico é semelhante ao gerado no modo convencional, porém oferece comodidade e dinamismo que juntos possibilitam efetuar alterações em tempo de execução; assim, o trabalho pode ser acompanhado simultaneamente à construção e com riqueza de detalhes e possibilidades de ajustes.

Inserindo um Gráfico Dinâmico

Para inserir um gráfico dinâmico, selecione a tabela (fonte de dados) por completo, observando a inclusão dos rótulos de linhas e de colunas. Vejamos:

	A	B	C	D
1	Produto	Wall Mart	Extra	Carrefour
2	Alface	R$ 1,00	R$ 1,20	R$ 1,32
3	Alho	R$ 4,55	R$ 5,66	R$ 4,85
4	Almeirão	R$ 0,96	R$ 1,00	R$ 0,96
5	Arroz	R$ 8,00	R$ 8,50	R$ 8,10
6	Arroz	R$ 5,15	R$ 5,96	R$ 5,11
7	Batatas	R$ 1,99	R$ 1,74	R$ 1,85
8	Arroz	R$ 8,78	R$ 8,99	R$ 20,00
9	Couve	R$ 0,90	R$ 1,00	R$ 0,89
10	Extrato	R$ 1,85	R$ 1,52	R$ 1,86
11	Farinha	R$ 2,40	R$ 2,12	R$ 2,55
12	Feijão	R$ 4,00	R$ 3,50	R$ 2,90
13	Macarrão	R$ 2,00	R$ 1,99	R$ 1,89
14	Manteiga	R$ 2,50	R$ 2,83	R$ 2,78
15	Arroz	R$ 6,52	R$ 8,45	R$ 4,89
16	Sabonete	R$ 1,00	R$ 1,20	R$ 0,90
17	Sal	R$ 0,89	R$ 0,95	R$ 1,00
18	Uva	R$ 2,85	R$ 2,56	R$ 2,56

Figura 6.001

Depois de selecionar a fonte de dados, siga a rota: menu Inserir > ícone Tabela Dinâmica > opção Gráfico Dinâmico. Vejamos:

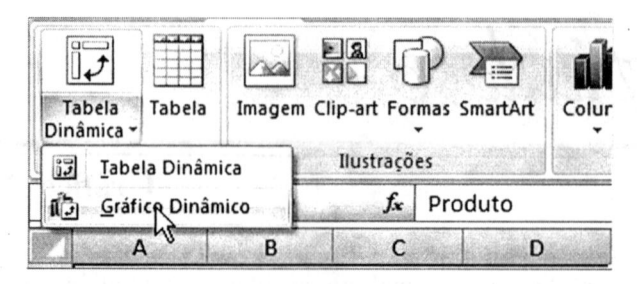

Figura 6.002

Nesse momento, o Excel 2007 apresentará uma caixa de diálogo para configuração dos campos de dados que serão exibidos. Observemos a figura a seguir:

Figura 6.003

Por padrão, o Excel 2007 traz o campo Tabela/Intervalo já preenchido, pois ao selecionarmos a tabela de dados no início, o endereço foi gravado e inserido nesse campo.

Mais abaixo temos o campo Local. Esse campo diz respeito ao local onde queremos que nosso gráfico seja inserido na planilha.

Nota: Como podemos perceber, esse endereço poderá ser na planilha atual ou em uma Nova Planilha.

Gráfico Dinâmico | 111

No nosso exemplo, marcaremos a caixa Planilha Existente; dessa forma, ficará mais simples para explicar cada detalhe antes da criação do Gráfico Dinâmico e também para assimilar cada passo ensinado.

Resta-nos ainda selecionar o local de destino do gráfico; para isso, clique no botão Encolher, localizado à direita do campo Local. Esse detalhe é citado pelo ponteiro do mouse na figura anterior (Figura 6.003).

Ao clicar, a caixa de diálogo se tornará apenas um campo. Selecione então o intervalo de células que determinará o local de inserção do Gráfico Dinâmico. Vejamos:

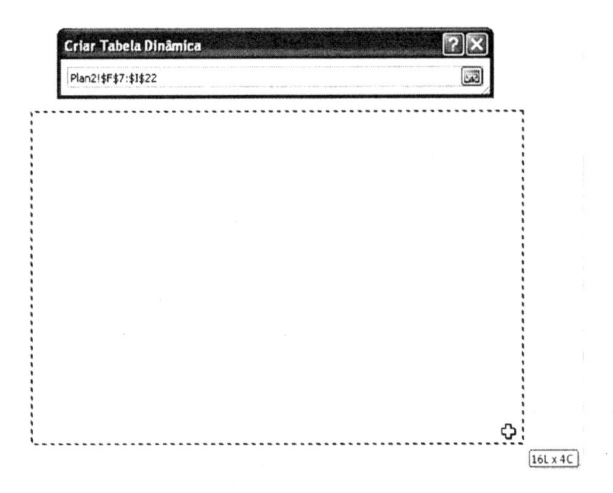

Figura 6.004

Tendo selecionado, clique novamente no mesmo botão. Observe que agora a caixa de diálogo foi restaurada e que o campo Local. Agora está preenchido pelo endereço de destino do nosso Gráfico Dinâmico:

Figura 6.005

Agora, basta clicar em OK que o Excel 2007 irá exibir caixas de diálogo para a configuração detalhada e dinâmica do gráfico. Vejamos:

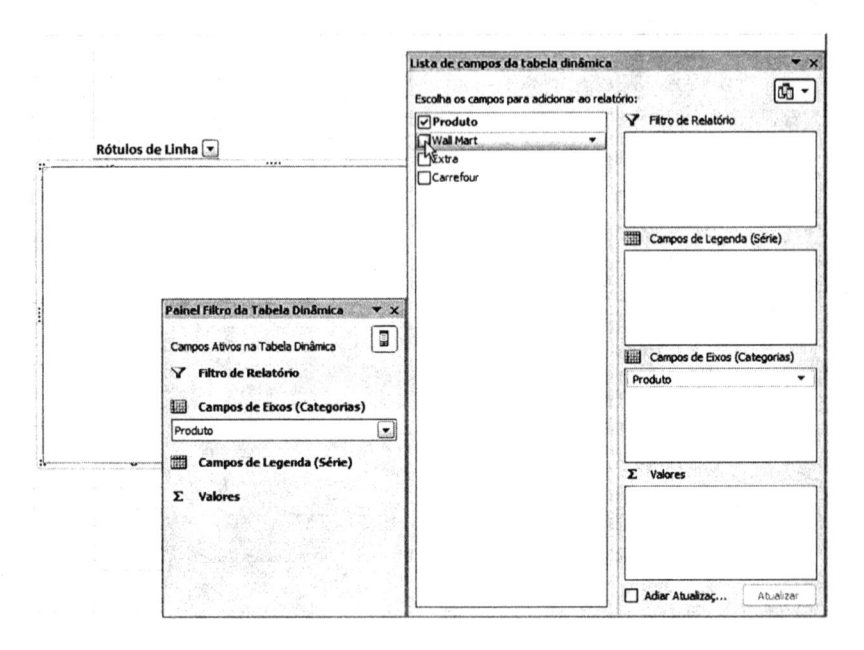

Figura 6.006

Temos então duas caixas de diálogo. A menor delas é onde serão mostrados os campos habilitados da nossa tabela e as opções de filtros para criarmos ou modificarmos nosso Gráfico Dinâmico.

A caixa de diálogo maior é onde selecionaremos os campos a serem mostrados na caixa citada anteriormente e também onde poderemos habitar ou desabilitar registros de um determinado campo.

Habilitando campos de dados

Para habilitar campos de dados para que esses façam parte do nosso Gráfico Dinâmico, simplesmente marque a caixa referente a cada campo na caixa de diálogo maior.

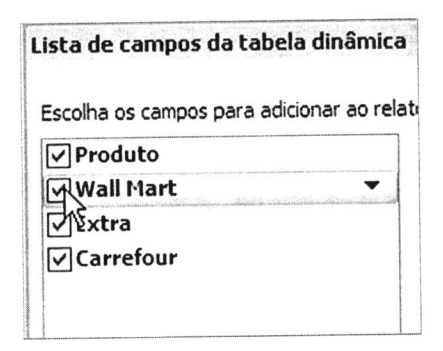

Figura 6.007

Observe que, ao marcar, os campos aparecem listados em cada seção de categoria da própria janela. Vejamos:

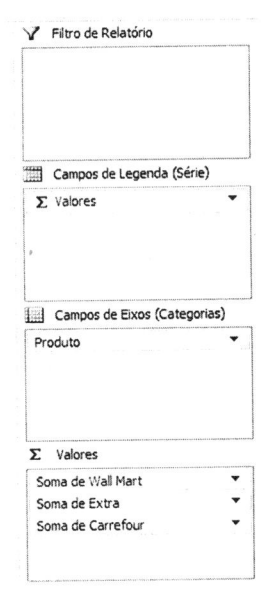

Figura 6.008

Note os campos listados em cada categoria. Note ainda que o campo Filtro de Relatório está vazio porque nenhum filtro foi ainda aplicado.

Ainda perceba que a função soma é listada, por padrão, assim como na Tabela Dinâmica, vista no capítulo anterior.

Podemos então ver um Gráfico Dinâmico simples criado em nossa planilha. Confira:

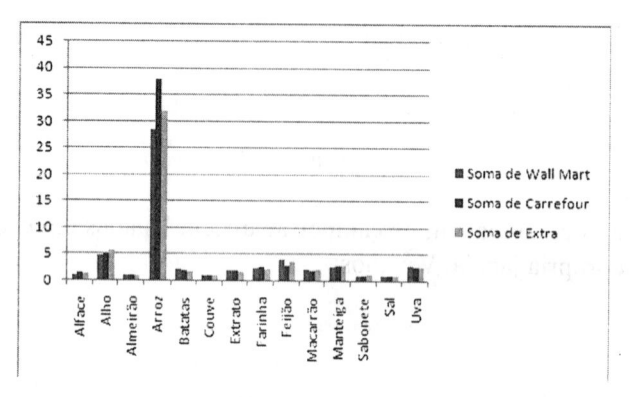

Figura 6.009

Aplicando filtros no Gráfico Dinâmico

O ato de aplicar filtro refere-se basicamente à possibilidade de alterarmos resultados estatísticos de um gráfico através de funções pré-existentes no Excel. No caso do Gráfico Dinâmico, os resultados são exibidos em tempo real, ou seja, simultaneamente ao desenvolvimento do mesmo.

Para aplicar filtro num Gráfico Dinâmico, use a caixa de diálogo menor, Painel Filtro da Tabela Dinâmica. Observe-a na figura a seguir:

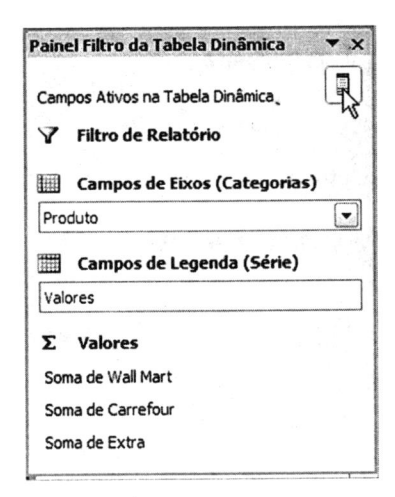

Figura 6.010

Nota: Para encaixar as caixas de diálogo na página do Excel 2007, clique como o botão esquerdo do mouse sobre a barra de título da caixa, mantenha pressionado o botão e arraste para uma das bordas da página. Note na figura anterior a posição do ponteiro do mouse. Esse botão serve para ocultar a caixa de diálogo Lista de Campos da Tabela Dinâmica e assim proporcionar maior comodidade para se trabalhar no projeto do Gráfico Dinâmico.

Filtrado pelos rótulos

Clique sobre a seta á direita do campo Campos de Eixos (Categorias). Feito isto, opte por Filtros de Rótulos e, em seguida, escolha a condicional É igual a...

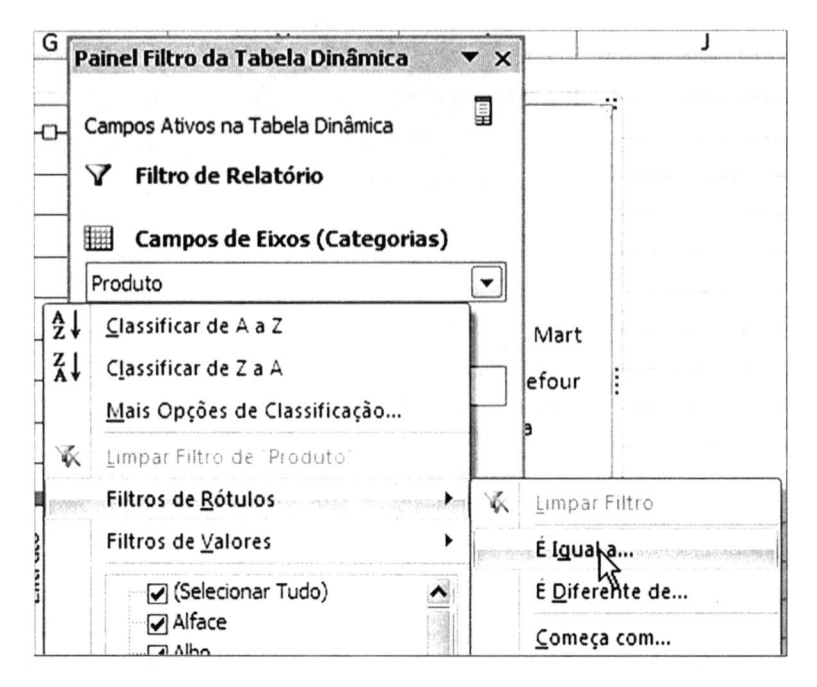

Figura 6.011

Com isso poderemos determinar os dados que serão usados e que alimentarão o nosso Gráfico Dinâmico. Vejamos a próxima caixa de diálogo:

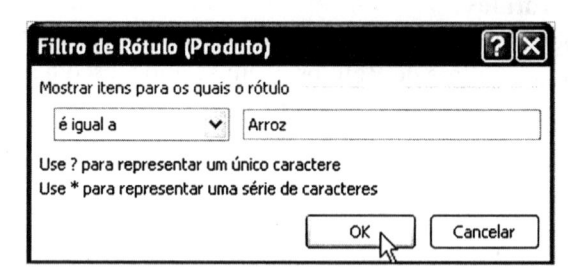

Figura 6.012

Observe que no exemplo mostrado na figura anterior, argumentei o filtro com o rótulo Arroz. Agora, o Excel 2007 exibirá no gráfico somente as ocorrências do rótulo de linha Arroz. Vejamos o gráfico criado:

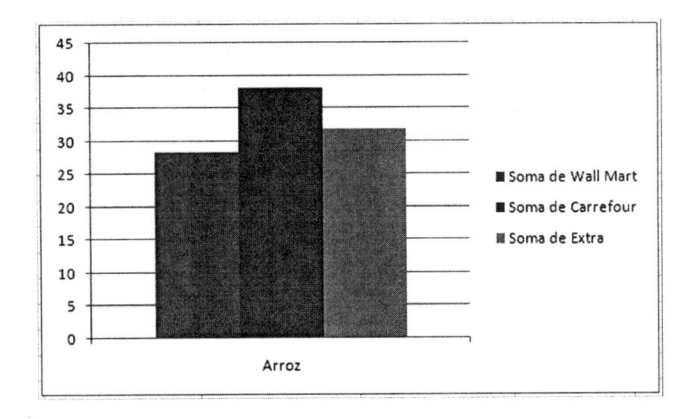

Figura 6.013

Limpando o filtro

Para limpar o filtro aplicado, siga os mesmos passos; porém, opte por Limpar Filtro. Observe o caminho mostrado na figura a seguir:

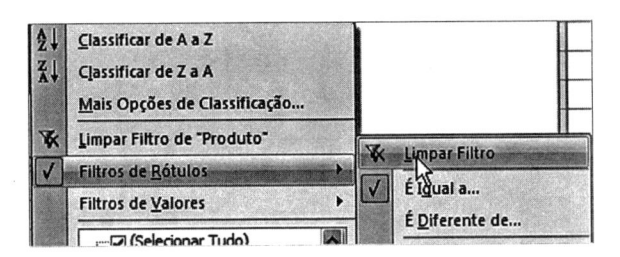

Figura 6.014

Filtrado pelos Valores

Para filtrar pelos valores monetários dos campos, repita os passos anteriores; porém, opte por Filtros de Valores. Vejamos:

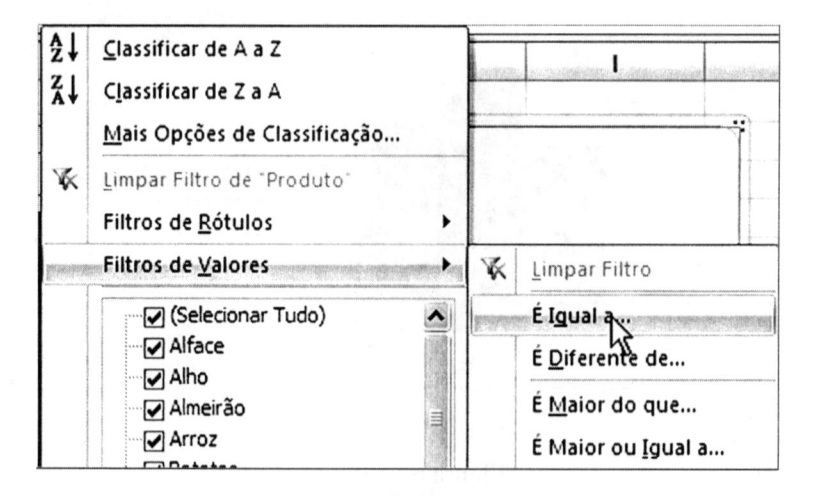

Figura 6.015

Ao clicar em uma das funções condicionais da lista, o Excel 2007 exibirá uma caixa de diálogo semelhante à mostrada a seguir:

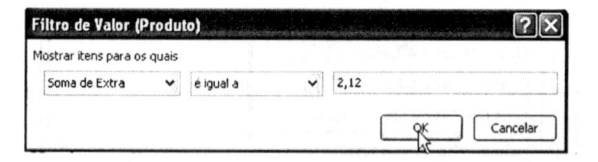

Figura 6.016

Observe que nessa caixa de diálogo o usuário poderá alterar o campo e a condicional a ser usada no filtro.

Ao clicar em OK, o Excel 2007 exibirá o seguinte gráfico:

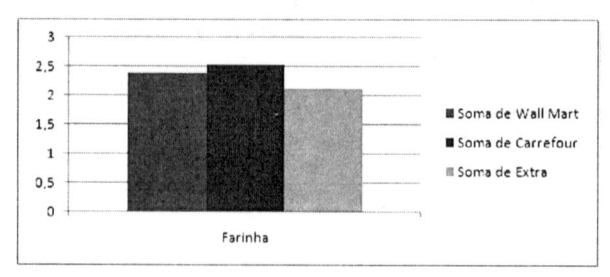

Figura 6.017

Não se esqueça dos detalhes em relação à caixa de diálogo Filtro de Valor (Produto). Se observar, verá que no primeiro campo foi selecionado o rótulo de campo Extra. Esse é o supermercado no qual existe um produto (Farinha) cujo valor é exatamente igual a R$ 2,12.

Nota: Saiba que se por acaso o valor não for encontrado no rótulo (coluna) selecionado, o Excel 2007 retornará um campo de gráfico em branco.

Alterando o tipo de gráfico

Em muitos casos, o modelo do gráfico gerado influencia muito em uma apresentação de resultados; por exemplo, quando for apresentado no PowerPoint.

O Excel 2007 oferece uma vasta lista de modelos de gráficos, os quais certamente satisfarão cada necessidade de cada usuário. Ao clicar sobre um gráfico dinâmico, por exemplo, é exibida uma lista de gráficos na barra de opções. Vejamos:

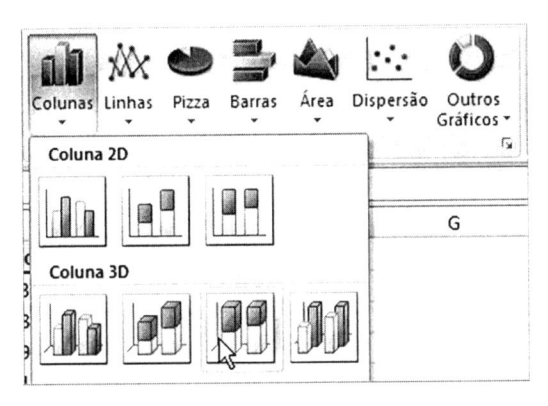

Figura 6.018

No exemplo anterior (Figura 6.018) selecionamos o ícone Colunas e optei por um dos modelos de gráfico. No caso de nosso exemplo, o resultado foi este:

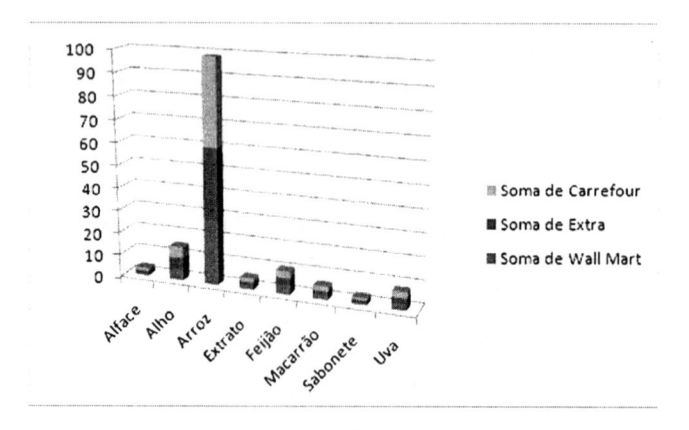

Figura 6.019

Gráficos

Uma das funções mais utilizadas no Excel é a criação de gráficos. Usamos os gráficos para expor os mais variados resultados, desde simples equações até dados de pesquisas astronômicas.

Embora muito úteis, os gráficos não podem existir sozinhos, ou seja, sem uma base de dados eles não serviriam para nada, já que sempre são alimentados por uma fonte de dados externa (tabela(s)).

Criando um gráfico

Como já dito, para criarmos um gráfico devemos ter de antemão uma base de dados já pronta. Nesse caso usaremos a boa e velha tabela de produtos que tem sido usada para quase todos os exemplos deste livro.

O primeiro passo é mostrar ao Excel 2007 onde estão os dados que alimentarão o gráfico. Fazemos isso selecionando por completo a tabela fonte. Vejamos:

	A	B	C	D
1	Produto	Wall Mart	Extra	Carrefour
2	Alface	R$ 1,00	R$ 1,20	R$ 1,32
3	Alho	R$ 4,55	R$ 5,66	R$ 4,85
4	Almeirão	R$ 0,96	R$ 1,00	R$ 0,96
5	Arroz	R$ 8,00	R$ 8,50	R$ 8,10
6	Arroz	R$ 5,15	R$ 5,96	R$ 5,11
7	Batatas	R$ 1,99	R$ 1,74	R$ 1,85
8	Arroz	R$ 8,78	R$ 8,99	R$ 20,00
9	Couve	R$ 0,90	R$ 1,00	R$ 0,89
10	Extrato	R$ 1,85	R$ 1,52	R$ 1,86
11	Farinha	R$ 2,40	R$ 2,12	R$ 2,55
12	Feijão	R$ 4,00	R$ 3,50	R$ 2,90
13	Macarrão	R$ 2,00	R$ 1,99	R$ 1,89
14	Manteiga	R$ 2,50	R$ 2,83	R$ 2,78
15	Arroz	R$ 6,52	R$ 8,45	R$ 4,89
16	Sabonete	R$ 1,00	R$ 1,20	R$ 0,90
17	Sal	R$ 0,89	R$ 0,95	R$ 1,00
18	Uva	R$ 2,85	R$ 2,56	R$ 2,56

Figura 6.020

Nota: Não se esqueça de selecioná-la por completo, isto é, incluindo rótulos de colunas e de linhas.

Com os dados selecionados, siga a rota: menu Inserir > painel Gráficos > ícone Colunas > escolha um modelo de gráfico nessa categoria. Observe o exemplo a seguir:

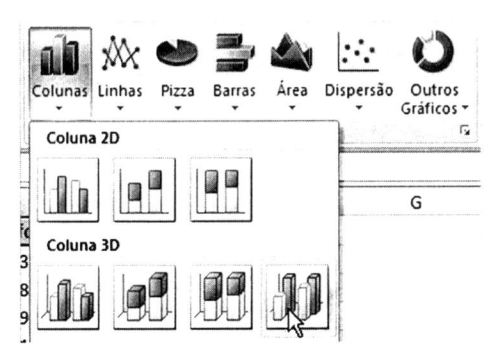

Figura 6.021

Vejamos o primeiro gráfico:

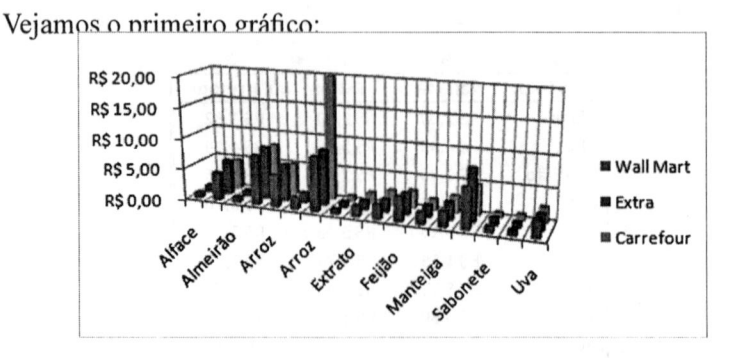

Figura 6.022

Alterando detalhes do gráfico

O Excel 2007 nos permite alterar por completo os gráficos criados; para isso, selecione o gráfico com um clique e observe o botão Ferramentas de Gráfico na barra de opções e os menus Design, Layout e Formatar:

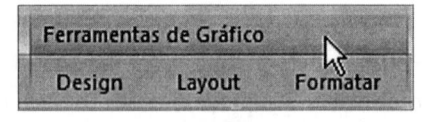

Figura 6.023

Ao clicar em Design, por exemplo, o Excel exibirá as diversas formas de configuração do gráfico atual e apresentará os modelos disponíveis através do ícone Alterar Tipo de Gráfico.

Figura 6.024

A opção Layout apresenta dezenas de ferramentas para que possamos alterar e configurar cada detalhe do gráfico selecionado.

Figura 6.025

Por exemplo, caso queira alterar o posicionamento da legenda em relação ao gráfico, basta ir ao painel Rótulos e clicar em Legenda. Basta agora escolher uma opção de posicionamento.

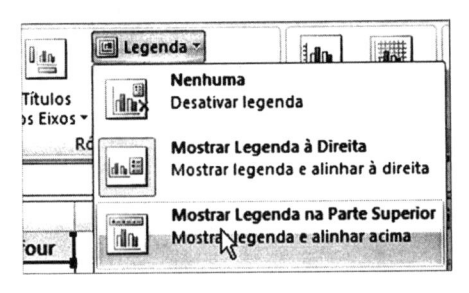

Figura 6.026

A opção Formatar oferece ferramentas em abundância para editar detalhes de partes selecionadas do gráfico.

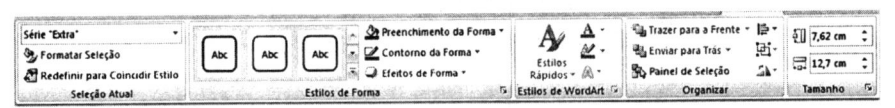

Figura 6.027

Para usar as ferramentas apresentadas nessa barra, selecione o gráfico e observe que para cada parte selecionada os painéis se alteram e exibem novas opções de formatação de acordo com cada partícula do gráfico.

Selecionando detalhes do gráfico

O Excel detecta cada clique do mouse como uma requisição de seleção quando clicamos sobre um gráfico; dessa forma, o primeiro clique selecionará todo o gráfico, o segundo selecionará um conjunto de itens clicado e o terceiro selecionará a partícula que faz parte do conjunto selecionado anteriormente. Vejamos:

Primeiro clique.

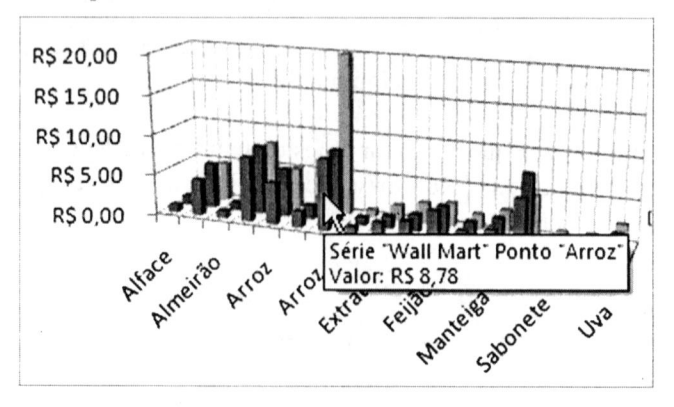

Figura 6.028

Segundo cliquè.

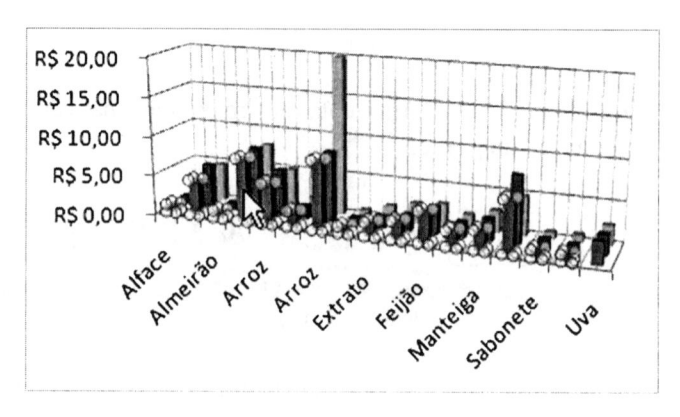

Figura 6.029

Terceiro clique.

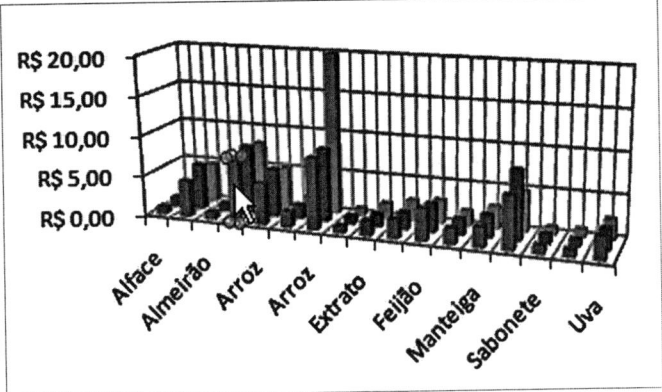

Figura 6.030

Para alterar, por exemplo, a cor da coluna selecionada, vá à barra de opções > painel Estilos de Forma e, clicando no ícone Preenchimento da Forma, escolha a nova cor. Vejamos:

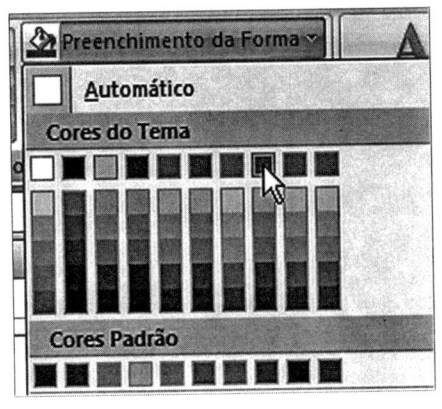

Figura 6.031

Experimente usar outras ferramentas para se familiarizar com cada uma delas.

Inserindo um gráfico vazio

Podemos inserir um gráfico vazio no Excel 2007 e somente depois adicionarmos ou selecionarmos o intervalo de dados que o alimentará.

Este procedimento é utilizado quando temos um projeto em andamento e precisamos averiguar como ficaria o gráfico.

Para inserir o gráfico vazio, por exemplo, selecione uma célula qualquer e siga a rota: menu Inserir > painel Gráficos > escolha o ícone Pizza e em seguida a opção Pizza Destacada 3D. Vejamos:

Figura 6.032

O Excel 2007 exibirá então um campo vazio reservado para o gráfico, já que não selecionamos nenhuma fonte de dados antes de criá-lo. Observe:

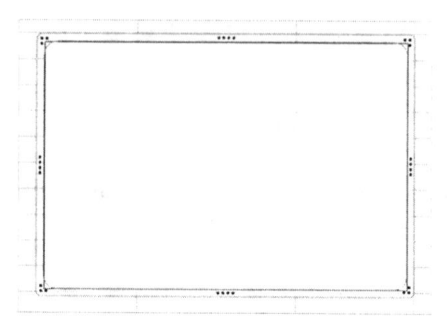

Figura 6.033

Inserido uma fonte de dados

Para inserir uma tabela de dados que alimentará o gráfico, clique com o botão direito do mouse sobre o campo vazio e opte por Selecionar Dados. Observe o caminho na figura que segue:

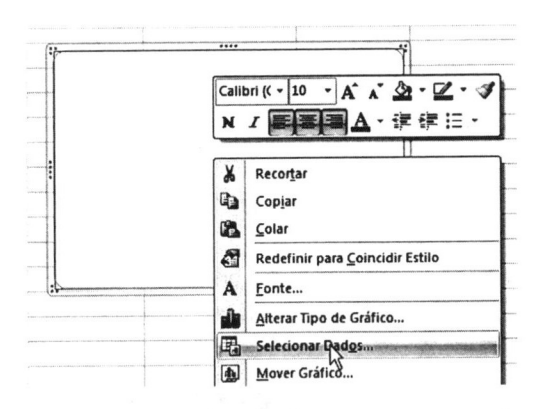

Figura 6.034

Nesse momento, uma caixa de diálogo será apresentada para a inserção ou seleção dos dados que alimentarão o gráfico previamente criado. Vejamos:

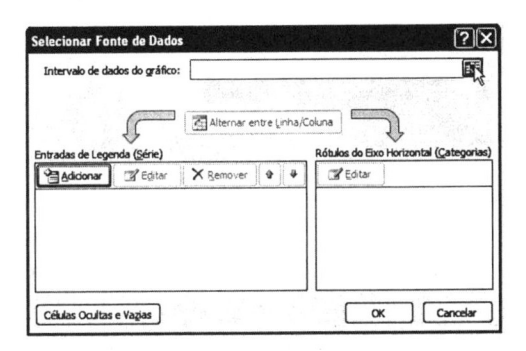

Figura 6.035

Clique no botão à direita do campo Intervalo de dados do gráfico. Isso fará com que a caixa de diálogo se encolha para facilitar a visualização dos dados no documento do Excel. Clique então e selecione a tabela de dados que será incorporada no gráfico. Vejamos:

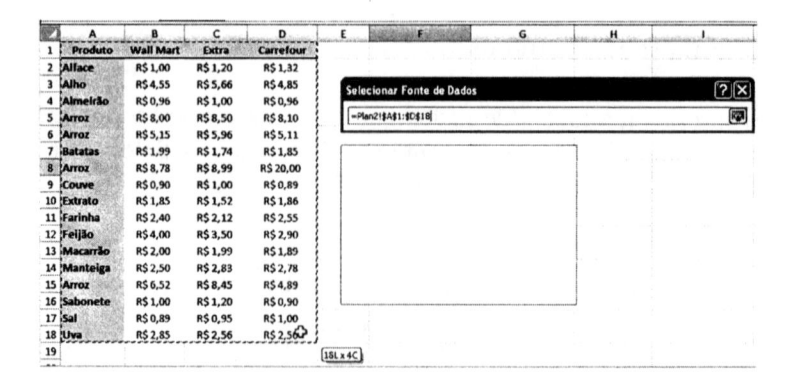

Figura 6.036

Feito isto, clique novamente sobre o botão à direita do campo de seleção. Note que a caixa de diálogo agora já mostra, em detalhes, os rótulos de colunas e de linhas, sucessivamente. Observe:

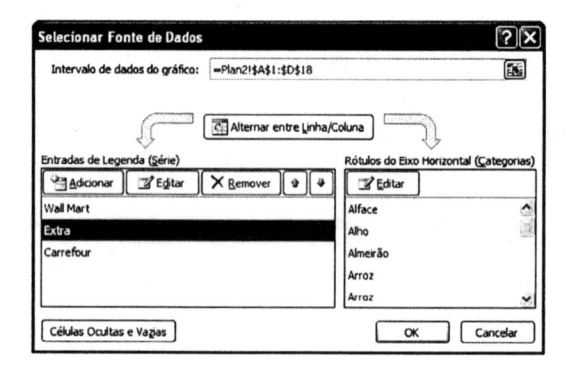

Figura 6.037

Nesta janela, temos alguns botões que nos ajudarão a configurar os dados que realmente queremos que sejam agregados ao nosso gráfico. Podemos remover os campos que julgarmos inconvenientes ou ainda editá-los.

Após configurar de acordo, basta clicar em OK. Vejamos o gráfico gerado de acordo com nossas especificações:

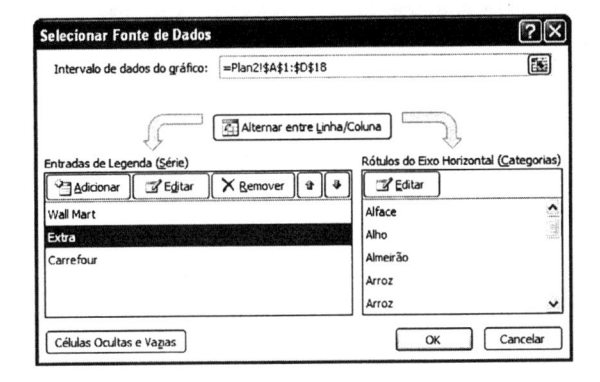

Figura 6.038

Alterando o tipo de gráfico

Podemos alterar o tipo de gráfico usado, para simplificar a leitura e visualização dos resultados obtidos nele. No caso do gráfico criado anteriormente, podemos notar que falta uma informação importante: os valores, para que a leitura e compreensão sejam completas.

Clicando com o botão direito do mouse sobre o gráfico, selecione a opção Alterar Tipo de Gráfico de Série. Observe:

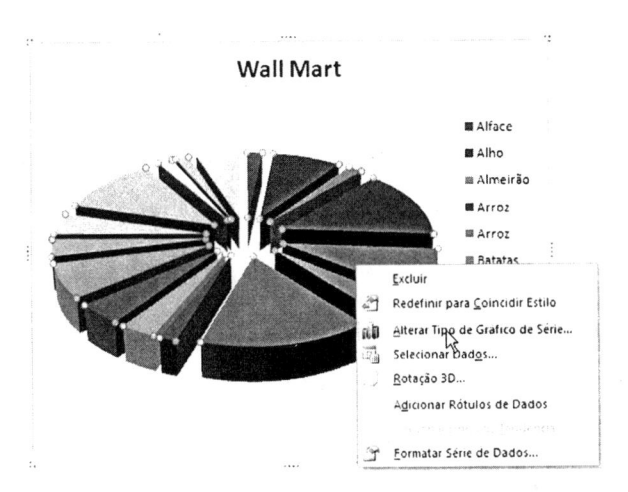

Figura 6.039

Na lista que surge, selecione a categoria Linha, à esquerda da caixa. Do lado direito, marque a opção Linhas com Marcadores.

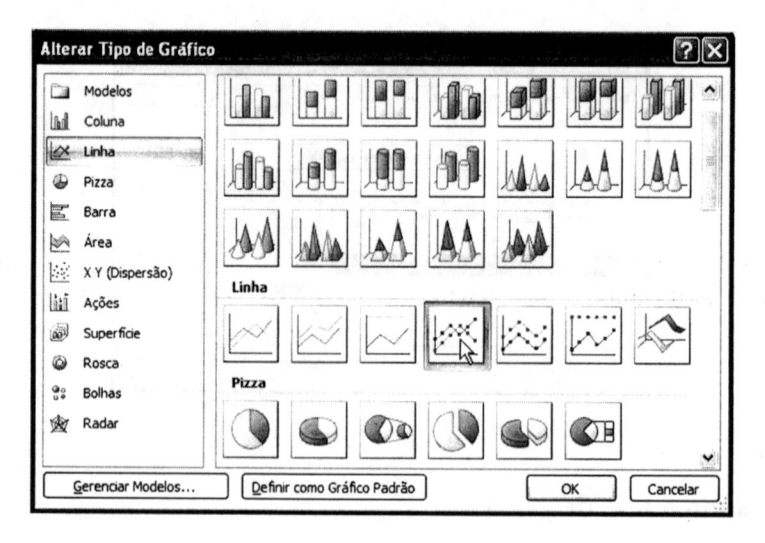

Figura 6.040

Clique em OK para finalizar as alterações e aplicá-las ao gráfico selecionado na planilha de dados.

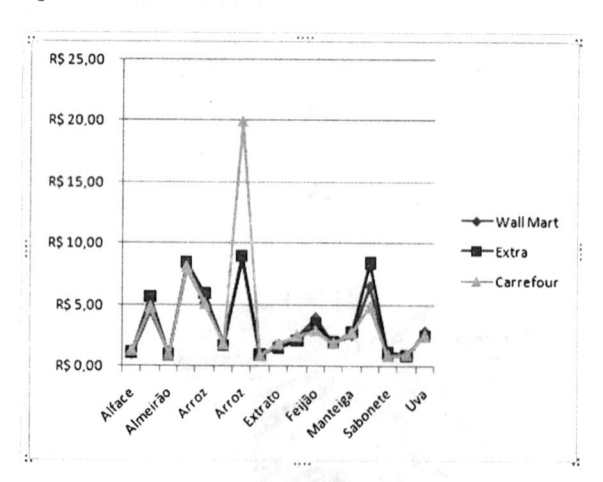

Figura 6.041

O botão Definir como Gráfico Padrão (figura 6.040) diz ao Excel 2007 que todas as vezes que criarmos um novo gráfico o programa deverá usar esse modelo como padrão.

Capítulo 7

Hiperlink

O Excel, desde suas versões mais antigas, oferece a ferramenta de inserção de Hiperlink em suas planilhas. Os Hiperlinks são muito semelhantes aos links da Web, onde com um simples clique somos direcionados a outra página ou site.

Podemos usar os hiperlinks para diversas finalidades :

1. Um link para acessar uma página da Web.
2. Um link para abrir um documento existente.
3. Um link para navegar entre planilhas.
4. Link para criar novo documento.
5. Link para e-mail

Acessando um endereço da Web

Clique na célula onde deseja inserir o link > painel Links > clique no ícone Hiperlink. Vejamos:

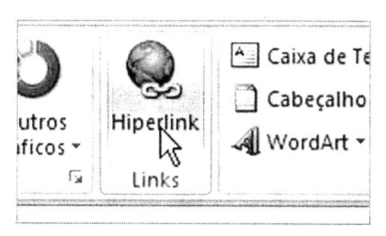

Figura 7.001

Imediatamente a caixa de diálogo Inserir Hiperlink será exibida. Preencha os campos conforme mostrado na figura seguinte e em seguida clique em OK. Observe que na coluna Vincular a selecionamos a opção Página da Web ou arquivo existente. Vejamos:

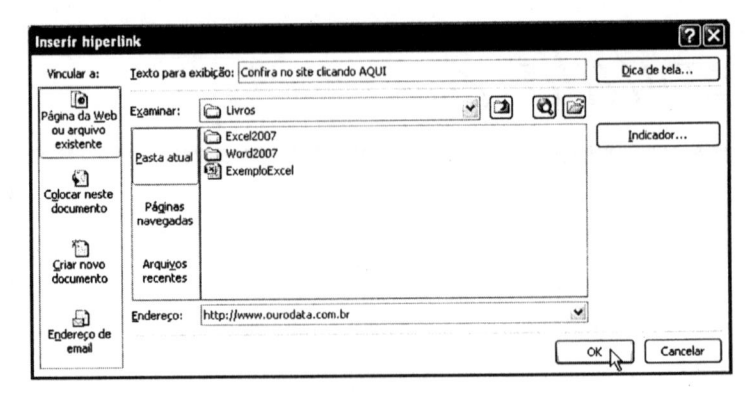

Figura 7.002

Ao clicar em OK, a caixa de diálogo desaparecerá e um link será exibido na célula previamente selecionada. Vejamos:

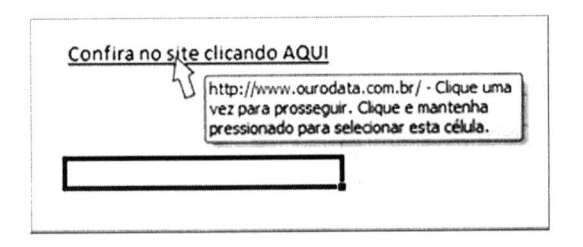

Figura 7.003

Como você pode ter notado o texto que digitou no primeiro campo (Texto para exibição) agora é um link de acesso a um site da Web.

Abrindo um documento existente

Repita os passos do exemplo anterior clicando na célula onde deseja inserir o link. Em seguida vá ao painel Links e clique no ícone Hiperlink.

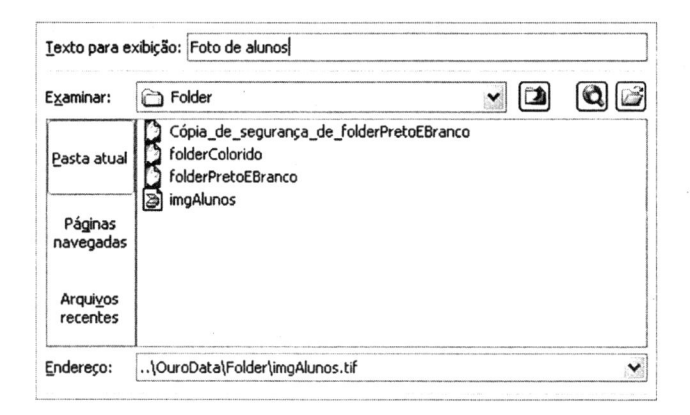

Figura 7.004

Na caixa de diálogo (Figura 7.004), selecione a opção Página da Web ou arquivo existente. Localize o arquivo que deseja abrir e dê um nome para o link no campo Texto para exibição. Clique em OK e veja o resultado na célula previamente selecionada:

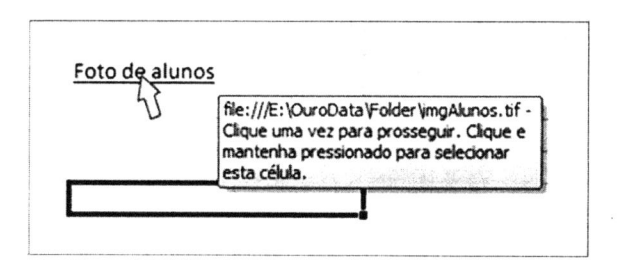

Figura 7.005

Ao manter o cursor sobre o link, o Excel apresenta o caminho completo do arquivo linkado. Ao clicar o arquivo imgAlunos.tif será aberto.

Navegar entre planilhas

Para acessar a caixa de diálogo Inserir Hiperlinks, repita os passos do exemplo anterior clicando na célula onde deseja inserir o link. Em seguida vá ao painel Links e clique no ícone Hiperlink.

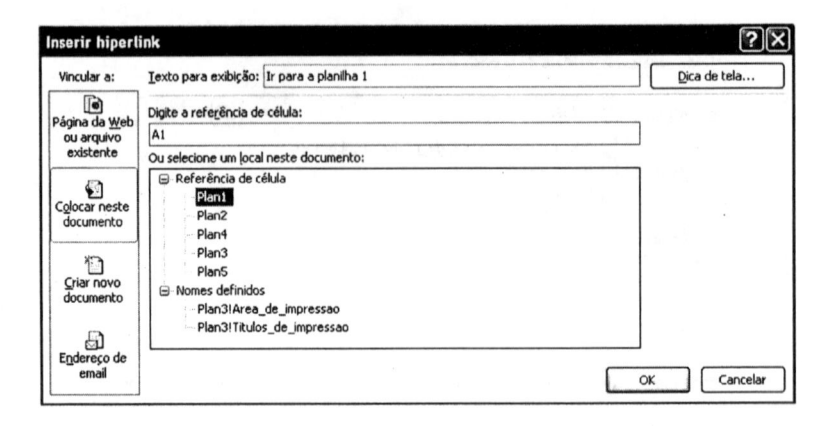

Figura 7.006

À esquerda da caixa de diálogo, selecione a opção Colocar neste documento. Selecione um destino para o link (no caso, selecionei a Plan1).

Agora nos resta dar um nome ao link. Faça isso inserindo um nome no campo Texto para exibição. Feito isto, clique em OK.

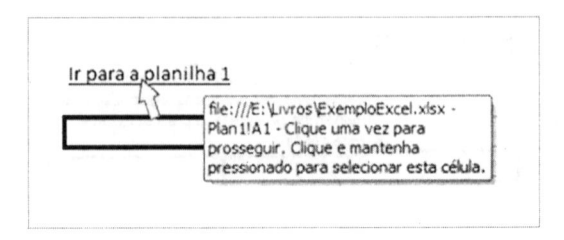

Figura 7.007

Ao clicar, você será levado para a planilha1 (Plan1).

Abrindo um novo documento

O Excel 2007 nos permite abrir automaticamente um novo documento usando um Hiperlink. O Excel permite ainda editarmos e nomearmos esse novo documento antes mesmo de criá-lo.

Repita os passos do exemplo anterior para acessar a caixa de diálogo Inserir Hiperlinks. Na coluna da esquerda, selecione a opção Criar novo documento. Observe:

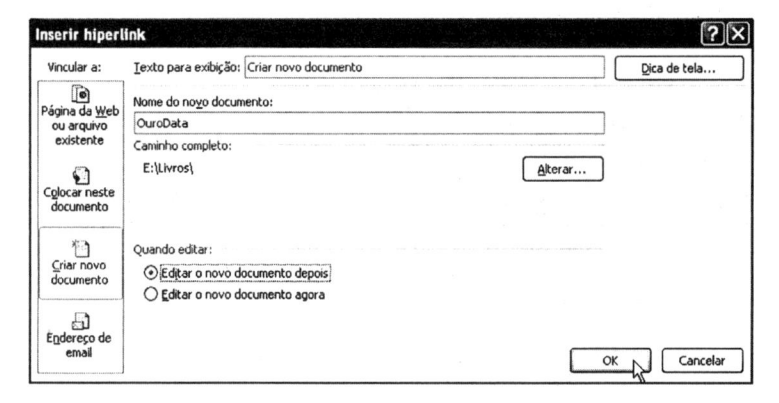

Figura 7.008

Ao configurar conforme mostrado na figura anterior, clique em OK e veja o link passando o cursor do seu mouse sobre o mesmo:

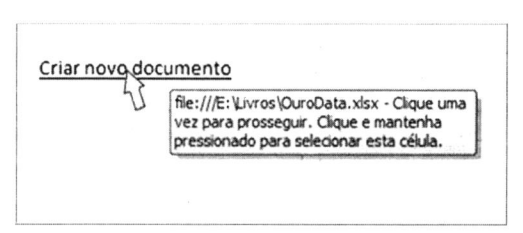

Figura 7.009

Ao clicar no link, um novo documento chamado OURODATA será criado e será aberto com a planilha Plan1 selecionada.

Link para envio de e-mail

Esta opção requer que o MS Outlook esteja instalado e configurado como padrão na máquina,; caso contrário, uma mensagem de erro será exibida.

Não tratarei dos detalhes de configuração do software. Para isso, recomendo o livro Word 2007 – Sem limites. Nesse livro, todos os detalhes de configuração do gerenciador de e-mail da MS são abordados com riqueza de detalhes.

Com a caixa de diálogo Inserir Hiperlink aberta, selecione a opção Endereço de e-mail na coluna da esquerda e preencha os campos conforme mostrado na próxima figura. Vejamos:

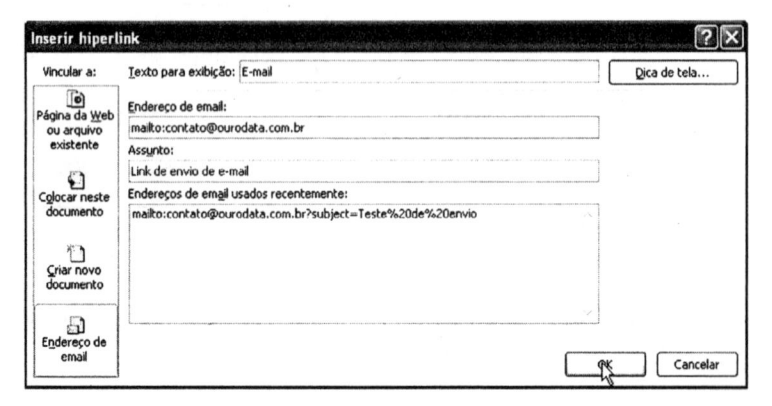

Figura 7.010

Ao clicar em OK, o Excel exibirá o link de envio de e-mail. Vejamos:

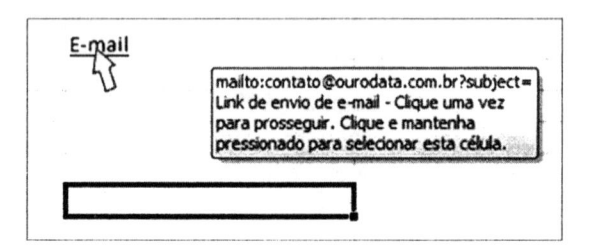

Figura 7.011

Ao clicar, o Outlook iniciará. Prossiga conforme faz normalmente.

Incorporando objetos externos

O Excel 2007 nos permite trabalhar com objetos criados em outros aplicativos diretamente dentro de uma planilha, ou seja, podemos abrir, por exemplo, o CorelDraw e criar um gráfico com ele dentro da nossa planilha.

Para entender melhor, imagine que você pretenda ou necessite desenvolver um tipo de figura vetorial para a qual o Excel não oferece ferramentas; então, basta inserir um objeto, no caso o CorelDraw, na planilha de cálculos e desenvolver o gráfico. Após desenvolvido, o gráfico ficará editável no Excel.

Consulte a lista de programas suportados pelo Excel 2007. Essa lista é exibida no momento da inserção do objeto.

Inserindo o objeto Corel Graphic

Iremos inserir o objeto Corel Graphic para que possamos desenvolver um gráfico complexo, para o qual não encontramos ferramentas no Excel 2007. Para iniciar o processo, siga a seguinte rota: menu Inserir > painel Texto > ícone Objeto. Vejamos:

Figura 7.012

Ao clicar no ícone indicado, a seguinte caixa de diálogo será exibida:

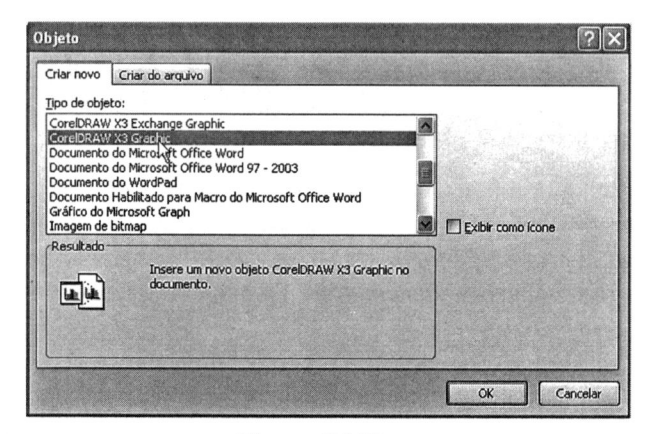

Figura 7.013

Com a guia Criar novo, selecionada, marque a opção CorelDraw X3 Graphic. Clique em OK.

Nota: Caso queira ver o ícone padrão do CorelDraw ou até mesmo alterá-lo, marque a caixa Exibir como ícone.

Observe que foi aberto o CorelDraw, que a planilha ficou resumida e as ferramentas do Excel foram substituídas pelas do CorelDraw. Observemos a figura que segue:

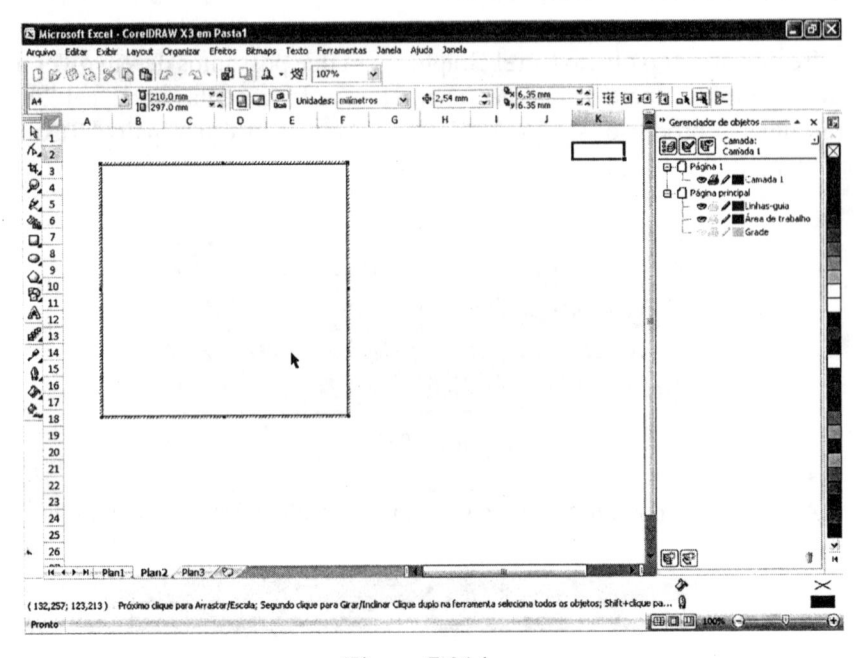

Figura 7.014

Observe ainda que um pequeno, porém redimensionável, quadrado em branco foi gerado dentro da planilha. Esse é o local para desenvolvimento, pois embora esteja dentro da planilha, está, nesse caso, conectado ao CorelDraw, e poderemos usar as ferramentas do CorelDraw para desenvolver o gráfico.

Agora é só usar a criatividade para criar e inventar. A seguir, temos um exemplo de figura criada no CorelDraw, que seria impossível criar diretamente no Excel. Vejamos:

Figura 7.015

Nota: Para sair do modo incorporado e ir para a planilha do Excel, basta clicar fora do quadrado em algum ponto da planilha. Para voltar ao modo incorporado, dê duplo clique na área do quadrado.

A figura criada no modo incorporado, caso seja composta, ou seja, formada por mais de uma figura, é apresentada primeiramente agrupada. Para separar cada parte dessa no Excel 2007, siga a rota: Botão direito sobre a mesma > Agrupamento > Desagrupar.

Use os mesmos passos para os demais programas suportados contidos na lista, você certamente conseguirá administrá-los da mesma forma.

WordArt

Os textos WordArt são objetos decorativos usados para dar ênfase a um determinado assunto em uma planilha. Esse atributo é bastante utilizado, tanto que está presente nas versões antigas do PowerPoint, Excel e Word.

Inserindo WordArt

Para inserir um objeto de texto do WordArt em uma planilha do Excel 2007 siga a rota: menu Inserir > painel Texto > opção WordArt. Vejamos:

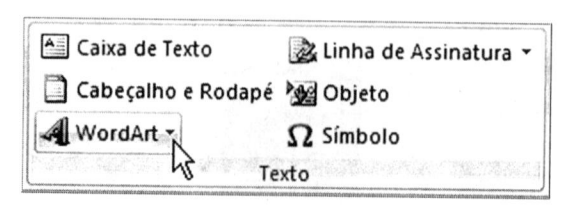

Figura 7.016

Na lista que surge, basta escolher um modelo que mais agradar. Depois de inserido, o texto do WordArt poderá ser totalmente editado.

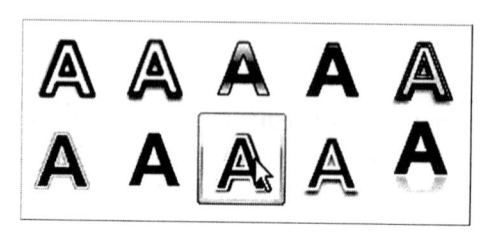

Figura 7.017

Ao escolher e clicar numa das opções de texto, uma caixa com um texto padrão será inserida na planilha. Vejamos:

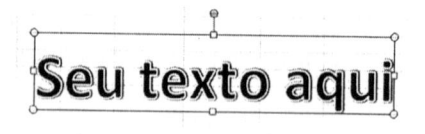

Figura 7.018

Editando o texto do WordArt
Para editar o texto do WordArt, basta clicar sobre o texto e proceder normalmente como se fosse um documento do Word. Vejamos um texto editado:

Figura 7.019

Usando a barra de ferramentas de formatação do WordArt

O Excel 2007 oferece uma vasta gama de ferramentas de formatação do WordArt; essas ficam expostas ao selecionar ou simplesmente clicar sobre o texto WordArt.

Caso a barra não mostre as ferramentas de edição, clique no botão Formatar, na faixa de ferramentas. Vejamos:

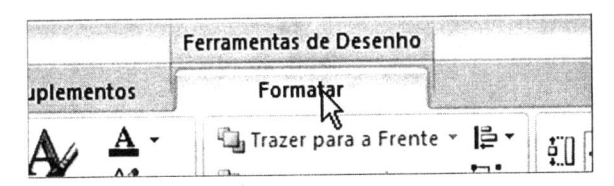

Figura 7.020

Nesse momento todos os painéis mostrados, assim como em outras ferramentas, estão relacionados ao atributo WordArt. Vejamos o painel:

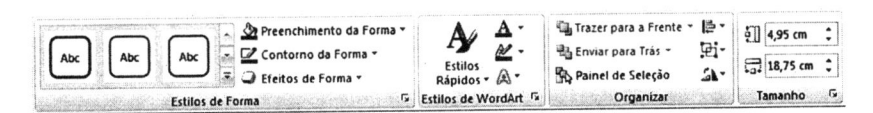

Figura 7.021

Use a criatividade e aplique efeitos diversos ao texto do WordArt. Vejamos um exemplo simples:

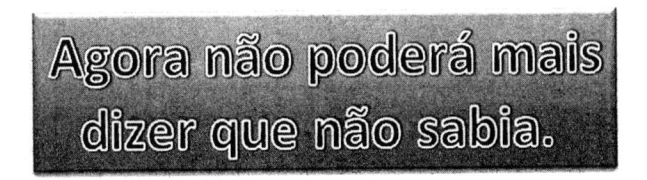

Figura 7.022

Capítulo 8

Trabalhando dados diversos

É realmente surpreendente a quantidade de atributos e ferramentas presentes no Excel 2007. Podemos efetuar desde simples equações até estimativas complexas de investimento na bolsa de valores. Essas ferramentas têm a missão de tornar fácil e viável a manipulação completa dos dados, a fim de gerar resultados e benefícios exatos e duradouros que satisfaçam por completo até os mais exigentes usuários.

Dados externos

No Microsoft Excel 2007, os dados podem ser armazenados tanto na pasta de trabalho, ou podem ser armazenados em uma fonte de dados externa, como um arquivo de texto, um banco de dados ou um cubo OLAP (Processamento Analítico Online). A fonte de dados externa é conectada à pasta de trabalho por meio de uma conexão de dados, que nada mais é do que um conjunto de informações que descreve como localizar, conectar, consultar e acessar a fonte de dados externa.

Nota: Durante o tempo em que estivermos conectados a uma fonte de dados externa, podemos também realizar uma operação de atualização para recuperar os dados atualizados. Sempre que os dados forem atualizados, você terá a versão mais recente desses dados, inclusive as alterações feitas desde a última atualização.

O principal benefício da conexão com dados externos é a possibilidade de analisar periodicamente esses dados, no Microsoft Office Excel, sem copiar repetidamente os dados, o que é uma operação que pode levar tempo e está propensa a erros. Depois de conectar-se a dados externos, você também pode atualizar automaticamente as pastas de trabalho do Excel a partir da fonte de dados original sempre que a fonte de dados for atualizada com novas informações.

O pacote Microsoft Office fornece drives que podem ser usados para recuperar dados nas seguintes fontes de dados:

Serviços de Análise do Microsoft SQL Server

Microsoft Office Access

dBASE

Microsoft FoxPro

Microsoft Office Excel

Oracle

Paradox

Bancos de dados em arquivos de texto

Podemos ainda usar drivers ODBC ou drivers da fonte de dados de outros fabricantes para recuperar informações de fontes de dados não listadas aqui, incluindo outros tipos de bancos de dados OLAP. Para obter informações sobre a instalação de um driver ODBC ou de um driver da fonte de dados que não conste nessa lista, verifique a documentação desse banco de dados ou contate o fornecedor do banco de dados.

Você pode usar o Assistente para Conexão de Dados a fim de se conectar a uma fonte externa de dados que já tenha sido definida. Para abrir o Assistente para Conexão de Dados, na guia Dados, no grupo Obter Dados Externos, clique em De Outras Fontes e, em seguida, clique em Do Assistente de Conexão de Dados.

Importando dados do Access

Para importar dados do Access, siga a rota: menu Dados > painel Obter Dados Externos > opção Do Access. Vejamos:

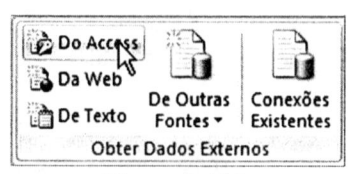

Figura 8.001

O Excel exibirá a janela padrão para a localização do arquivo do Access. Vejamos:

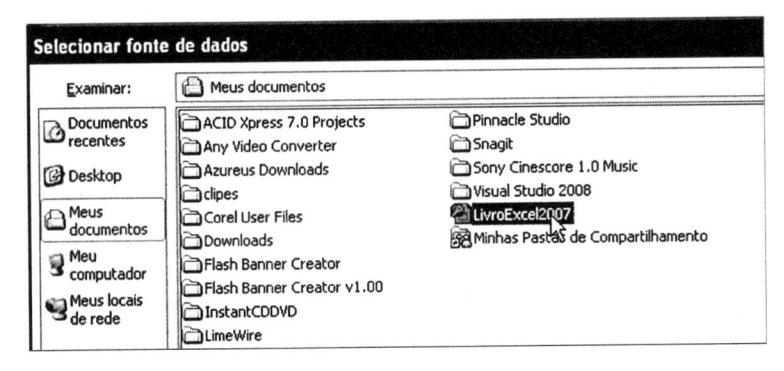

Figura 8.002

Como eu já havia criado um banco de teste no Access, simplesmente localizei-o em Meus Documentos e cliquei em abrir.

Caso não tenha um banco criado no Access, faça isto antes de continuar com este exemplo.

Ao clicar em Abrir, o Excel 2007 exibirá a caixa de diálogo Importar Dados. Nessa caixa, podemos escolher, entre outras coisas, o tipo de visualização e formatação que queremos para os dados importados. Vejamos:

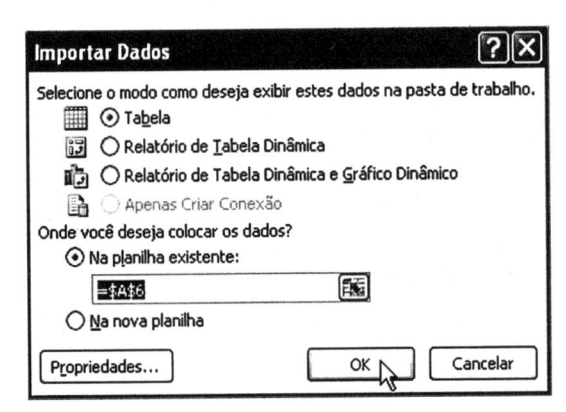

Figura 8.003

Em nosso exemplo, usaremos a primeira opção de formatação de saída dos dados importados, o modo Tabela.

Caso queira, você poderá escolher um dos outros dois modos. Os detalhes sobre como trabalhar com Tabelas Dinâmicas podem ser vistos no capítulo 5.

Clique em OK. Vejamos o resultado na planilha:

	A	B	C	D
6	Código	Nome	Endereço	Telefone
7	1	Tarcizio	Av. ourodata.com, 5256	123456
8	2	Wallace	Av. Metalúrgica, 1000	789562
9	3	Thuane	Rua Belas Unhas, 1002	567546
10	4	Thábata	Rua Matemática Nerd, 10	654321
11	5	Thayná	Av. Atendente, 55	789456
12	6	Joseli	Rua Modelista de Alta-costura	598292
13	7	Thales	Rua Noite Virou Dia	267894
14				

Figura 8.004

Temos então os dados legítimos do banco do Access. A manipulação dos dados com filtros será mostrada mais adiante neste capítulo.

Importando tabelas da web

Às vezes poderá ser importante e quem sabe até necessário importar dados de tabelas da web. O Excel 2007 reconhece e marca com uma seta todas as tabelas encontradas em uma Home Page informada. Os dados são importados e inseridos na planilha de acordo com o modo de configuração em que se encontravam. A tabela não será importada.

Para importar dados da web, siga a rota: menu Dados > painel Obter Dados Externos > opção Da Web. Vejamos:

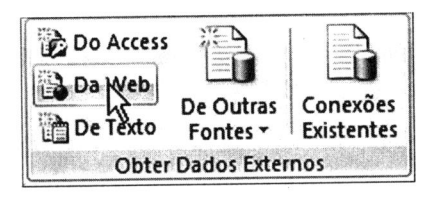

Figura 8.005

Ao clicar, o Excel 2007 exibirá uma janela onde poderemos acessar um site da web. Vejamos:

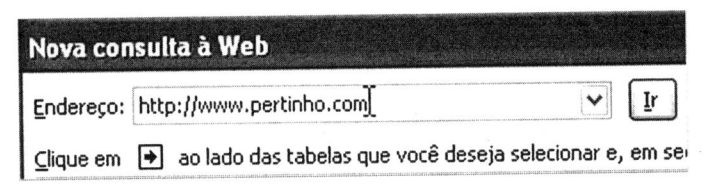

Figura 8.006

Note que ao digitar e clicar em ir, o Excel, além de exibir a página, mostra setas dentro de um pequeno quadrado amarelo. Essas setas indicam cada tabela existente no site. Vejamos:

Figura 8.007

Note que em alguns casos existem setas sobrepostas a outras setas; isso indica que existem tabelas dentro de tabelas e devemos escolher qual delas queremos enviar para o Excel 2007.

Ao clicar em uma delas, a seta se converterá num "tick" verde indicando que está selecionada. Vejamos:

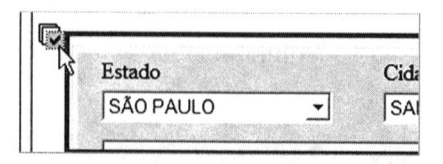

Figura 8.008

Tendo selecionado as tabelas desejadas, clique em importar. O Excel exibirá a última caixa de diálogo antes da importação dos dados; podemos clicar em OK ou então podemos escolher outro intervalo (local) para inserção dos dados importados. Observe-a:

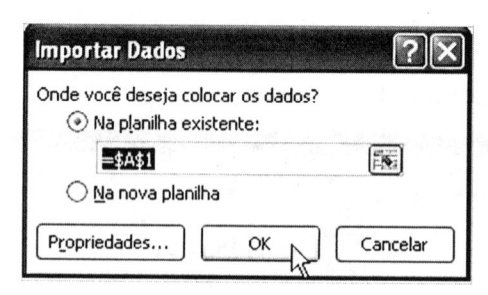

Figura 8.009

Caso queira que os dados sejam inseridos em outra planilha que não seja a atual, basta marcar o campo na nova planilha.

Caso queira inserir os dados da web na planilha atual, porém em outro endereço de célula, basta clicar no botão à direita do campo e selecionar o novo local.

Ao clicar em OK, o Excel finalmente importará os dados. Vejamos:

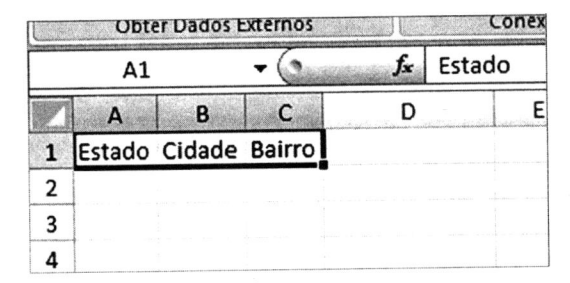

Figura 8.010

Observe que como os rótulos estavam dentro de células diferentes, o Excel também o fez no momento da importação.

Importando arquivos de texto

O Excel suporta arquivos de texto no formato txt. Os dados importados são primeiramente lidos pela ferramenta de importação. Depois disso várias opções de interpretação e disposição de conteúdo são dadas a fim de se conseguir a melhor adequação possível dos dados na planilha.

Para importar dados de um arquivo "txt" siga a rota: menu Dados > painel Obter Dados Externos > opção De Texto. Vejamos:

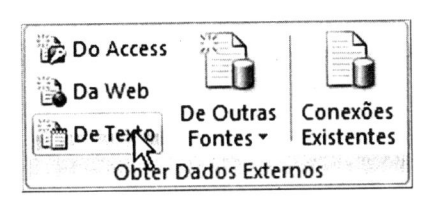

Figura 8.011

Ao clicar, a caixa de diálogo do Windows é aberta para a localização do arquivo. Vejamos:

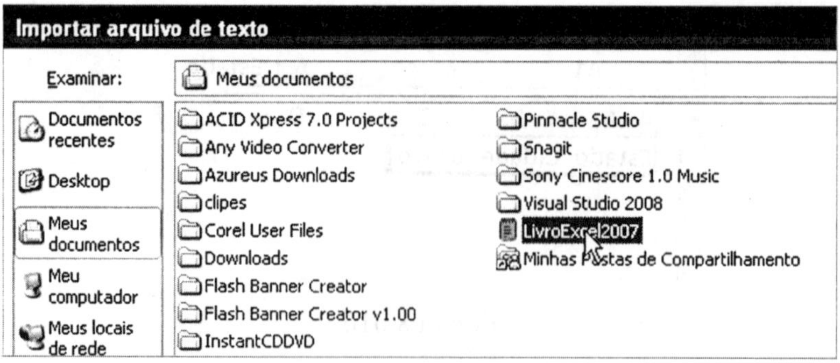

Figura 8.012

Ao selecionar, clique em Importar. Nesse momento a primeira caixa de diálogo é aberta. Observe a figura que segue:

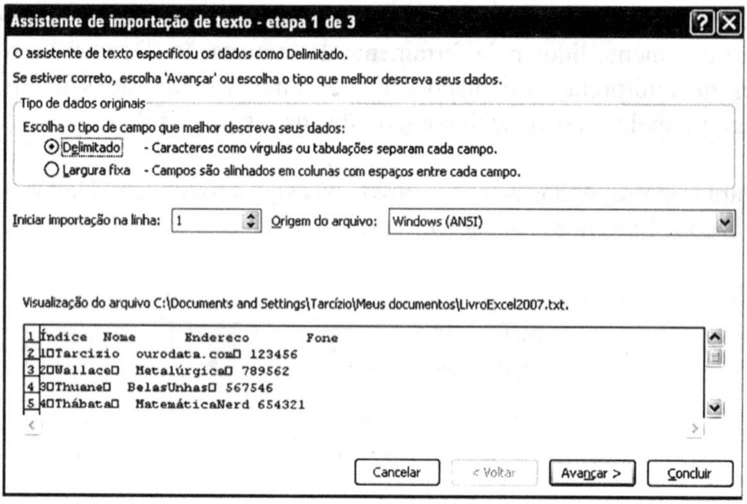

Figura 8.013

Nesta caixa não precisamos mexer em praticamente nada, pois o Excel já mostra a configuração padrão aceitável de acordo com alguns critérios de linguagem e outros detalhes do sistema. Clique em Avançar. Vejamos a próxima caixa de diálogo:

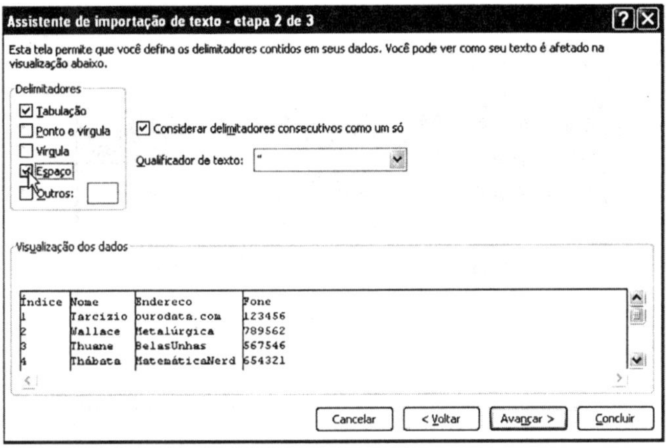

Figura 8.014

Esta é a caixa que contém as informações mais importantes, pois devemos de antemão determinar como o texto será inserido na planilha.

No caso do nosso exemplo, usei um arquivo bastante simples e marquei dois campos apenas, que são Tabulação e Espaço, pois o documento original foi baseado nesses espaçadores. Clique agora em avançar.

Figura 8.015

Na caixa anterior, temos a penúltima configuração antes da inserção dos dados para a planilha. Na maioria dos casos usamos a opção Geral, a qual já vem marcada por padrão.

Clique em Concluir para abrir a caixa de diálogo e, caso seja necessário, escolha o local a inserir os dados.

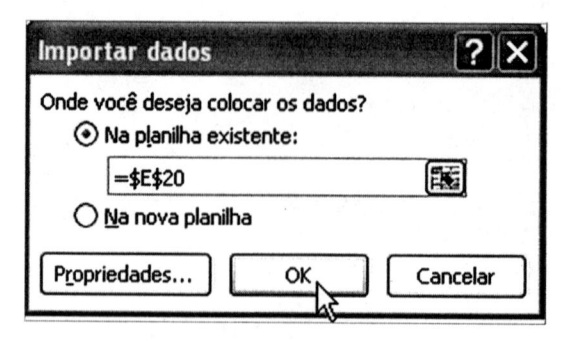

Figura 8.016

Ao clicar em OK os dados serão inseridos. Vejamos:

	A	B	C	D
10	Índice	Nome	Endereco	Fone
11	1	Tarcizio	ourodata.com	123456
12	2	Wallace	Metalúrgica	789562
13	3	Thuane	BelasUnhas	567546
14	4	Thábata	MatemáticaNerd	654321
15	5	Thayná	Atendente	789456
16	6	Joseli	Modelista	598642
17	7	Thales	NoiteVirouDia	267894
18				
19				

Figura 8.017

Teste outras configurações para conhecer melhor outras maneiras de importação.

Caso não saiba, para criar um arquivo de texto use o Bloco de Notas do Windows. Para acessá-lo siga a rota: Iniciar > Programas > Acessórios > Bloco de Notas.

Outros tipos de conexões

O Excel, além das opções de importação já vistas, oferece outros mecanismos e suporta outras formas de conexão. Entre elas, podemos citar o SQL Server e outras conexões via ODBC.

Para ver as outras formas de conexão e importação de outras fontes, siga a rota: menu Dados > painel Obter Dados Externos > opção De outras fontes. Vejamos:

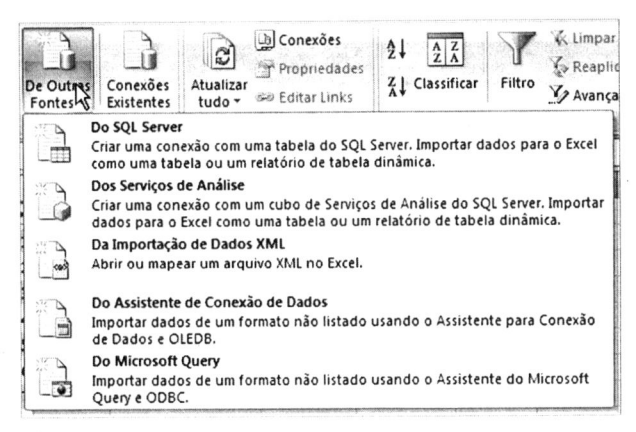

Figura 8.018

Verificando conexões existentes

O Excel nos permite saber as conexões existentes no momento envolvendo a planilha atual e os arquivos passíveis de conexão. No caso, para sabermos as conexões possíveis para essa planilha, seguimos a rota: menu Dados > painel Obter Dados Externos > opção Conexões Existentes. Vejamos:

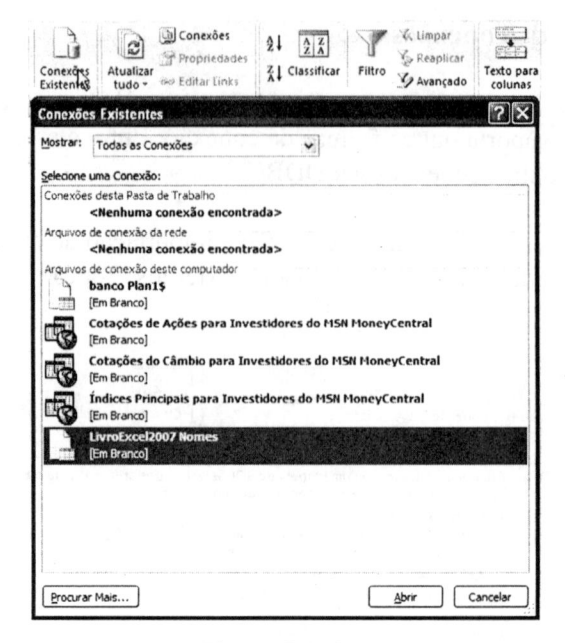

Figura 8.019

No caso da imagem acima, podemos ver a conexão feita no exemplo anterior (LivroExcel2007 Nomes). Ao clicar em Abrir e confirmarmos o tipo de apresentação que queremos na janela seguinte, a conexão será feita e o conteúdo do arquivo do Access será aberto. Vejamos:

	A	B	C	D	E
1	Código	Nome	Endereço	Telefone	
2	1	Tarcizio	Av. ourodata.com, 5256	123456	
3	2	Wallace	Av. Metalúrgica, 1000	789562	
4	3	Thuane	Rua Belas Unhas, 1002	567546	
5	4	Thábata	Rua Matemática Nerd, 10	654321	
6	5	Thayná	Av. Atendente, 55	789456	
7	6	Joseli	Rua Modelista de Alta-costura	598642	
8	7	Thales	Rua Noite Virou Dia	267894	
9					
10					

Figura 8.020

Gerenciando conexões

Um atributo interessante do Microsoft Excel é o gerenciador de conexões. Através deste, podemos especificar alguns parâmetros importantes para nossas conexões. Este mecanismo pode ser bastante útil para profissionais que trabalham com planilhas externas e dependem de certa privacidade e do controle detalhado da conexão.

Para iniciar o gerenciador, siga a rota: menu Dados > painel Conexões > opção Conexões. Vejamos:

Figura 8.021

Como ainda não temos nenhuma conexão adicionada no gerenciador de conexões, os demais links do painel (Propriedades e Editar Links) se mostram desabilitados.

Ao clicar em Conexões, o Excel 2007 apresentará a seguinte caixa de diálogo:

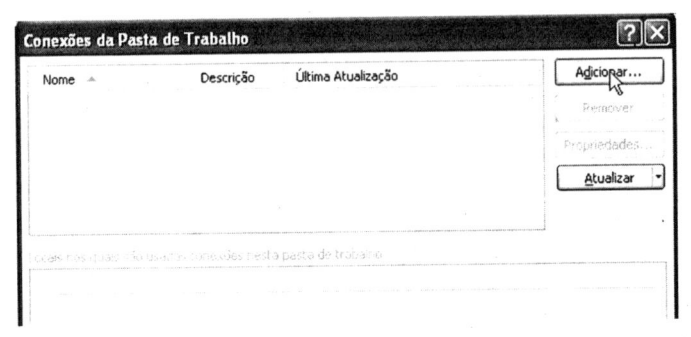

Figura 8.022

Como pode ser visto, nenhuma conexão aparece listada.Isso ocorre porque ainda não conectamos essa planilha com dados externos nem adicionamos nenhuma conexão à lista. Clique em Adicionar para localizar as conexões disponíveis e adicioná-las à caixa de listagem. Vejamos:

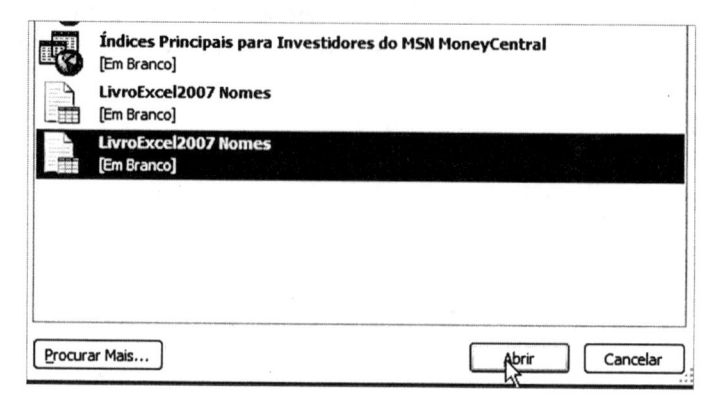

Figura 8.023

Na caixa de diálogo que surge, marque uma das conexões e clique em Abrir. Observe que agora o nome da conexão já aparece na lista. Vejamos:

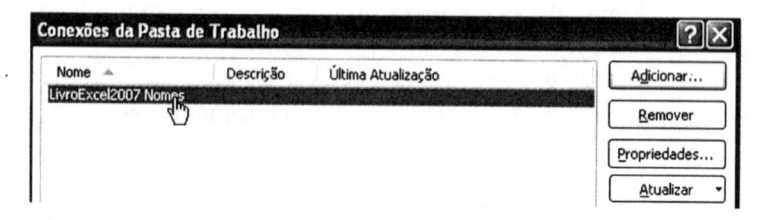

Figura 8.024

Na mesma caixa e com a conexão selecionada, clique no botão Propriedades, para termos acesso a algumas configurações importantes. Observemos:

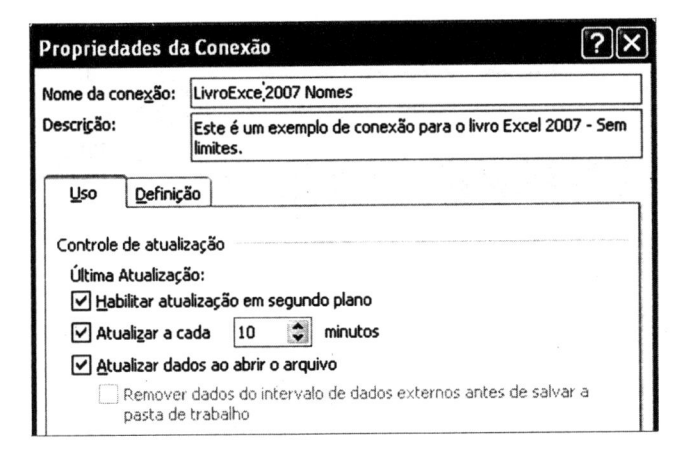

Figura 8.025

Ao surgir a caixa de diálogo, na guia Uso somente o campo Habilitar atualização em segundo plano vem selecionado. É bastante aconselhável marcar o campo Atualizar a cada, pois nos permite definir o tempo de atualização dos dados que transitam na conexão.

A terceira opção (Atualizar dados ao abrir o arquivo) é muito útil; porém, caso a máquina que hospeda o arquivo original esteja desligada, os dados não serão atualizados. Nesse caso, valerá a opção anterior.

No campo Descrição, insira uma algo a respeito da conexão atual.

Definições de Conexão importantes

Selecione a guia Definição para ter acesso a cada item de configuração. Observemos a janela a seguir:

Figura 8.026

Alterando o arquivo ou fonte de dados externa

Para alterar a fonte de dados da nossa conexão, basta clicar no botão Procurar podemos então apontar outro arquivo de conexão, caso isso seja necessário.

Filtros

Os filtros são ferramentas importantes no dia-a-dia daqueles que lidam com dados volumosos no Excel. A missão dos filtros é fazer com que o usuário ganhe tempo durante buscas por dados específicos em uma planilha. Ainda podemos usar outra categoria de filtros para efetuar comparações lógicas, a fim de exibir resultados baseados em condicionais.

O Excel oferece dois tipos de filtros, o simples e o avançado. Cada uma tem seu uso direcionado à situações diferentes. Dependendo do caso, usa-se um ou outro.

Filtragem rápida de dados

Para filtrar dados rapidamente usamos a ferramenta de filtragem simples; para isso, selecione somente a linha rótulos da tabela de dados e em seguida siga a rota: menu Dados > painel Classificar e Filtrar > opção Filtro. Vejamos exemplos na figura que se segue:

Figura 8.027

Ao clicar, o Excel 2007 exibirá setas voltadas para baixo em cada rótulo de coluna em toda a linha de rótulos. Observe a figura a seguir:

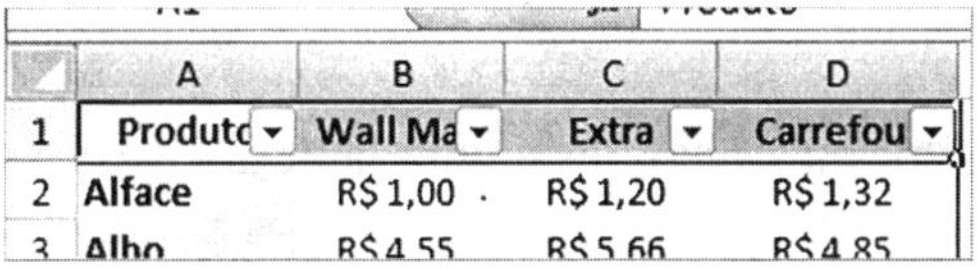

Figura 8.028

O filtro foi aplicado, agora resta somente passarmos os parâmetros de filtragem simplesmente selecionando-os ao clicar em uma das setas.

Ao clicar na seta, você estará dizendo ao Excel que deseja filtrar com base nesse rótulo ou a partir dessa coluna de dados; dessa forma, somente as linhas ou registros que coincidirem com os parâmetros serão exibidas.

Escolhendo a coluna de filtragem

Com o filtro criado, resta-nos somente usá-lo. Como exemplo, vamos aplicar a filtragem baseando-nos na coluna Produto. Siga a rota: Clique na seta > opte por Filtros de Texto > É Igual a. Vejamos a figura a seguir:

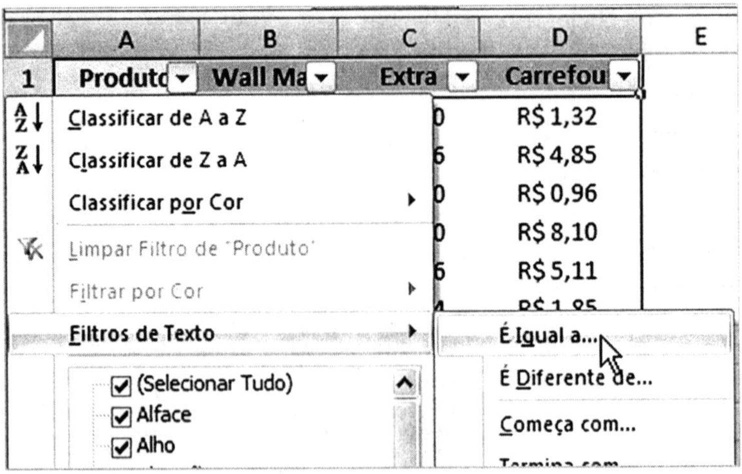

Figura 8.029

Nota: Como podemos ver na seção Filtros de Texto da figura anterior, a estrutura de manipulação dos dados está baseada em caixinhas de seleção (Check Box) com uma interface humana bastante simples e empolgante, de fácil compreensão e uso.

Ao clicar como mostrado na figura anterior, o Excel 2007 exibirá uma caixa de diálogo onde poderemos passar os parâmetros básicos para a filtragem. Vejamos caixa de diálogo:

Figura 8.030

Neste caso, vamos deixar a caixa somente com um parâmetro, embora possamos passar outros usando as funções "E" ou "OU". Clique em OK e vejamos o resultado:

Figura 8.031

Podemos ver que o Excel somente exibe as linhas de dados cujo rótulo (coluna produto) é igual a Arroz.

Adicionando parâmetros condicionais

Podemos ainda adicionar mais condicionais às nossas filtragens, dependendo unicamente da necessidade em cada momento.

Para isso, sigamos a rota: Clique na seta em produto > opte por Filtros de Texto > É Igual a. Preencha a caixa de diálogo da seguinte forma, vejamos:

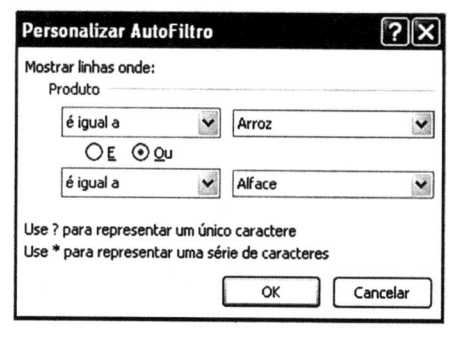

Figura 8.032

O resultado ao clicar em OK seria:

	A	B	C	D
1	Produto	Wall Ma	Extra	Carrefou
2	Alface	R$ 1,00	R$ 1,20	R$ 1,32
5	Arroz	R$ 8,00	R$ 8,50	R$ 8,10
6	Arroz	R$ 5,15	R$ 5,96	R$ 5,11
8	Arroz	R$ 8,78	R$ 8,99	R$ 20,00
15	Arroz	R$ 6,52	R$ 8,45	R$ 4,89

Figura 8.033

Note que a seta do rótulo Produto ganhou uma forma diferente, passe o mouse sobre a seta para ver as regras de filtragem aplicada. Vejamos:

	A	B	C	D
1	Produto	Wall Ma	Extra	Carrefou
2	Alface			R$ 1,32
5	Arroz	Produto: É igual a "Arroz" ou É igual a "Alface"		R$ 8,10
6	Arroz	R$ 5,15	R$ 5,96	R$ 5,11
8	Arroz	R$ 8,78	R$ 8,99	R$ 20,00
15	Arroz	R$ 6,52	R$ 8,45	R$ 4,89

Figura 8.034

Use a criatividade para implementar diferentes parâmetros e gerar diferentes resultados de pesquisa.

Caracteres coringa

Podemos ainda usar caracteres coringas para efetuar pesquisa em uma tabela de dados. O Excel disponibiliza dois caracteres especiais que podem ser usados da seguinte forma:

- Asterisco (*): Substitui vários caracteres
- Interrogação (?) substitui vários caracteres

Por exemplo, caso eu queira encontrar um item na coluna Produto, porém não tenha certeza do nome do rótulo, basta fazer uso de um dos símbolos.

Ex1. Usando o Asterisco - sei que o nome começa com "A" mas não sei o restante do nome, então escrevo "A*", sem as aspas. Dessa forma, o Excel retornará resultados considerando somente o inicio do nome e ignorando completamente o restante.

Ex1. Usando o ponto de Interrogação - sei que o nome começa com "M" e tem o trecho final "carrão", mas não sei a letra imediatamente após o "M", então escrevo "M?carrão", sem as aspas. Desta forma, o Excel retornará resultados desconsiderando a letra intermediária que no caso está sendo substituída pelo ponto de interrogação.

Para saber mais a respeito do uso dos caracteres coringa, volte algumas páginas e consulte o capítulo 5.

Removendo um filtro

Para remover o filtro de uma tabela, simplesmente clique no ícone Filtro, existente no painel Classificar e Filtrar. Vejamos:

Figura 8.035

Não é necessário selecionar a linha de rótulos de colunas para remover o filtro, o que não ocorre com a inserção desse.

Filtro Avançado

O comando Filtro Avançado pode filtrar um intervalo, assim como o comando AutoFiltro; porém, ele não exibe listas suspensas relacionadas às colunas de dados como visto anteriormente. Em vez disso, digitamos os critérios pelos quais queremos filtrar um intervalo de critérios separado acima do intervalo.

Critérios são condições que nós especificamos para limitar os registros que devem ser incluídos no conjunto de resultados de uma consulta ou de um filtro. Um intervalo de critérios permite a filtragem de critérios bem mais complexos que o filtro simples.

Antes de iniciarmos a explicação prática do uso do Filtro Avançado, o leitor deve lembrar-se bem que o Excel usa a leitura vertical para identificar todos os campos relacionados à consulta, desta forma, tanto a tabela de origem, o campo de critérios e o intervalo de resultados devem estar alinhados na vertical para que produza resultados.

Primeiramente devemos mover nossa tabela de dados modificada para que essa inicie a partir da nona linha. O espaço deixado (linha 1 até 8) será usado para a inserção do intervalo de critérios. Observe:

	A	B	C	D
1				
2				
3				
4				
5				
6				
7				
8				
9	Produto	Wall Mart	Extra	Carrefour
10	Arroz T1	R$ 5,96	R$ 6,00	R$ 8,96
11	Arroz T1	R$ 8,00	R$ 8,50	R$ 8,10
12	Arroz T2	R$ 5,15	R$ 5,96	R$ 5,11
13	Arroz T2	R$ 5,99	R$ 4,74	R$ 6,85
14	Arroz T2	R$ 5,25	R$ 5,74	R$ 6,99
15	Arroz T3	R$ 5,00	R$ 4,00	R$ 6,00
16	Extrato	R$ 1,85	R$ 1,52	R$ 1,86

Figura 8.036

O segundo passo será determinar o intervalo de critérios que satisfarão as condições de pesquisa na tabela. Para isto vamos copiar uma parte da tabela de dados incluindo os rótulos de linha e coluna que contenha os campos de interesse. Vamos selecionar somente as colunas Produto e Wall Mart e somente uma linha de dado, a linha 10. Vejamos o exemplo na figura a seguir:

	Produto	Wall Mart	Extra	Carrefour
7				
8				
9	Produto	Wall Mart	Extra	Carrefour
10	Arroz T1	R$ 5,96	R$ 6,00	R$ 8,96
11	Arroz T1	R$ 8,00	R$ 8,50	R$ 8,10
12	Arroz T2	R$ 5,15	R$ 5,96	R$ 5,11

Figura 8.037

Tendo selecionado o intervalo, clique Ctrl+C para copiar para área de transferência do Windows. Em seguida, selecione a célula A1 e clique Ctrl+V para colar. Vejamos:

	A	B	C	D
1	Produto	Wall Mart		
2	Arroz	R$ 5,96		
3				
4				
5				
6				
7				
8				
9	Produto	Wall Mart	Extra	Carrefour
10	Arroz T1	R$ 5,96	R$ 6,00	R$ 8,96
11	Arroz T1	R$ 8,00	R$ 8,50	R$ 8,10
12	Arroz T2	R$ 5,15	R$ 5,96	R$ 5,11
13	Arroz T2	R$ 5,99	R$ 4,74	R$ 6,85
14	Arroz T2	R$ 5,25	R$ 5,74	R$ 6,99
15	Arroz T3	R$ 5,00	R$ 4,00	R$ 6,00
16	Extrato	R$ 1,85	R$ 1,52	R$ 1,86
17				

Figura 8.038

Inserindo critérios de filtro

Vamos agora configurar os critérios de filtragem avançada justamente no campo que foi colado. Altere o conteúdo das células A2 e B2 da seguinte forma:

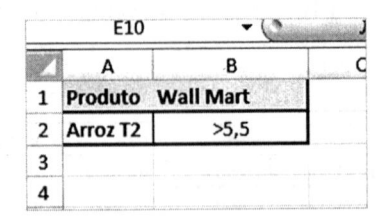

Figura 8.039

Criando o filtro avançado

Primeiramente devemos determinar ou selecionar o intervalo de dados que será o nosso objeto de consulta. No nosso caso, o intervalo é da linha 9 a 16.

Agora clique no link Avançado, no painel Classificar e Filtrar. Observe o exemplo na figura que se segue:

Figura 8.040

A caixa de diálogo "Filtro avançado" é exibida e o intervalo absoluto é mostrado dentro do campo Intervalo da lista. Vejamos:

Figura 8.041

Ainda na caixa mostrada anteriormente clique no botão à direita do campo Intervalo de critérios. Nesse momento, a caixa de diálogo se encolheu para facilitar a visualização e seleção do intervalo de células onde se encontram os critérios de filtragem.

Para selecionar o intervalo de critérios, simplesmente clique na célula A1, mantenha pressionada a tecla esquerda do mouse e arraste até a célula B2.

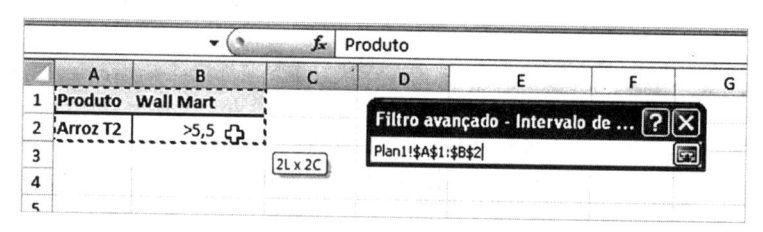

Figura 8.042

Clique novamente no botão à direita do campo Intervalo de critérios para exibir a caixa de diálogo inteira novamente. Observe:

Figura 8.043

Depois disso, clique em OK e veja o resultado da filtragem:

Figura 8.044

O Excel 2007 retornou a linha 13 somente. Isso ocorreu porque somente na linha treze e na coluna b, ou seja, no endereço B13 é que existia um dado que se encaixou no critério de filtragem especificado (> 5,5 = Maior do que R$ 5,50).

Filtro usando caracteres coringas

Vamos supor que precisamos filtrar alguns produtos que têm como parte dos seus nomes a partícula "T2". Nesse caso, o filtro será feito utilizando a sintaxe '=*T2. Use o mesmo campo para digitar esse argumento. Observe:

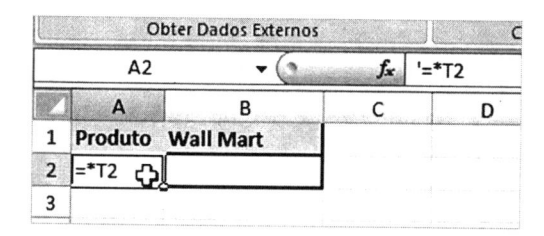

Figura 8.045

Nota: Note na barra de fórmulas que um apóstrofo foi inserido antes do sinal de igual (=). Ele serve para anular a chamada de uma função no Excel, já que todas as funções iniciam-se com um sinal de igual. Ao inserir o apóstrofo o Excel interpretará o sinal de igual como caractere.

O símbolo asterisco (*) ocupa a parte desconhecida do nome do arquivo, ou seja, no caso do exemplo na figura anterior (8.045) o Excel 2007 retornará todas as linhas cujos rótulos terminem com T2 ignorando completamente a parte inicial do mesmo.

Podemos inserir o asterisco de outras formas, dependendo da ocasião. Vejamos:

1 – Sabemos o final do nome: '=*T2
2 – Sabemos o início do nome: '=T2*
3 – Sabemos o inicio e fim: '= T*A

Vamos então montar um filtro novamente. Em primeiro lugar, selecione a tabela inteira de dados e
Em seguida vá ao painel Dados e opte por Avançado. Na janela que surge, configure da mesma forma vista anteriormente. No geral sua tela deverá estar semelhante a próxima figura. Vejamos:

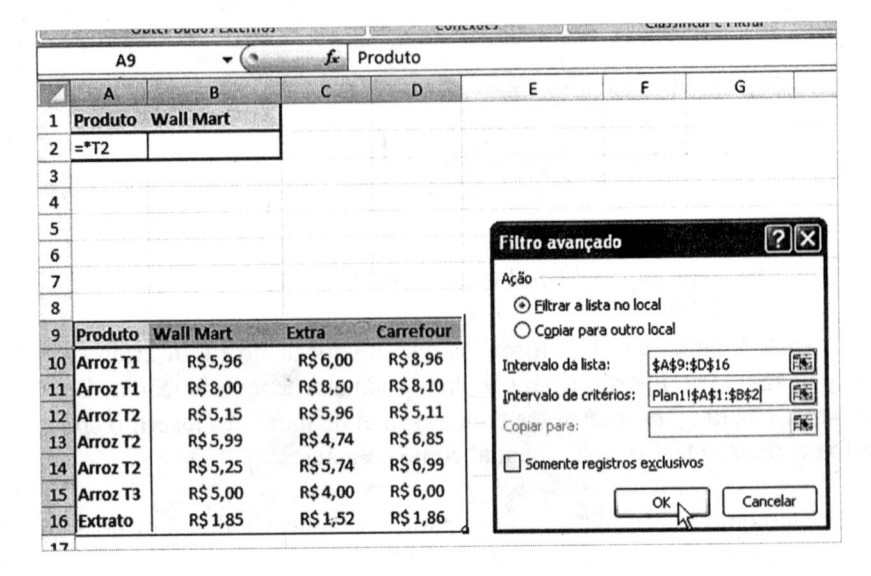

Figura 8.046

Ao clicar em OK, teremos como resultado todas as linhas cujos rótulos terminam com T2. Vejamos o resultado mostrado:

Figura 8.047

Exibindo resultado de filtragem separadamente

Podemos em determinados momentos precisar exibir o resultado de uma filtragem separado da tabela, por exemplo, para a criação de gráfico baseado no resultado.

Isso é perfeitamente possível, porém existe uma restrição. Como já comentado anteriormente, o intervalo de célula que receberá o resultado deverá estar em linha e na vertical em relação à tabela principal.

Para entender melhor, repita os passos de filtragem anterior e quando surgir a caixa de diálogo Filtro avançado, marque a opção Copiar para outro local.

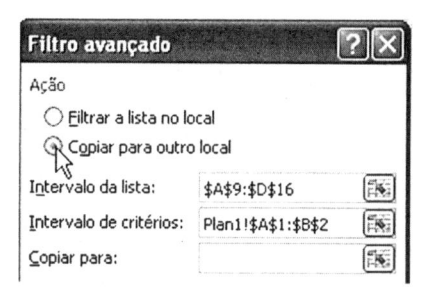

Figura 8.048

Note que ao marcar o campo Copiar para outro local, a caixa Copiar para será habilitada. Use o botão a direita dessa caixa para selecionar o intervalo que receberá o resultado do filtro.

Para efeito de exemplo, selecione o intervalo de A18 a D22, vejamos:

Figura 8.049

Caso use o botão e a seleção através do arraste, para restaurar a caixa de diálogo, basta clicar no mesmo botão novamente. A caixa ficaria assim:

Figura 8.050

Observe que o intervalo selecionado está perfeitamente em linha com os dados da tabela principal. Terminados esses passos, clique em OK e vejamos o resultado.

Produto	Wall Mart	Extra	Carrefour
Arroz T1	R$ 5,96	R$ 6,00	R$ 8,96
Arroz T1	R$ 8,00	R$ 8,50	R$ 8,10
Arroz T2	R$ 5,15	R$ 5,96	R$ 5,11
Arroz T2	R$ 5,99	R$ 4,74	R$ 6,85
Arroz T2	R$ 5,25	R$ 5,74	R$ 6,99
Arroz T3	R$ 5,00	R$ 4,00	R$ 6,00
Extrato	R$ 1,85	R$ 1,52	R$ 1,86

Produto	Wall Mart	Extra	Carrefour
Arroz T2	R$ 5,15	R$ 5,96	R$ 5,11
Arroz T2	R$ 5,99	R$ 4,74	R$ 6,85
Arroz T2	R$ 5,25	R$ 5,74	R$ 6,99

Figura 8.051

A principal diferença entre os modos Filtrar a lista no local e Copiar para outro local é que no primeiro exemplo o Excel 2007 usa a própria tabela-mãe para exibir o resultado, ou seja, o Excel simplesmente omite as linhas que não coincidem com os argumentos passados. Já no segundo modo, o Excel exibe os dados logo abaixo da tabela deixando está intacta, o que poderá ser bastante útil em se tratando de trabalhos profissionais, onde precisamos gerar gráfico baseado em resultado de filtragem.

Outro exemplo de Filtro Avançado

Vamos agora usar rapidamente o filtro avançado para gerar uma lista dos vendedores que não atingiram o volume de vendas na casa dos R$ 2.000,00. Usaremos uma tabelinha de exemplo como segue:

	Vendedores	Vendas
6		
7	**Vendedores**	**Vendas**
8	Joseli	R$ 1.000,00
9	Thales	R$ 1.500,00
10	Wallace	R$ 2.000,00
11	Thuane	R$ 2.500,00
12		

Figura 8.052

Copie as duas primeiras linhas desta tabela e cole logo acima da mesma, em seguida apague o nome do vendedor e no campo vendas substitua o valor pela fórmula < 2000. Vejamos:

	A	B
1	Vendedores	Vendas
2		< 2000
3		
4		
5		
6		
7	**Vendedores**	**Vendas**
8	Joseli	R$ 1.000,00
9	Thales	R$ 1.500,00
10	Wallace	R$ 2.000,00
11	Thuane	R$ 2.500,00

Figura 8.053

Agora execute os passos novamente para criar um filtro baseado nesses critérios.

Selecione a tabela principal inteira e clique em Filtro Avançado no painel Dados.

Figura 8.054

Em seguida, na caixa de diálogo que surge, clique no botão à direita do campo Intervalo de critérios e selecione o intervalo de critérios logo acima da tabela.

Figura 8.055

Feito isto, clique novamente no botão à direita do campo para mostrar a caixa de diálogo inteira e marque o campo Copiar para outro local. Clique no botão à direita desse campo e selecione o intervalo logo abaixo da tabela, assim como já foi explicado nos exemplos anteriores.

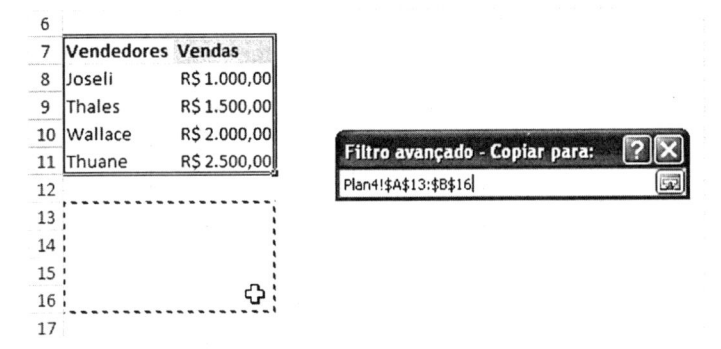

Figura 8.056

Clique novamente no botão para expandir a caixa de diálogo e clique em OK. O resultado será a exibição da lista dos vendedores que não conseguirão atingir a meta de R$ 2.000,00 em vendas.

Vendedores	Vendas
Joseli	R$ 1.000,00
Thales	R$ 1.500,00

Figura 8.057

Aplicando critérios de filtragem em múltiplas colunas

Quando precisamos localizar dados que atendam a mais de uma condição e em colunas diferentes precisamos inserir os critérios em linhas diferentes.

Por exemplo, imagine que queremos filtrar somente os vendedores com um volume de vendas de até R$ 1.500,00, porém que concederam desconto máximo de %5. Eis a tabela de exemplo:

Vendedores	Vendas	Desconto
Wallace	R$ 1.000,00	4%
Thayná	R$ 1.500,00	5%
Thábata	R$ 2.000,00	8%
Thuane	R$ 2.500,00	2%

Figura 8.058

Para isso, aplicamos os critérios da seguinte forma:

	A	B	C
1	Vendedores	Vendas	Desconto
2		<=1500	
3			<5%
4			

Figura 8.059

Como resultado, teremos:

	Vendedores	Vendas	Desconto
L5	Wallace	R$ 1.000,00	4%
L6	Thayná	R$ 1.500,00	5%

Figura 8.060

Não se esqueça de inserir o apóstrofo antes do sinal de igual no início de um critério; dessa forma você garantirá um resultado mais preciso.

Capítulo 9

Subtotais

Uma funcionalidade muito útil no Excel é a ferramenta Subtotais. Através dessa ferramenta podemos criar subtotais para intervalos de dados na planilha do Excel. Podemos ainda, por exemplo, criar subtotais de entregas por estado, cidade, por vendedor ou por cliente.

Primeiramente vamos criar e classificar uma tabela de produtos e fornecedores, mas lembre-se que se trata apenas de uma tabela de exemplo, que tem por objetivo facilitar a compreensão e assimilação de cada passo. Vejamos a tabela já classificada:

	A	Wall Mart	Extra	Carrefour	Média de preços
1	Produto	Wall Mart	Extra	Carrefour	Média de preços
2	Alho	R$ 4,55	R$ 5,66	R$ 4,85	R$ 5,02
3	Almeirão	R$ 0,96	R$ 1,00	R$ 0,96	R$ 0,97
4	Arroz	R$ 8,00	R$ 8,50	R$ 8,10	R$ 8,20
5	Arroz	R$ 5,15	R$ 5,96	R$ 5,11	R$ 5,41
6	Arroz	R$ 4,00	R$ 3,50	R$ 2,90	R$ 3,47
7	Arroz	R$ 6,52	R$ 8,45	R$ 4,89	R$ 6,62
8	Batatas	R$ 1,99	R$ 1,74	R$ 1,85	R$ 10,00
9	Carne	R$ 8,78	R$ 8,99	R$ 20,00	R$ 12,59
10	Couve	R$ 0,90	R$ 1,00	R$ 0,89	R$ 15,00
11	Farinha	R$ 2,40	R$ 2,12	R$ 2,55	R$ 2,36
12	Macarrão	R$ 2,00	R$ 1,99	R$ 1,89	R$ 1,96
13	Manteiga	R$ 2,50	R$ 2,83	R$ 2,78	R$ 2,70
14	Sabonete	R$ 1,00	R$ 1,20	R$ 0,90	R$ 1,03
15	Sal	R$ 1,00	R$ 1,20	R$ 1,32	R$ 1,17
16	Sal	R$ 1,85	R$ 1,52	R$ 1,86	R$ 1,74
17	Sal	R$ 0,89	R$ 0,95	R$ 1,00	R$ 0,95
18	Uva	R$ 2,85	R$ 2,56	R$ 2,56	R$ 2,66

Figura 9.001

Caso não se lembre dos passos para classificação de dados de uma tabela, proceda da seguinte forma: Selecione toda a tabela com exceção da linha de rótulos (linha 1). Feito isto, selecione o menu Dados e em seguida escolha a opção A/Z no painel Classificar e Filtrar. Vejamos:

Figura 9.002

Para saber mais detalhes sobre classificação de dados, consulte o capítulo 4.

Com a tabela classificada, selecione-a por completo. Dessa vez inclua também a linha de rótulos (linha 1). Em seguida, ainda no menu Dados, opte pelo ícone Subtotal no painel Estrutura de Tópicos. Vejamos:

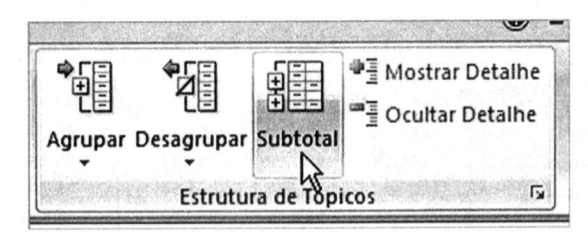

Figura 9.003

Nesse momento, o Excel 2007 exibirá a seguinte caixa de diálogo:

Figura 9.004

Esta caixa de diálogo exibe campos de parâmetros que utilizaremos para determinar como e onde os subtotais serão exibidos.

O primeiro campo, por padrão, vem exibindo o rótulo da primeira coluna selecionada na tabela de dados. Podemos deixar como está.

O segundo é onde escolhemos a função para ser executada no subtotal. Por padrão o Excel traz selecionada a função Soma.

Em terceiro estão listados os campos existentes na tabela de dados. Podemos então solicitar subtotais de todas as colunas de dados numéricos (Wal Mart, Extra e Carrefour) ou um deles somente.

Mais abaixo temos três caixas de seleção. A primeira possibilita que, caso haja um subtotal já criado, esse seja sobrescrito. A segunda permite a quebra de página entre os grupos de subtotais gerados (pouco utilizado devido ao número de páginas geradas dependendo da tabela e seu conteúdo).

A última caixa de seleção, se marcada, determina que o subtotal aparecerá imediatamente abaixo dos dados dentro da tabela.

Configure a caixa de diálogo da maneira mostrada na figura anterior e clique em OK.

A10 fx Arroz Total

	A	B	C	D	E
1	Produto	Wall Mart	Extra	Carrefour	Média de preços
2	Alho	R$ 4,55	R$ 5,66	R$ 4,85	R$ 5,02
3	Alho Total	R$ 4,55			
4	Almeirão	R$ 0,96	R$ 1,00	R$ 0,96	R$ 0,97
5	Almeirão Total	R$ 0,96			
6	Arroz	R$ 8,00	R$ 8,50	R$ 8,10	R$ 8,20
7	Arroz	R$ 5,15	R$ 5,96	R$ 5,11	R$ 5,41
8	Arroz	R$ 4,00	R$ 3,50	R$ 2,90	R$ 3,47
9	Arroz	R$ 6,52	R$ 8,45	R$ 4,89	R$ 6,62
10	Arroz Total	R$ 23,67			
11	Batatas	R$ 1,99	R$ 1,74	R$ 1,85	R$ 10,00
12	Batatas Total	R$ 1,99			
13	Carne	R$ 8,78	R$ 8,99	R$ 20,00	R$ 12,59
14	Carne Total	R$ 8,78			
15	Couve	R$ 0,90	R$ 1,00	R$ 0,89	R$ 15,00
16	Couve Total	R$ 0,90			
17	Farinha	R$ 2,40	R$ 2,12	R$ 2,55	R$ 2,36
18	Farinha Total	R$ 2,40			
19	Macarrão	R$ 2,00	R$ 1,99	R$ 1,89	R$ 1,96
20	Macarrão Total	R$ 2,00			
21	Manteiga	R$ 2,50	R$ 2,83	R$ 2,78	R$ 2,70
22	Manteiga Tota	R$ 2,50			
23	Sabonete	R$ 1,00	R$ 1,20	R$ 0,90	R$ 1,03
24	Sabonete Tota	R$ 1,00			
25	Sal	R$ 1,00	R$ 1,20	R$ 1,32	R$ 1,17
26	Sal	R$ 1,85	R$ 1,52	R$ 1,86	R$ 1,74
27	Sal	R$ 0,89	R$ 0,95	R$ 1,00	R$ 0,95
28	Sal Total	R$ 3,74			
29	Uva	R$ 2,85	R$ 2,56	R$ 2,56	R$ 2,66
30	Uva Total	R$ 2,85			
31	Total geral	R$ 55,34			

Figura 9.005

Observe que o Excel gerou subtotais abaixo de cada grupo de dados. Para identificar essa afirmação, verifique a linha 10 e 28 na figura anterior.

Tipos de visualização de dados

Podemos visualizar de forma diferente os dados gerados pela ferramenta Subtotal, para isto o Excel 2007 disponibiliza três modos de visualização. São eles:

1 - Total geral

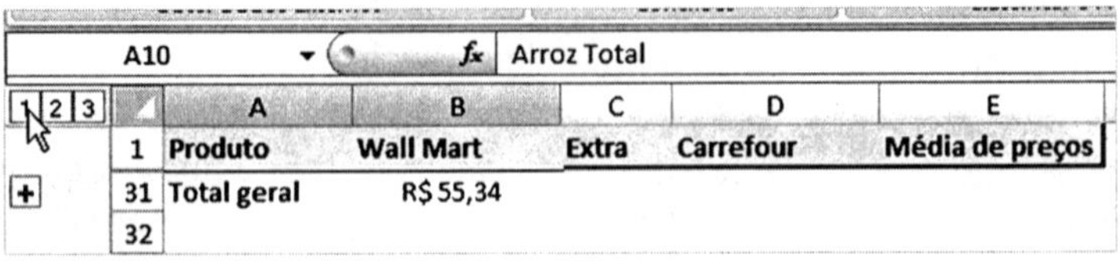

Figura 9.006

2 – Somente os subtotais

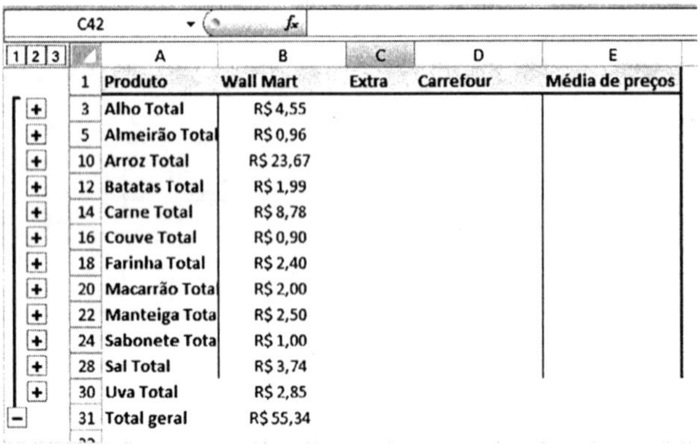

Figura 9.007

Para abrir ou expandir cada grupo, clique uma vez sobre o sinal de adição (+) existente à esquerda do índice de linhas.

3 – Somente os subtotais

Mostra a tabela inteira com todos os grupos expandidos como mostrado na figura a seguir:

	A	B	C	D	E
1	Produto	Wall Mart	Extra	Carrefour	Média de preços
2	Alho	R$ 4,55	R$ 5,66	R$ 4,85	R$ 5,02
3	Alho Total	R$ 4,55			
4	Almeirão	R$ 0,96	R$ 1,00	R$ 0,96	R$ 0,97
5	Almeirão Total	R$ 0,96			
6	Arroz	R$ 8,00	R$ 8,50	R$ 8,10	R$ 8,20
7	Arroz	R$ 5,15	R$ 5,96	R$ 5,11	R$ 5,41
8	Arroz	R$ 4,00	R$ 3,50	R$ 2,90	R$ 3,47
9	Arroz	R$ 6,52	R$ 8,45	R$ 4,89	R$ 6,62
10	Arroz Total	R$ 23,67			

Figura 9.008

Veja a tabela inteira neste tipo de visualização na figura 9.005.

Podemos usar outras funções para obter um resultado diferente; para isso, altere a opção na caixa de diálogo Subtotais no campo Usar função. Consulte a figura 9.004.

Excluindo subtotais

Para excluir subtotais e voltar a ver a tabela do modo original, seleciona-a por completo e clicando em Subtotal no painel Estrutura de tópicos, clique no botão Remover todos.

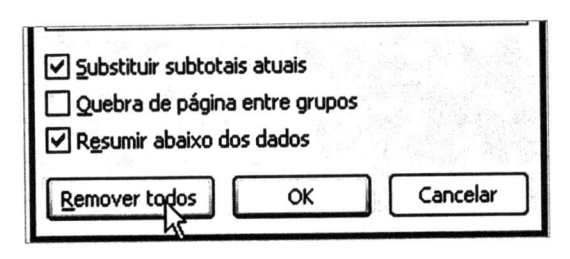

Figura 9.009

Agrupamento de células

O agrupamento de células é um mecanismo usado para organizar grupos de dados da mesma categoria em uma planilha. Por exemplo, imagine uma tabela de cursos oferecidos por uma escola de informática. Vejamos a tabela de exemplo antes do agrupamento:

	A	B	C	D	E	F
2	OuroData - Treinamento em Informática e Idiomas					
3	Tabela de Cursos					
4	Cursos	Duração	Dias p/ sem.	Período	Valor	
5	Informática Profissionalizante					
6	História da computação	6h	1	2h	R$ -	R$ -
7	Inglês Técnico	6h	1	2h	R$ -	R$ -
8	Windows	8h	1	2h	R$ -	R$ -
9	Internet	6h	1	2h	R$ -	R$ -
10	Word	24h	1	2h	R$ -	R$ -
11	Excel	24h	1	2h	R$ -	R$ -
12	PowerPoint	24h	1	2h	R$ -	R$ -
13	Digitação	Distribuída	1	2h	R$ -	R$ -
14						
15	Web Design					
16	HTML	20h	1	2h	R$ -	R$ -
17	PhotoShop	60h	1	2h	R$ -	R$ -
18	DreamWeaver	40h	1	2h	R$ -	R$ -
19	Flash	60h	1	2h	R$ -	R$ -
20	FireWorks	60h	1	2h	R$ -	R$ -
21	CSS	40h	1	2h	R$ -	R$ -
22	FTP	2h	1	2h	R$ -	R$ -
23	Servidor de Hospedagem		1	2h	R$ -	R$ -
24						
25	Artes Gráficas					
26	CorelDraw	60h	1	2h	R$ -	R$ -
27	Gimp	40h	1	2h	R$ -	R$ -
28	Ilustrator	60h	1	2h	R$ -	R$ -
29						
30	Programação					
31	Lógica de Programação	40h	1	2h	R$ -	R$ -
32	JavaScript	40h	1	2h	R$ -	R$ -
33	PHP	60h	1	2h	R$ -	R$ -
34	ASP.NET	60h	1	2h	R$ -	R$ -
35	C#	60h	1	2h	R$ -	R$ -

Figura 9.010

A visualização pode parecer fácil, porém imagine uma tabela com dezenas de categorias; não seria mais fácil e menos cansativo se pudéssemos somente exibir os dados que desejamos visualizar? E isso somente com um clique.

Note que existe uma linha vazia entre os tópicos (14, 24 e 29); essas linhas serão necessárias para que o Excel 2007 separe cada grupo de dados.

Agrupando intervalo de linhas

Tendo feito a tabela como mostrado na figura anterior, selecione o primeiro grupo de linhas de dados , que abrange da linha 6 até a linha 13. Observe:

Subtotais | 183

	Cursos	Duração	Dias p/ sem.	Período	Valor			
4								
5	Informática Profissionalizante							
6	História da computação	6h	1	2h	R$	-	R$	-
7	Inglês Técnico	6h	1	2h	R$	-	R$	-
8	Windows	8h	1	2h	R$	-	R$	-
9	Internet	6h	1	2h	R$	-	R$	-
10	Word	24h	1	2h	R$	-	R$	-
11	Excel	24h	1	2h	R$	-	R$	-
12	PowerPoint	24h	1	2h	R$	-	R$	-
13	Digitação	Distribuída	1	2h	R$	-	R$	-

Figura 9.011

Após selecionar como mostrado na figura 9.011, siga a rota: menu Dados > painel Estrutura de Tópicos > ícone Agrupar. Vejamos:

Figura 9.012

O Excel exibirá a seguinte caixa de diálogo:

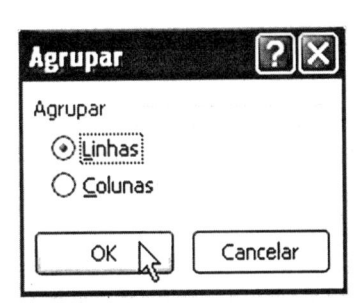

Figura 9.013

Como estamos agrupando intervalo de linhas, então basta clicar no botão OK. Observe agora que algo está diferente no índice de linhas do intervalo selecionado previamente. Veja a figura a seguir:

	4	Cursos
	5	**Informática Profissionalizante**
•	6	História da computação
•	7	Inglês Técnico
•	8	Windows
•	9	Internet
•	10	Word
•	11	Excel
•	12	PowerPoint
•	13	Digitação
	14	

Figura 9.014

Observe que existe uma linha na vertical identificando o agrupamento das linhas 6, 7, 8, 9, 10, 11, 12 e 13. Na parte inferior da linha temos um símbolo de subtração (-), clicando sobre ele o intervalo será ocultado e o símbolo se converterá num sinal de adição (+). Vejamos:

3		Tabela de Cursos				
4	Cursos		Duração	Dias p/ sem.	Período	Valor
5	Informática Profissionalizante					
14						
15	Web Design					

Figura 9.015

Repita os passos explicados anteriormente e aplique a mesma configuração a todos os tópicos; lembrando sempre que a tabela deve conter uma linha vazia entre cada tópico e que não devemos incluir essa linha nem a linha do tópico no intervalo selecionado.

Vejamos um exemplo da tabela toda agrupada por tópicos com somente um deles expandido:

Figura 9.016

Nota: Para expandir cada tópico, basta clicar sobre o símbolo de adição e para ocultá-lo é somente clicar sobre o sinal de subtração.

Modos de visualização

O Excel ainda oferece uma maneira prática e rápida de exibir tópicos ou tabela; dessa forma, com um único clique podemos visualizar de diferentes modos a tabela de dados. Para alterar o modo de visualização, escolha uma das opções de números no canto superior esquerdo da tela. Vejamos:

Figura 9.017

O número 1 exibe os tópicos somente enquanto que o 2 exibe a tabela de dados por completo.

Esta ferramenta não anula a utilidade dos símbolos adição e subtração (+ e -), pois para expandir ou ocultar grupos individuais fazemos uso desses.

Desagrupando intervalo

Para desagrupar um intervalo de linhas, primeiramente nós precisamos expandir o intervalo, caso esse esteja oculto.

Com o intervalo expandido, devemos selecionar o intervalo da mesma maneira que fizemos quando o agrupamos e, por fim, devemos clicar no ícone Desagrupar no painel Estrutura de Tópicos. Vejamos:

Figura 9.018

Limpando estruturas de tópicos de uma só vez

Para limparmos todas as estruturas de tópicos criadas de uma só vez, basta irmos ao painel Estrutura de Tópicos e clicarmos na seta do ícone Desagrupar e optar por Limpar estrutura de tópicos.

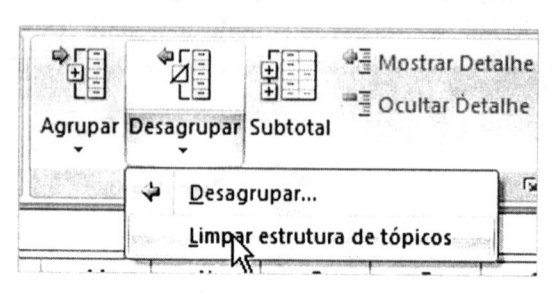

Figura 9.019

Podemos ainda criar grupos baseado em intervalo de colunas; para isso, basta reverter tudo que foi visto até agora para as colunas, ou seja, ao clicar em Agrupar surgirá a caixa de diálogo Agrupar, marque nessa caixa a opção Colunas; dessa forma, o agrupamento será criado por colunas.

Remoção de dados duplicados

A ferramenta de remoção de dados duplicados é utilizada para corrigir erros de repetição em uma coluna. Sua utilização deve ser bastante criteriosa e cuidadosa, pois nem sempre remover dados duplicados é uma ação correta.

Removendo dados duplicados

A primeira coisa a fazer é selecionar a tabela na qual se encontra a coluna a ser filtrada para remoção de duplicatas.

	A	B	C	D	E
1	Produto	Wall Mart	Extra	Carrefour	Média de preços
2	Alho	R$ 4,55	R$ 5,66	R$ 4,85	R$ 5,02
3	Almeirão	R$ 0,96	R$ 1,00	R$ 0,96	R$ 0,97
4	Arroz	R$ 8,00	R$ 8,50	R$ 8,10	R$ 8,20
5	Arroz	R$ 5,15	R$ 5,96	R$ 5,11	R$ 5,41
6	Arroz	R$ 4,00	R$ 3,50	R$ 2,90	R$ 3,47
7	Arroz	R$ 6,52	R$ 8,45	R$ 4,89	R$ 6,62
8	Batatas	R$ 1,99	R$ 1,74	R$ 1,85	R$ 10,00
9	Carne	R$ 8,78	R$ 8,99	R$ 20,00	R$ 12,59
10	Couve	R$ 0,90	R$ 1,00	R$ 0,89	R$ 15,00
11	Farinha	R$ 2,40	R$ 2,12	R$ 2,55	R$ 2,36
12	Macarrão	R$ 2,00	R$ 1,99	R$ 1,89	R$ 1,96
13	Manteiga	R$ 2,50	R$ 2,83	R$ 2,78	R$ 2,70
14	Sabonete	R$ 1,00	R$ 1,20	R$ 0,90	R$ 1,03
15	Sal	R$ 1,00	R$ 1,20	R$ 1,32	R$ 1,17
16	Sal	R$ 1,85	R$ 1,52	R$ 1,86	R$ 1,74
17	Sal	R$ 0,89	R$ 0,95	R$ 1,00	R$ 0,95
18	Uva	R$ 2,85	R$ 2,56	R$ 2,56	R$ 2,66

Figura 9.020

Perceba que a nossa tabela possui dados repetidos na coluna Produto; o objetivo neste caso é justamente eliminá-los, deixando somente uma ocorrência.

Depois de selecionada por completo, siga a rota: menu Dados > painel Ferramentas de Dados > ícone Remover Duplicatas. Vejamos:

Figura 9.021

Vejamos então a caixa de diálogo apresentada:

Figura 9.022

Nesta caixa é apresentada a lista de colunas existentes na tabela previamente selecionada; em nosso exemplo, vamos manter somente a tabela Produto selecionada, desmarque as demais clicando na caixa de marcação à esquerda de cada campo.

Por padrão, o Excel 2007 traz a caixa Meus dados contêm cabeçalho, selecionada. Na maioria dos casos esta deverá ser deixada assim. Consulte a sua tabela.

Caso queira, poderá usar os botões Selecionar Todas e Anular Todas as Seleções. Esses são úteis principalmente quando temos uma tabela extensa.

Tendo então deixado somente o campo Produto marcado na lista de colunas...

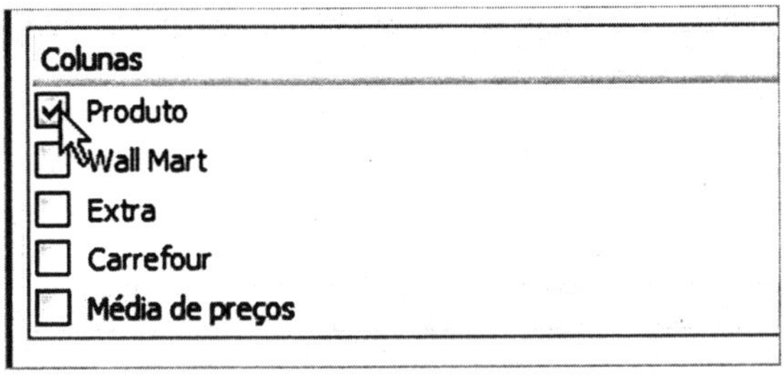

```
Colunas
☑ Produto
☐ Wall Mart
☐ Extra
☐ Carrefour
☐ Média de preços
```

Figura 9.023

...clique então no botão OK. Vejamos o resultado:

	A	B	C	D	E
1	Produto	Wall Mart	Extra	Carrefour	Média de preços
2	Alho	R$ 4,55	R$ 5,66	R$ 4,85	R$ 5,02
3	Almeirão	R$ 0,96	R$ 1,00	R$ 0,96	R$ 0,97
4	Arroz	R$ 8,00	R$ 8,50	R$ 8,10	R$ 8,20
5	Batatas	R$ 1,99	R$ 1,74	R$ 1,85	R$ 10,00
6	Carne	R$ 8,78	R$ 8,99	R$ 20,00	R$ 12,59
7	Couve	R$ 0,90	R$ 1,00	R$ 0,89	R$ 15,00
8	Farinha	R$ 2,40	R$ 2,12	R$ 2,55	R$ 2,36
9	Macarrão	R$ 2,00	R$ 1,99	R$ 1,89	R$ 1,96
10	Manteiga	R$ 2,50	R$ 2,83	R$ 2,78	R$ 2,70
11	Sabonete	R$ 1,00	R$ 1,20	R$ 0,90	R$ 1,03
12	Sal	R$ 1,00	R$ 1,20	R$ 1,32	R$ 1,17

Figura 9.024

Note que as linhas que continham o rótulo repetido foram removidas.

Conversão de texto em colunas

Usamos a ferramenta Conversão de Texto em Colunas para separar conteúdo de célula simples, bem como nomes e sobrenomes, estruturando-os em colunas separadas.

Um exemplo do uso desse atributo seria para o caso em uma tabela de nomes já criada onde o nome e o sobrenome foram inseridos na mesma célula. Quando surge a necessidade de separar os nomes dos sobrenomes para fins de filtragem, por exemplo, essa ferramenta agiliza a tarefa minimizando o trabalho e o tempo gasto.

O primeiro passo é selecionar a coluna na qual se encontram os nomes e sobrenomes na mesma célula.

Como exemplo didático, alterei a nossa boa e velha tabela para que fique bem claro o uso da ferramenta de conversão. Observe o exemplo na coluna Produto:

	A
1	Produto
2	Alho Roxo
3	Alho Comum
4	Arroz Tipo1
5	Arroz Tipo2
6	Arroz Tipo3
7	Batata Doce
8	Batata Baroa
9	Couve Manteiga
10	Couve Flor
11	Macarrão Espaghetti
12	Manteiga Salgada
13	Manteiga Amarela
14	Sal Sisne
15	Sal Lebre
16	Sal Granulado

Figura 9.025

Podemos ver que cada produto listado contém nome e tipo na mesma célula.

Este tipo de estrutura não é aconselhável no Excel, pois poderá dificultar o trabalho de filtros e uso dos dados, e também a busca por tipo de produto.

Antes de separarmos os dados, vamos adicionar uma coluna à direita da coluna A. Depois de adicionada a tabela como mostrada a seguir:

	A	B	C	D	E	F
1	Produto	Tipo	Wall Mart	Extra	Carrefour	Média de preços
2	Alho Roxo		R$ 4,55	R$ 5,66	R$ 4,85	R$ 5,02
3	Alho Comum		R$ 3,98	R$ 4,56	R$ 5,25	R$ 4,60
4	Arroz Tipo1		R$ 8,00	R$ 8,50	R$ 8,10	R$ 8,20
5	Arroz Tipo2		R$ 5,15	R$ 5,96	R$ 5,11	R$ 5,41
6	Arroz Tipo3		R$ 4,00	R$ 3,50	R$ 2,90	R$ 3,47
7	Batata Doce		R$ 1,99	R$ 1,74	R$ 1,85	R$ 10,00
8	Batata Baroa		R$ 8,78	R$ 8,99	R$ 20,00	R$ 12,59
9	Couve Manteiga		R$ 0,90	R$ 1,00	R$ 0,89	R$ 15,00
10	Couve Flor		R$ 2,40	R$ 2,12	R$ 2,55	R$ 2,36
11	Macarrão Espaghetti		R$ 2,00	R$ 1,99	R$ 1,89	R$ 1,96
12	Manteiga Salgada		R$ 2,50	R$ 2,83	R$ 2,78	R$ 2,70
13	Manteiga Amarela		R$ 1,00	R$ 1,20	R$ 0,90	R$ 1,03
14	Sal Sisne		R$ 1,00	R$ 1,20	R$ 1,32	R$ 1,17
15	Sal Lebre		R$ 1,85	R$ 1,52	R$ 1,86	R$ 1,74
16	Sal Granulado		R$ 0,89	R$ 0,95	R$ 1,00	R$ 0,95

Figura 9.026

Observe que a nova coluna recebeu o rótulo Tipo, isto porque ela comportará os tipos, até então inseridos juntos com os nomes na coluna A.

Agora vamos à separação dos dados; para isso, primeiramente selecione a coluna A (Produto) partindo da linha 2 até a linha 16. Feito isto, siga a rota: menu Dados > painel Ferramentas de dados > ícone Texto para Colunas. Vejamos:

Figura 9.027

Surgirá então a caixa de diálogo que segue:

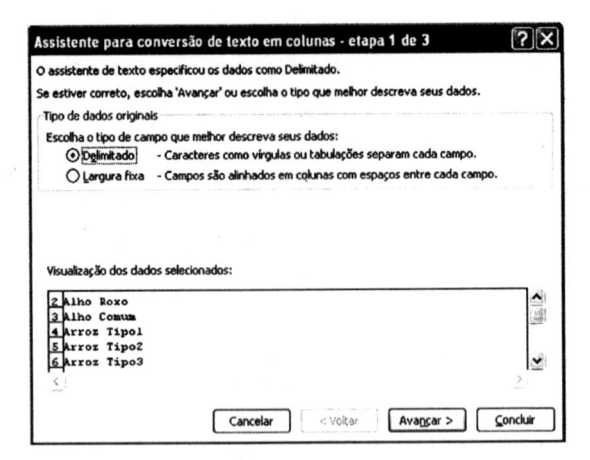

Figura 9.028

Nesta primeira tela da caixa de diálogo passamos para o Excel os parâmetros que mais identificam o texto original que será convertido; nesse caso, não precisamos alterar nada, pois os nossos dados vêm de uma planilha e os nomes e tipos não estão em colunas alinhadas.

Clique em Avançar e vejamos a próxima tela:

Figura 9.029

Nesta tela definimos mais alguns detalhes para que o Excel converta o mais perfeito possível os dados originais. No caso, marque a caixa Espaço, pois os dados originais estão separados por espaço. No campo Qualificador de texto, escolha Nenhum, pois o texto original, no nosso caso, não possui qualificadores do tipo aspas, pontos, vírgulas e etc.

Clique em Avançar para vermos a próxima tela:

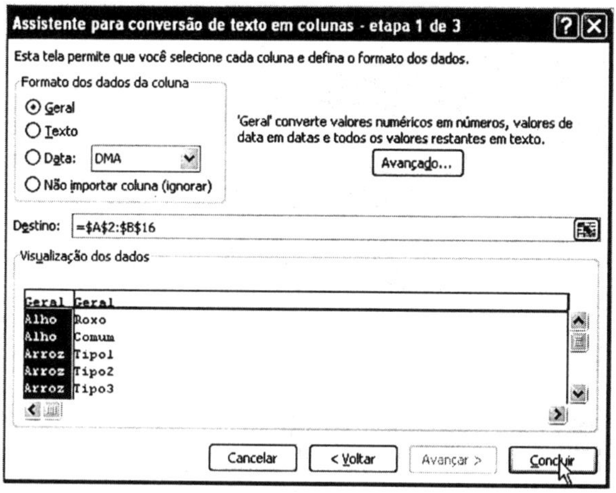

Figura 9.030

Mantenha o campo Geral selecionado, assim é possível evitar que algum dado seja deixado de fora e o Excel aceitará qualquer tipo de dado contido na célula.

O campo Destino é onde especificamos onde queremos que a nova estrutura seja aplicada; no nosso caso, pretendemos aplicá-la nas colunas A e B dando assim sentido ao trabalho executado.

Clique no botão à direita do campo Destino e selecione o intervalo A2 até B16 que é exatamente o intervalo referente às colunas A e B "sem os rótulos" de colunas. Observe:

	A	B	C
1	Produto	Tipo	Wall Mai
2	Alho Roxo		R$ 4,55
3	Alho Comum		R$ 3,98
4	Arroz Tipo1		R$ 8,00
5	Arroz Tipo2		R$ 5,15
6	Arroz Tipo3		R$ 4,00
7	Batata Doce		R$ 1,99
8	Batata Baroa		R$ 8,78
9	Couve Manteiga		R$ 0,90
10	Couve Flor		R$ 2,40
11	Macarrão Espaghetti		R$ 2,00
12	Manteiga Salgada		R$ 2,50
13	Manteiga Amarela		R$ 1,00
14	Sal Sisne		R$ 1,00
15	Sal Lebre		R$ 1,85
16	Sal Granulado		R$ 0,89
17			15L x 2C

Figura 9.031

O Excel 2007 exibirá um alerta sobre a substituição dos dados da coluna A (Produto). Vejamos:

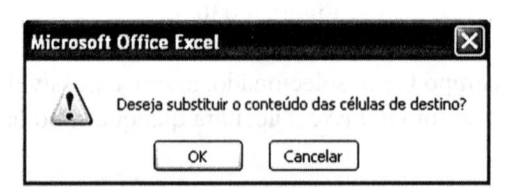

Microsoft Office Excel

⚠ Deseja substituir o conteúdo das células de destino?

[OK] [Cancelar]

Figura 9.032

Clique em OK para confirmar. Vejamos o resultado da conversão e inserção dos dados separadamente na coluna A e B (Produto e Tipo):

	A	B	C	D	E	F
1	Produto	Tipo	Wall Mart	Extra	Carrefour	Média de preços
2	Alho	Roxo	R$ 4,55	R$ 5,66	R$ 4,85	R$ 5,02
3	Alho	Comum	R$ 3,98	R$ 4,56	R$ 5,25	R$ 4,60
4	Arroz	Tipo1	R$ 8,00	R$ 8,50	R$ 8,10	R$ 8,20
5	Arroz	Tipo2	R$ 5,15	R$ 5,96	R$ 5,11	R$ 5,41
6	Arroz	Tipo3	R$ 4,00	R$ 3,50	R$ 2,90	R$ 3,47
7	Batata	Doce	R$ 1,99	R$ 1,74	R$ 1,85	R$ 10,00
8	Batata	Baroa	R$ 8,78	R$ 8,99	R$ 20,00	R$ 12,59
9	Couve	Manteiga	R$ 0,90	R$ 1,00	R$ 0,89	R$ 15,00
10	Couve	Flor	R$ 2,40	R$ 2,12	R$ 2,55	R$ 2,36
11	Macarrão	Espaghetti	R$ 2,00	R$ 1,99	R$ 1,89	R$ 1,96
12	Manteiga	Salgada	R$ 2,50	R$ 2,83	R$ 2,78	R$ 2,70
13	Manteiga	Amarela	R$ 1,00	R$ 1,20	R$ 0,90	R$ 1,03
14	Sal	Cisne	R$ 1,00	R$ 1,20	R$ 1,32	R$ 1,17
15	Sal	Lebre	R$ 1,85	R$ 1,52	R$ 1,86	R$ 1,74
16	Sal	Granulado	R$ 0,89	R$ 0,95	R$ 1,00	R$ 0,95

Figura 9.033

Para cada tipo de dados de origem e formatação e disposição desses dados, a configuração dos campos das telas do Assistente de conversão poderá ser diferente. Note bem os detalhes de origem e procure fornecer o máximo possível de informação, para que o resultado de conversão seja satisfatório.

Consolidação de dados

Usamos a ferramenta Consolidar para resumir e ou relatar os resultados de planilhas separadas ou até mesmo de uma mesma planilha que contenha rótulos repetidos. Nós podemos consolidar dados de cada planilha separada em uma planilha principal. As planilhas podem estar na mesma pasta de trabalho que a planilha principal ou em outras pastas de trabalho. Ao consolidar dados, você estará montando uma nova planilha resumida usando os dados extraídos de várias outras planilhas para que possa utilizá-los ou agregá-los com mais facilidade.

Um exemplo seria se tivéssemos uma planilha de valores de despesa de cada um dos escritórios de filiais, poderíamos utilizar a ferramenta consolidação para combinar esses valores em uma planilha de despesas englobando todas as filiais.

Consolidando dados da mesma planilha

O primeiro passo antes de gerar a consolidação é determinar um local externo á tabela para a inserção dos dados consolidados. Usaremos o espaço na parte inferior da tabela; para isso, devemos clicar na célula superior esquerda da área em que desejamos exibir os dados consolidados.

> Devemos nos certificar de que existam células suficientes à direita e abaixo dessa célula para a inserção dos dados consolidados. O comando Consolidar preencherá a área conforme necessário.

Selecione com um clique uma célula da planilha a partir da qual deseja exibir os dados consolidados. Feito isso, siga a rota: menu Dados > painel Ferramentas de Dados > ícone Consolidar. Observemos a figura que segue:

Figura 9.034

Ao clicar no ícone indicado, o Excel 2007 exibirá a seguinte caixa de diálogo:

Figura 9.035

Campo Função – Este campo lista as funções que podemos usar para gerar os resultados da consolidação.

Campo Referência – Diz respeito à tabela de dados de origem. Para esse campo. podemos usar dois modos de seleção de dados, o primeiro clicando no botão indicado pelo ponteiro do mouse na figura anterior: ao clicar nessa opção, podemos selecionar a tabela de dados de origem.

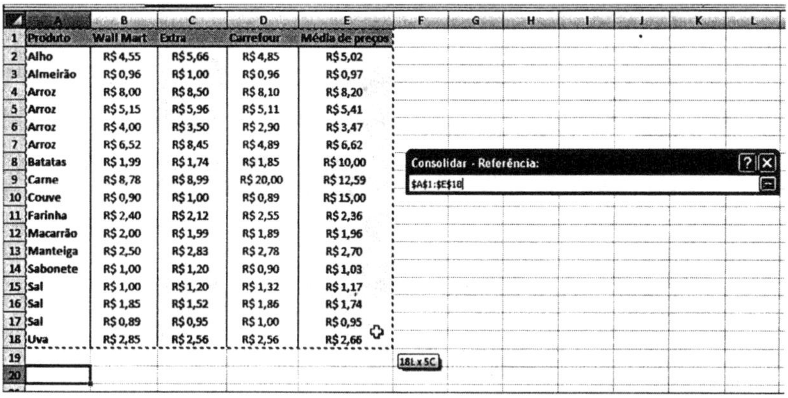

Produto	Wall Mart	Extra	Carrefour	Média de preços
Alho	R$ 4,55	R$ 5,66	R$ 4,85	R$ 5,02
Almeirão	R$ 0,96	R$ 1,00	R$ 0,96	R$ 0,97
Arroz	R$ 8,00	R$ 8,50	R$ 8,10	R$ 8,20
Arroz	R$ 5,15	R$ 5,96	R$ 5,11	R$ 5,41
Arroz	R$ 4,00	R$ 3,50	R$ 2,90	R$ 3,47
Arroz	R$ 6,52	R$ 8,45	R$ 4,89	R$ 6,62
Batatas	R$ 1,99	R$ 1,74	R$ 1,85	R$ 10,00
Carne	R$ 8,78	R$ 8,99	R$ 20,00	R$ 12,59
Couve	R$ 0,90	R$ 1,00	R$ 0,89	R$ 15,00
Farinha	R$ 2,40	R$ 2,12	R$ 2,55	R$ 2,36
Macarrão	R$ 2,00	R$ 1,99	R$ 1,89	R$ 1,96
Manteiga	R$ 2,50	R$ 2,83	R$ 2,78	R$ 2,70
Sabonete	R$ 1,00	R$ 1,20	R$ 0,90	R$ 1,03
Sal	R$ 1,00	R$ 1,20	R$ 1,32	R$ 1,17
Sal	R$ 1,85	R$ 1,52	R$ 1,86	R$ 1,74
Sal	R$ 0,89	R$ 0,95	R$ 1,00	R$ 0,95
Uva	R$ 2,85	R$ 2,56	R$ 2,56	R$ 2,66

Figura 9.036

Observe que selecionei a célula A20 para ser a base de inserção do resultado da consolidação dos dados.

Botão Procurar – Através deste botão podemos localizar planilhas externas em outras pastas de documentos. Falaremos mais adiante sobre esta opção.

Botão Adicionar – Clique neste botão para adicionar a referência de intervalo à lista. Futuramente você poderá usar esse intervalo.

Botão Excluir – Clique neste botão para excluir uma referência selecionada na lista.

Campos Linha superior e Coluna esquerda – Ao marcar esses campos, a tabela de resultado exibirá os rótulos de linha ou coluna, dependendo dos que forem selecionados.

Campos Criar vínculos com dados de origem – Ao marcar este campo o Excel manterá conectadas todas as tabelas envolvidas na consolidação; dessa forma as atualizações nas tabelas dependentes serão repassadas para a tabela de resultado.

> O campo Criar vínculos com dados de origem somente estará disponível quando uma tabela externa for selecionada através do botão Procurar e a referência for selecionada na lista central.

Mantenha a função Soma selecionada, e ao selecionar a tabela inteira e clicar no mesmo botão novamente, veja que sua caixa de diálogo ficará assim:

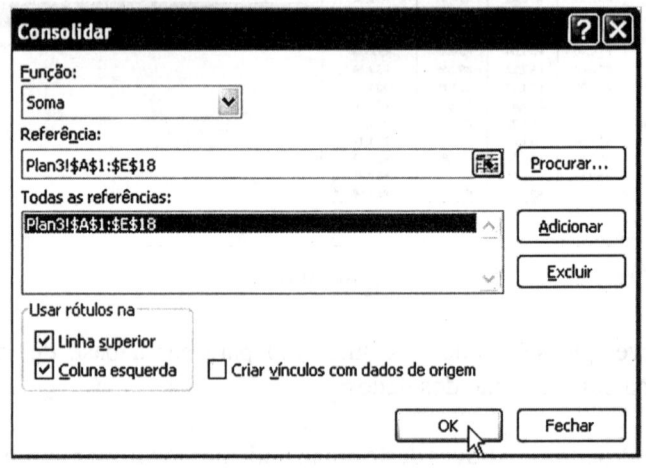

Figura 9.037

Ao clicar em Ok, o Excel exibirá a partir da célula selecionada o resultado da consolidação. Vejamos:

		Wall Mart	Extra	Carrefour	Média de preços
19					
20		Wall Mart	Extra	Carrefour	Média de preços
21	Alho	R$ 4,55	R$ 5,66	R$ 4,85	R$ 5,02
22	Almeirão	R$ 0,96	R$ 1,00	R$ 0,96	R$ 0,97
23	Arroz	R$ 23,67	R$ 26,41	R$ 21,00	R$ 23,69
24	Batatas	R$ 1,99	R$ 1,74	R$ 1,85	R$ 10,00
25	Carne	R$ 8,78	R$ 8,99	R$ 20,00	R$ 12,59
26	Couve	R$ 0,90	R$ 1,00	R$ 0,89	R$ 15,00
27	Farinha	R$ 2,40	R$ 2,12	R$ 2,55	R$ 2,36
28	Macarrão	R$ 2,00	R$ 1,99	R$ 1,89	R$ 1,96
29	Manteiga	R$ 2,50	R$ 2,83	R$ 2,78	R$ 2,70
30	Sabonete	R$ 1,00	R$ 1,20	R$ 0,90	R$ 1,03
31	Sal	R$ 3,74	R$ 3,67	R$ 4,18	R$ 3,86
32	Uva	R$ 2,85	R$ 2,56	R$ 2,56	R$ 2,66
33					

Figura 9.038

Caso não tenha entendido exatamente o que ocorreu, observe as linhas 23 e 31 e veja que os valores foram somados e não há repetição de rótulo. Compare essa tabela com a mostrada na figura 9.036.

Consolidando dados de várias tabelas na mesma planilha

Como exemplo, utilizaremos três tabelas que registram dados de funcionários de Janeiro a Fevereiro. Através da consolidação de dados poderemos extrair informações importantes a respeito dos desses funcionários. Vejamos as tabelas:

	A	B	C	D	E	F	G	H	I	J	K	L	M	N
1		Janeiro					Fevereiro					Março		
2	Funcionário	Presença	Faltas	Extras		Funcionário	Presença	Faltas	Extras		Funcionário	Presença	Faltas	Extras
3	Joseli	27	3	12		Joseli	20	7	4		Joseli	27	3	21
4	Thuane	28	2	15		Thuane	20	10	5		Thuane	28	2	15
5	Thayná	23	7	9		Thayná	24	6	9		Thayná	27	3	9
6	wallace	21	9	8		wallace	24	6	2		wallace	21	9	5
7	Thábata	30	0	6		Thábata	12	18	6		Thábata	27	3	6
8	Baby	20	10	3		Baby	13	17	3		Baby	20	10	8
9	Wesley	19	11	7		Wesley	16	14	12		Wesley	27	3	9
10	Ivan	25	5	9		Ivan	15	15	9		Ivan	25	5	7
11	Luizinho	25	5	1		Luizinho	16	14	4		Luizinho	27	3	1
12	Gnomo	28	2	5		Gnomo	13	17	5		Gnomo	25	5	5
13	Thales	26	4	6		Thales	19	11	13		Thales	21	9	1

Figura 9.039

Clique na célula onde quer que os dados consolidados apareçam e clique em Consolidar no painel Ferramentas de Dados.

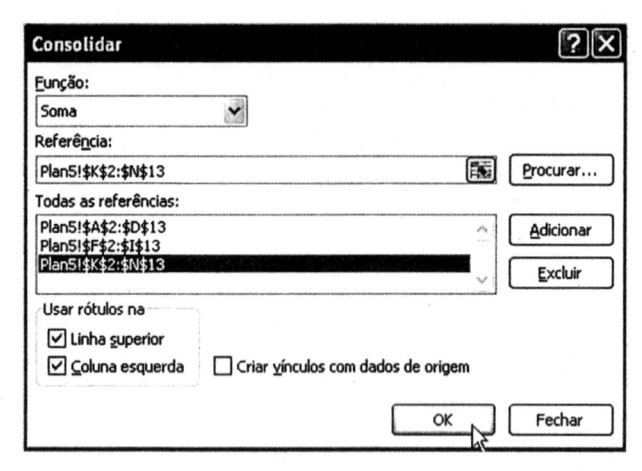

Figura 9.040

Usando o mesmo método explicado no exemplo anterior, devemos criar três referências e adicioná-las na lista Todas as referencias.

Caso não consiga ainda criar as referências, basta clicar no botão à direita do campo Referência e selecionar o intervalo de dados que fará parte da consolidação, ou seja, a tabela dados. Vejamos:

Figura 9.041

Para voltar a ver a caixa de diálogo inteira, clique novamente no botão à direita do campo.

Agora com as três referências na lista, clique em OK para ver o resultado. Vejamos:

		Presença	Faltas	Extras
15				
16	Joseli	74	13	37
17	Thuane	76	14	35
18	Thayná	74	16	27
19	wallace	66	24	15
20	Thábata	69	21	18
21	Baby	53	37	14
22	Wesley	62	28	28
23	Ivan	65	25	25
24	Luizinho	68	22	6
25	Gnomo	66	24	15
26	Thales	66	24	20

Figura 9.042

Temos aqui então os dados gerais somados de todos os funcionários nos três primeiros meses do ano. Use outra função de acordo com a sua necessidade para exibir resultados.

Consolidando dados de planilhas diferentes

Este processo é semelhante ao mostrado com tabelas da mesma planilha. O único diferencial é no momento da seleção da referência, quando devemos ir até a planilha que se encontra a tabela de dados.

Um exemplo seria criarmos uma tabela consolidada na Planilha 5 usando uma referência de dados da Planilha 1. Nesse caso, basta selecionar a planilha antes de selecionar o intervalo de dados.

Consolidando dados de documentos diferentes

Este processo também é semelhante ao mostrado com tabelas da mesma planilha. O único diferencial é no momento clicar no botão de seleção, quando devemos clicar em Procurar.

Clique na célula onde deseja exibir os dados e clique em Consolidar no painel Ferramentas de Dados. Feito isto, clique no botão Procurar na caixa de diálogo. Vejamos:

Figura 9.043

Ao clicar em Procurar, o Windows exibirá uma caixa de diálogo para localização do arquivo. Localize-o e clique em OK. Observe:

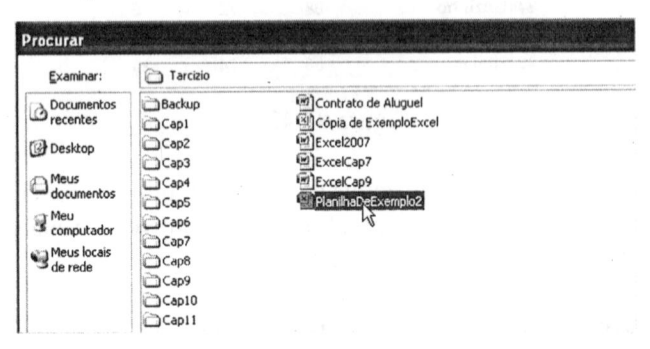

Figura 9.044

A caixa de diálogo novamente será exibida para visualização do caminho do arquivo externo e para configuração de detalhes. Vejamos:

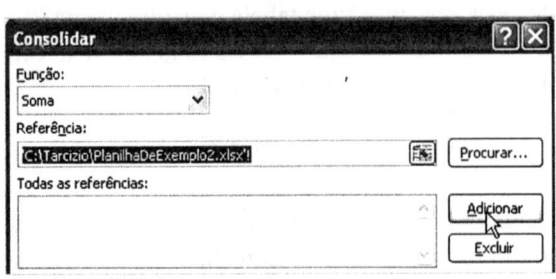

Figura 9.045

Clique agora em Adicionar para inserir a referência na lista central. Feito isto, siga os mesmos passos ensinados anteriormente.

Capítulo 10

Análise hipotética

O Excel disponibiliza ferramentas para efetuarmos análises hipotéticas ou previsão de resultados. Estas ferramentas fazem parte de um conjunto de comandos criado especialmente para esse fim.

Nota: Análise hipotética é um processo de alteração dos valores em células variáveis para saber como essas alterações afetam o resultado final gerado pelas fórmulas na planilha. Por exemplo, variar a taxa de juros usada em uma tabela de amortização para determinar o valor dos pagamentos ou aumentar a produção com redução de perdas de material para alcançar maiores lucros.

Cenário

Um cenário é um conjunto de valores que o MS Excel 2007 salva e pode substituir automaticamente na sua planilha. Nós podemos usar cenários para prever o resultado de um modelo de planilha. Podemos ainda criar e salvar diferentes grupos de valores em uma planilha e alternar para qualquer um desses novos cenários para exibir resultados diferentes.

Vamos tomar como exemplo a tabela Vendas de Janeiro, mostrada na figura seguinte.

	A	B	C	D
1		Vendas de Janeiro		
2	Período	Valor bruto	Custo	Lucro Líquido
3	1º semana	R$ 25.000,00	R$ 11.000,00	R$ 14.000,00
4	2º semana	R$ 29.600,00	R$ 15.000,00	R$ 14.600,00
5	3º semana	R$ 34.200,00	R$ 19.000,00	R$ 15.200,00
6	4º semana	R$ 38.800,00	R$ 23.000,00	R$ 15.800,00
7	4	R$ 127.600,00	R$ 68.000,00	R$ 59.600,00
8	Total de sem.	Receita bruta	Custo tatal	Lucro líquido
9	4	R$ 127.600,00	R$ 68.000,00	R$ 59.600,00

Figura 10.001

Selecione as células B9 e C9 conforme mostrado na figura 10.001. Feito isto, siga a rota: menu Dados > painel Ferramentas de Dados > ícone Teste de Hipóteses > Gerenciador de Cenários. Vejamos:

Figura 10.002

O Excel exibirá a caixa de diálogo que segue:

Figura 10.003

Clique no botão Adicionar, conforme mostrado na figura anterior. Observe a próxima caixa de diálogo:

Análise hipotética | 205

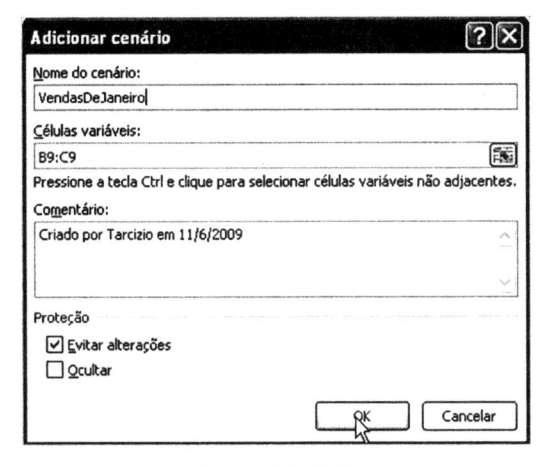

Figura 10.004

Dê um nome para o cenário no respectivo campo e, estando tudo conforme mostrado na figura 10.004, clique em OK.

Mantenha o campo Evitar alterações selecionado, pois assim os campos envolvidos da tabela principal não sofrerão alteração. Caso não apareça o intervalo de células no campo Células variáveis, use o botão à direita do campo para selecionar o intervalo.

O Excel apresentará então a caixa de diálogo mostrada a seguir.

Figura 10.005

Nesta caixa inserimos um valor estimado em ambos os campos, sendo o primeiro (superior) para as vendas e o segundo campo (inferior) para os custos, ou seja, qual seria o lucro em uma receita bruta de R$ 300.000,00 a um custo estimado de R$ 125.000,00? Configure-a conforme mostrado e clique novamente em OK:

Clique no botão Resumir, à direita da caixa de diálogo para ver lado a lado o cenário atual e as projeções futuras em uma planilha. Vejamos:

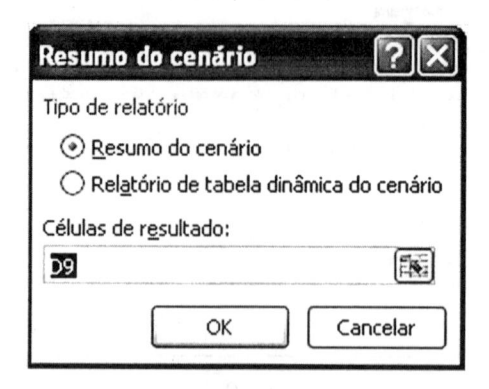

Figura 10.006

Deixe marcada a opção Resumo de cenário e observe o campo Células de resultado. Nesse campo devemos digitar o local que sofrerá alteração no resultado. Neste caso é a célula D9. Confirme:

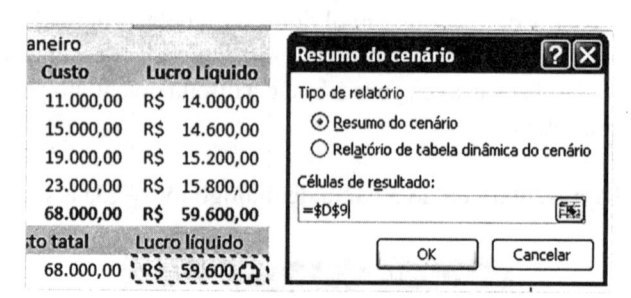

Figura 10.007

Clique em OK para ver o resultado final. Repare que o Excel gerou uma nova planilha com o nome de Resumo do cenário. Observe:

```
Resumo do cenário
                    Valores atuais:   VendasDeJaneiro
Células variáveis:
        $B$9    R$  127.600,00    R$  300.600,00
        $C$9    R$   68.000,00    R$  125.000,00
Células de resultado:
        $D$9    R$   59.600,00    R$  175.600,00
Observações: A coluna Valores atuais representa os valores das células
variáveis no momento em que o Relatório de Resumo do Cenário foi criado.
As células variáveis para cada cenário estão destacadas em cinza.
```

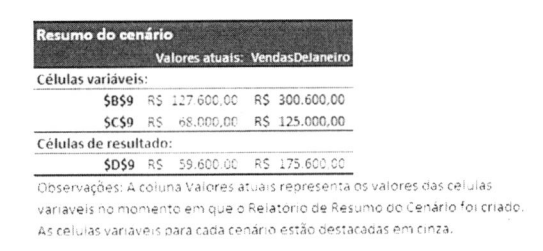

Figura 10.008

Observe a legenda escrita sob a tabela. Nela podemos entender exatamente o que ocorreu e a quais resultados chegamos.

Mostrando os resultados na tabela original

Para mostrar os resultados na tabela principal baseado em um cenário pré-configurado e selecionado na lista, siga a rota: selecione o Cenário na lista > menu Dados > painel Ferramentas de Dados > ícone Teste de Hipóteses > Gerenciador de Cenários. Vejamos a caixa de diálogo e clique no botão Mostrar:

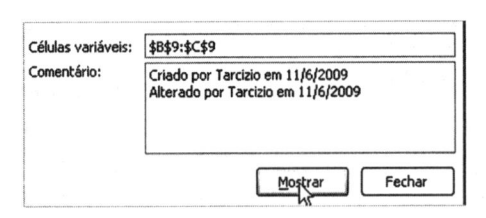

```
Células variáveis:   $B$9:$C$9
Comentário:          Criado por Tarcizio em 11/6/2009
                     Alterado por Tarcizio em 11/6/2009

                                    [ Mostrar ]  [ Fechar ]
```

Figura 10.009

Selecione o cenário criado previamente na lista e clique em Mostrar. O Excel exibirá o resultado diretamente nos campos envolvidos na tabela. Vejamos:

3º semana	R$ 34.200,00	R$ 19.000,00	R$ 15.200,00
4º semana	R$ 38.800,00	R$ 23.000,00	R$ 15.800,00
4	R$ 127.600,00	R$ 68.000,00	R$ 59.600,00
Total de sem.	Receita bruta	Custo tatal	Lucro líquido
4	R$ 300.600,00	R$ 125.000,00	R$ 175.600,00

Figura 10.010

Experimente mesclar cenários com outros de outras planilhas; para isso use o botão Mesclar da caixa principal. Para acessá-la, proceda como se fosse criar um novo cenário, mas em vez de clicar em Adicionar opte por Mesclar.

Atingir Meta

Suponha que queremos aplicar o nosso dinheiro, porém não sabemos que valor aplicar para atingir um montante no final do período do empréstimo. Para essa circunstância, podemos usar a ferramenta Atingir Meta, pois ela nos oferece meios de prever o capital que deverá ser investido e o valor a ser atingido no montante e ainda gerenciar a taxa de juros paga pelo banco ou instituição financeira.

Essa ferramenta poderá ser usada para ajudar o investidor a comparar taxas oferecidas pelas instituições e assim encontrar o melhor negócio para a sua aplicação.

O exemplo que usaremos para demonstrar o uso da ferramenta leva em consideração que os juros são fixos e mensais, ou seja, os juros não renderão juros. Vejamos a nossa tabela:

A	B	C	D
Tabela de investimento			
Valor do investimento	Prazo	Juros/m	Montante
10.000,00	24,00	7%	26.800,00

Figura 10.011

No caso da tabela anterior, a célula D3 possui uma fórmula que exibe o montante. Esse processo é necessário para usarmos a ferramenta Atingir Meta. A sintaxe da fórmula usada na célula D3 é: =A3*C3*B3+A3.

Temos como capital de investimento de R$ 10.000,00, pelo prazo de 24 meses, a juros de 7% ao mês e tendo como montante ou valor final a receber R$ 26.800,00.

Nesse momento surge uma questão: Quanto preciso investir para que o meu valor montante atinja R$ 45.000,00 mantendo a mesma taxa de juros?

Bom, para realizar essa façanha, primeiramente selecione a célula que contém o resultado ou montante atual, que no nosso caso é a célula D3. Feito isto, siga a rota: menu Dados > painel Ferramentas de Dados > ícone Teste de Hipóteses > Atingir meta. Vejamos a caixa de diálogo:

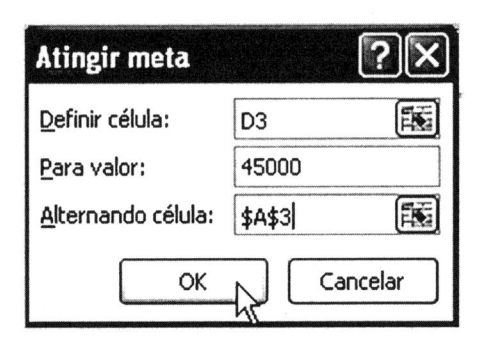

Figura 10.012

Observe que o campo Definir célula vem preenchido com o endereço D3.

No campo Para valor, escreva 45000 (equivalente e R$ 45.000,00) que é o valor final que desejamos obter, porém ainda não sabemos quanto aplicar para atingi-lo como montante.

No último campo (Alternando célula) devemos inserir o endereço da célula que contém o valor da aplicação atual.

Caso prefira, clique no botão à direita do campo para facilitar a seleção da célula com o valor do capital.

Depois de configurar a caixa como mostrada na figura anterior, clique em OK. Vejamos a próxima caixa de diálogo:

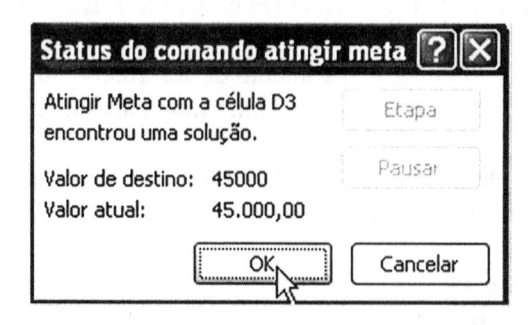

Figura 10.013

Aqui temos uma prévia resposta do Excel diante da nossa solicitação e pelo que tudo indica, ele encontrou uma solução. Clique em OK para vermos o resultado:

A	B	C	D
Tabela de investimento			
Valor do investimento	Prazo	Juros/m	Montante
16.791,04	24,00	7%	45.000,00

Figura 10.014

Bom, agora sabemos que para conseguirmos um montante de R$ 45.000,00 em 24 meses com juros a 7%/m precisamos aplicar R$ 16.791,04.

Esse atributo pode ser usado para diversos fins e principalmente por que empresta e ou por que toma emprestado.

Para que o exemplo funcione perfeitamente, formate a célula de porcentagem com o referido valor; para isso, selecione a célula C3 e siga a rota: menu Inicio > painel Número > opção Porcentagem.

Validação de dados

O Excel 2007 oferece diversas ferramentas para validação de dados que são inseridos em suas células. Estes atributos cooperam muito para que possamos restringir determinadas células a certos tipos e números de dados.

Validando número inteiro

Este atributo nos permite restringir uma determinada célula a um tipo de dado, ou seja, somente será aceito um número inteiro.

Selecione a célula A1 em seguida siga a rota: menu Dados > painel Ferramentas de Dados > opção Validação de Dados > Validação de Dados. Vejamos:

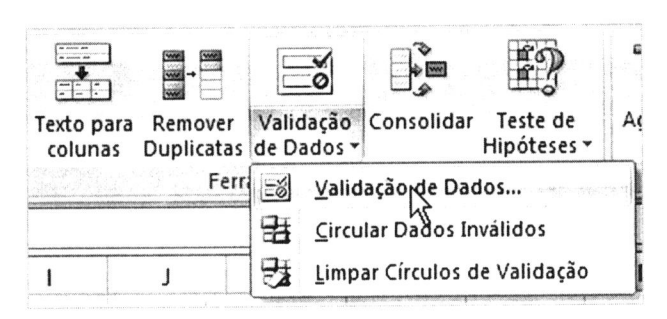

Figura 10.015

Ao clicar como mostrado na figura 10.015, o Excel exibirá a caixa de diálogo Validação de Dados. Selecione a opção Número inteiro, na lista Permitir. Vejamos:

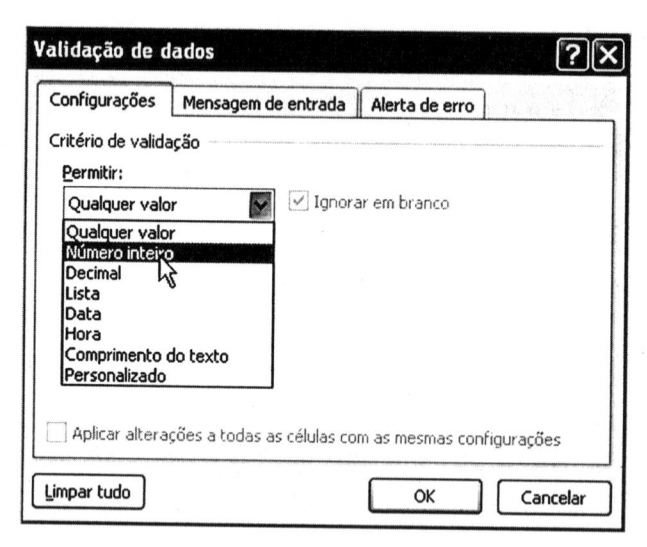

Figura 10.016

Outros campos serão habilitados na mesma caixa de diálogo. Preencha-os da seguinte forma:

Dados: escolha Igual a
Valor: insira o número 2009

Vejamos a primeira tela da caixa de diálogo já configurada:

Figura 10.017

Personalizando mensagens

Mesmo após configurarmos um tipo de dado aceito pela célula, nos deparamos com a necessidade de comunicação tanto no tocante a esclarecimento das regras para o usuário que fará uso da planilha quanto às mensagens de erros que poderiam ocorrer caso o conteúdo inserido não satisfaça as condições de restrição.

O Excel disponibiliza mecanismos de comunicação pelos quais podemos simplificar o relacionamento Homem/Máquina. Para isso, usaremos as telas Mensagem de entrada e Alerta de erro.

Mensagem de entrada

Selecione a guia correspondente na caixa de diálogo mostrada na figura 10.017. Feito isso, preencha os campos como mostrado na figura a seguir:

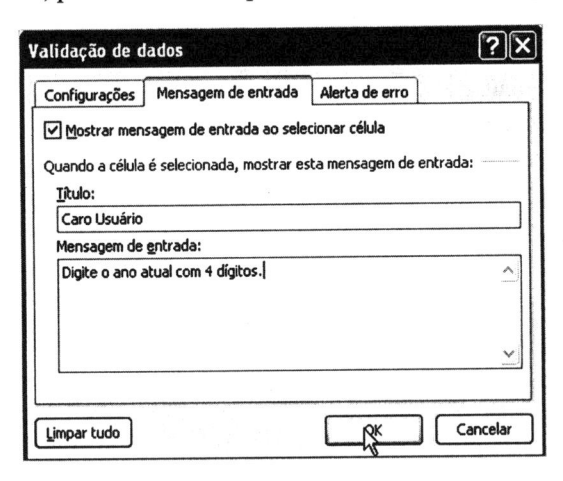

Figura 10.018

Primeiramente, veja que a caixa Mostrar mensagem de entrada ao selecionar a célula está selecionada por padrão.

Preencha o campo Título com um título coerente e a gosto.

Digite uma mensagem para o usuário no campo Mensagem de entrada.

Alerta de erro

Clique na guia Alerta de erro e configure os campos da forma como mostrado na figura a seguir:

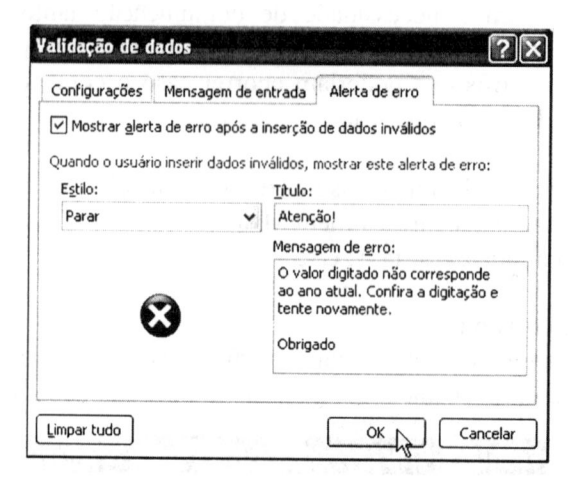

Figura 10.019

Depois de configurado de acordo com o que foi mostrado nos exemplos anteriores nas três telas, clique em OK. Vamos agora testar para ver o que realmente fizemos:

Veja que ao clicar na célula A1 (à qual aplicamos as restrições) uma mensagem é mostrada para o usuário ficar ciente do conteúdo aceito pela célula. Vejamos:

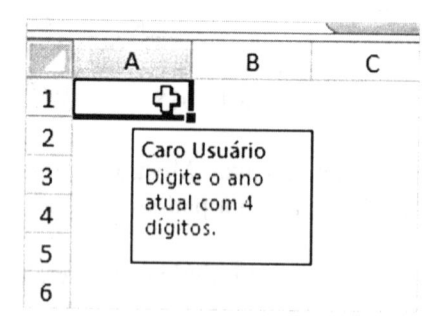

Figura 10.020

Suponhamos que o número digitado seja diferente que o especificado; nesse caso, veja o que o Excel retornará como meio de avisar o usuário sobre o erro cometido:

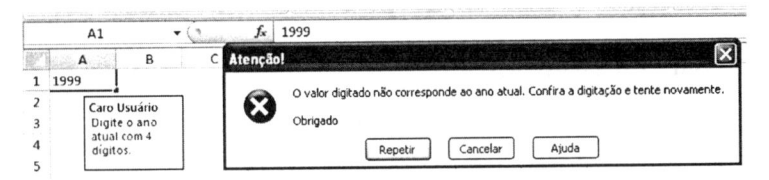

Figura 10.021

Lembre-se que ambas as mensagens foram escritas por nós. Por esse motivo, devemos pensar bem sobre o que escrever, já que o usuário deverá ser esclarecido no máximo sobre como proceder diante de situações inusitadas.

Validando número decimal

Podemos restringir células a aceitarem somente números decimais e que estejam dentro de um intervalo pré-determinado. Para isso, siga os mesmos passos do exemplo anterior e configure cada campo de acordo com as necessidades. Vejamos um exemplo:

Figura 10.022

Neste caso, somente serão aceitos valores decimais e que estejam entre R$ 0,52 e R$ 0,63. Configure as opções de mensagens para que a restrição seja completa e interaja com o usuário; para isso, siga os passos já vistos no exemplo anterior.

Criando lista ou DropDown

Lista ou DropDown, como o próprio nome diz, é aquela caixa de listagem muito comum nos programas de computador. Usamos esse tipo de lista para selecionar opções dentro de caixas de diálogo, assim como já o fizemos no tópico anterior, onde selecionamos a opção Está entre, por exemplo. Veja a figura 10.022.

O Excel nos permite criar e manipular caixas de listagem. Dessa forma, podemos usar essa ferramenta para implementar buscas e seleções em geral.

Para criarmos um DropDown, primeiramente crie uma lista de dados em colunas, que usaremos para alimentar nossa lista. Vejamos um exemplo de lista em coluna:

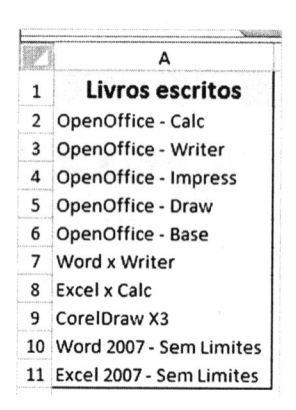

	A
1	**Livros escritos**
2	OpenOffice - Calc
3	OpenOffice - Writer
4	OpenOffice - Impress
5	OpenOffice - Draw
6	OpenOffice - Base
7	Word x Writer
8	Excel x Calc
9	CorelDraw X3
10	Word 2007 - Sem Limites
11	Excel 2007 - Sem Limites

Figura 10.023

Com a tabela pronta, selecione uma célula para que nela célula seja criada a nossa lista. Em nosso exemplo selecionei a célula B1 e digitei um rótulo para o DropDown ("Livros Escritos").

Em seguida, siga a rota: menu Dados > painel Ferramentas de Dados > ícone Validação de Dados > opção Validação de dados. Vejamos a caixa de diálogo:

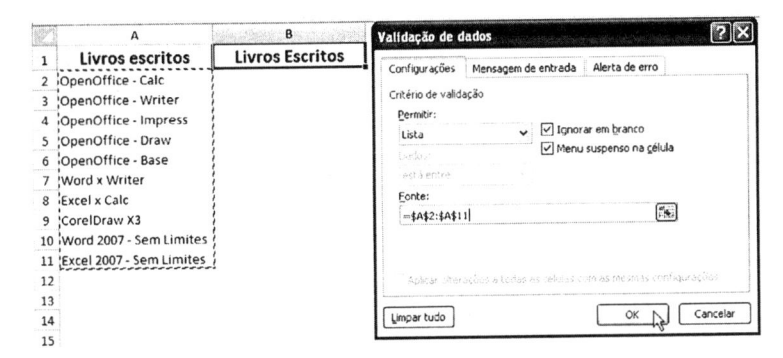

Figura 10.024

Como podemos ver na figura acima, selecionamos a opção Lista no campo Permitir e inserimos uma fórmula referenciando o intervalo de dados que engloba as células da tabela de livros (de A2 até A11). Observe ainda que a célula B1 foi selecionada previamente para exibir a lista após a concretização da validação.

A seleção do intervalo poderá ser feita sem a digitação manual, bastando para isso clicar uma vez sobre o botão existente à direita do campo Fonte e, logo em seguida, selecionar o intervalo com um clique e arraste do mouse. Para exibir novamente a caixa de diálogo, clique novamente no mesmo botão.

Estando tudo em ordem, clique em OK e note que a célula B1 agora apresenta uma seta a sua direita. Clique nesta seta para ver o resultado. Caso tudo tenha sido feito como indicado, você verá os mesmos dados da lista da tabela de livros. Vejamos:

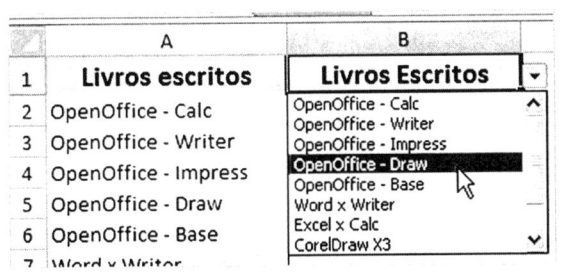

Figura 10.025

Nota: Não se esqueça que, caso pressinta a necessidade, você deve fazer uso das guias de mensagens (Mensagem de entrada e Alerta de erro) de interação com o usuário.

Validando Data

A validação de data é bastante semelhante à validação de decimais, pois oferece campos de início e fim de intervalo, caso escolha a opção Está entre no campo Dados. Vejamos um exemplo que restringe a célula A1 a receber somente datas entre 12/10/2008 a 10/11/2009:

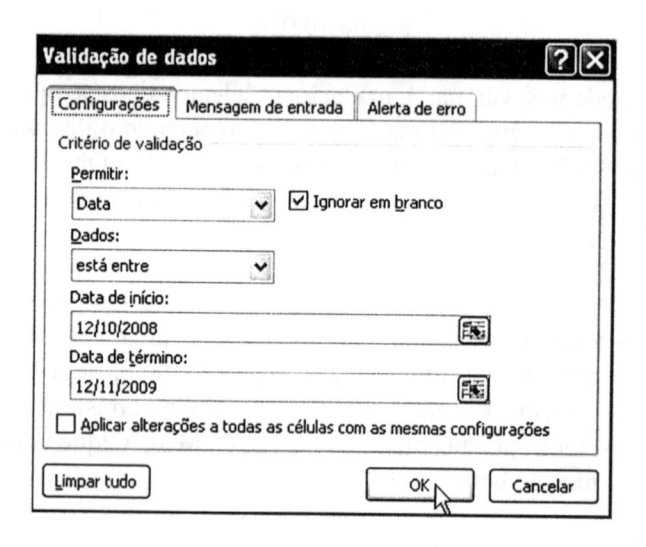

Figura 10.026

Neste caso é imprescindível a inserção de mensagens personalizadas através das guias Mensagem de entrada e Alerta de erro, pois de outro modo o usuário não saberia o que fazer diante de um erro de inserção. Consulte o assunto Mensagem de entrada e Alerta de erro nas páginas anteriores.

Validando Hora

A validação de hora é bastante semelhante à validação de decimais e de data, pois oferece campos de início e fim de intervalo, caso escolhamos a opção Está entre no campo Dados. Outras opções estão disponíveis neste mesmo campo.

Vejamos um exemplo que restringe a célula A1 a receber somente a hora que estiver entre 10:00:00 e 10:30:00

Figura 10.027

Assim como citado anteriormente em outro exemplo de validação, é imprescindível a inserção de mensagens personalizadas através das guias Mensagem de entrada e Alerta de erro em alguns casos, pois de outro modo, o usuário ficaria sem saber como agir diante de um erro de inserção. Consulte o assunto Mensagem de entrada e Alerta de erro nas páginas anteriores.

Validando o comprimento do texto

A validação do comprimento do texto é bastante útil para campos de código e senha com quantidade de dígitos restrita. Esse atributo é semelhante à validação de decimais e de data, pois oferece campos de início e fim de intervalo caso escolhamos a opção Está entre no campo Dados. Outras opções estão disponíveis nesse mesmo campo, como é igual a, é diferente de e outras mais.

Como para todos os exemplos de validação, selecione uma célula e siga a rota: menu Dados > painel Ferramentas de Dados > ícone Validação de Dados > opção Validação de dados. Na caixa de diálogo que surge, selecione a opção Comprimento do texto no campo Permitir e configure os demais campos como mostrado a seguir:

Figura 10.028

Com essa configuração, somente será aceito texto com um total de caracteres entre 5 e 8.

Use as ferramentas de mensagens para complementar a validação, tornando-a bem mais amigável para o usuário.

Um exemplo de mensagem de entrada seria:

Figura 10.029

Nota: Embora estejamos nos referindo aos dados como caracteres, é importante lembrar que, nesse caso, o Excel 2007 trata com igualdade tanto números quanto texto.

Rastrear células precedentes e dependentes

Em alguns casos, dependendo da complexidade do documento como um todo, verificar fórmulas com relação à precisão ou localizar a origem de um erro pode ser uma tarefa um tanto difícil quando a fórmula usa células precedentes ou dependentes. Podemos classificar as células que fazem parte de uma fórmula em:

Células precedentes

São células que são referenciadas por uma fórmula em outra célula. Por exemplo, se a célula C5 contiver a fórmula =A1*E1*A10/E10; nesse caso, as células A1, E1, A10 e E10 são precedentes da célula C5.

Células dependentes

As células dependentes contêm fórmulas que se referem a outras células. Por exemplo, se a célula C5 contiver a fórmula =A1*E1*A10/E10, a célula C5 é uma dependente das células A1*E1*A10/E10.

Rastreando células Precedentes

Primeiramente precisamos ter uma célula pelo menos que contenha uma fórmula. Para isso, usaremos um esquema simples que facilitará o entendimento. Vejamos:

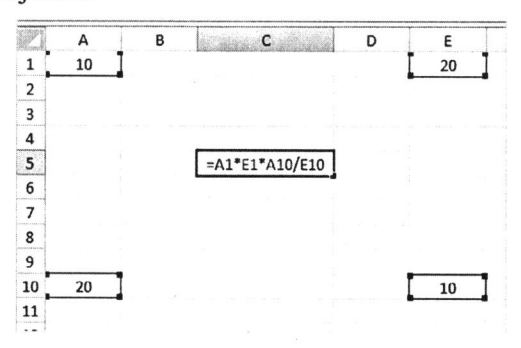

Figura 10.030

No exemplo anterior vimos uma fórmula simples sendo aplicada dentro da célula C5. Nesse caso, as células precedentes são as que compõem a fórmula. Para rastrear a célula precedente selecione a célula C5 com um clique e siga a rota: menu Fórmulas > painel Auditoria de Fórmulas > opção Rastrear Precedentes. Observe o caminho:

Figura 10.031

Ao clicar no ícone indicado, estando a célula C5 selecionada, o Excel exibirá a célula precedente das que compõem a fórmula. Vejamos:

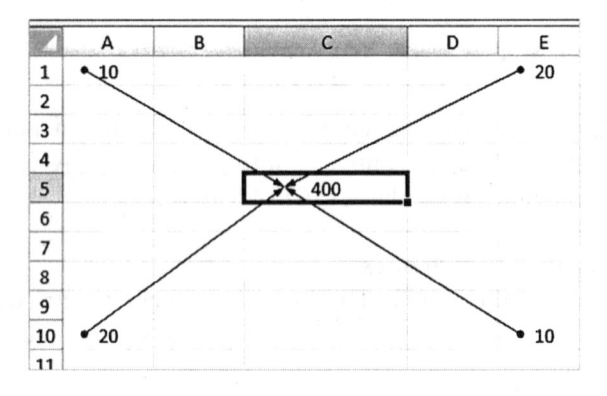

Figura 10.032

Observe as setas na extremidade das linhas pretas ligando cada célula a célula C5. Elas apontam para a célula precedente a elas, ou seja, a célula onde cada célula se encontra referenciada através da fórmula A1*E1*A10/E10.

Rastreando células Dependentes

Da mesma forma que o exemplo anterior, primeiramente precisamos ter pelo menos uma célula que contenha uma fórmula. Para isso, usaremos novamente um esquema simples que facilitará o entendimento. Vejamos:

Figura 10.033

No exemplo dado anteriormente vimos uma fórmula simples sendo aplicada dentro da célula A6; nesse caso, a célula dependente é a que hospeda ou contém a fórmula, ou seja, ela depende de células externas para a fórmula.

Para rastrear a célula dependente, selecione uma das células que pretende analisar e siga a rota: menu Fórmulas > painel Auditoria de Fórmulas > opção Rastrear Dependentes. Observe o caminho:

Figura 10.034

Da mesma forma que no rastreamento de precedentes, ao clicar no ícone indicado, o Excel exibirá a célula precedente. Vejamos:

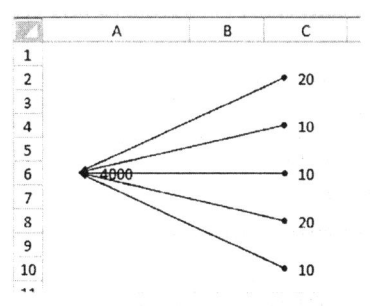

Figura 10.035

Observe que as setas apontam a célula A6, isto quer dizer que a célula dependente do intervalo C2, C4, C6, C8 e C10 é a A6.

Esta ferramenta é especialmente útil quando temos planilhas volumosas e complexas, e muitas vezes precisamos saber onde estão as células usadas em uma fórmula ou em que célula determinado intervalo está sendo incorporado a uma fórmula.

Para ver os precedentes dos argumentos codificados por cor em uma fórmula, selecione uma célula e pressione F2.

Para selecionar a célula posicionada na outra extremidade de uma seta, clique duas vezes na seta. Se a célula estiver em outra planilha ou pasta de trabalho, clique duas vezes na seta preta para exibir a caixa de diálogo Ir para e, em seguida, clique duas vezes na referência desejada na lista Ir para.

Todas as setas de rastreamento desaparecerão se você alterar a fórmula, inserir ou excluir colunas ou linhas, ou excluir ou mover células para a qual as setas apontam. Para restaurar as setas de rastreamento depois de fazer quaisquer alterações, você deve usar os comandos de auditoria na planilha novamente. Para controlar as setas de rastreamento originais, imprima a planilha com as setas de rastreamento exibidas antes de fazer as alterações.

Removendo rastreamento

Para remover o rastreamento, o Excel oferece três modos os quais são: Remover Setas, Remover Setas Precedentes e Remover Setas Dependentes. Basta selecionar uma das opções em: menu Fórmulas > painel Auditoria de Fórmulas > opção Remover Setas. Observe o caminho:

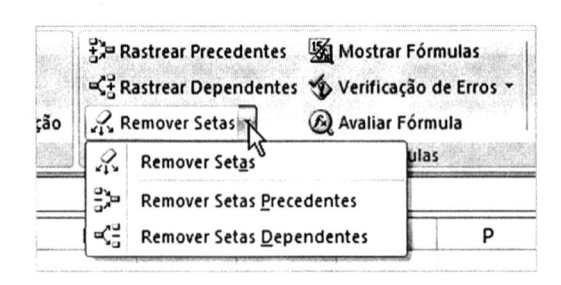

Figura 10.036

Opte por um dos links de acordo com a necessidade.

Mostrando fórmulas existentes

Às vezes surge a necessidade de exibirmos as células que contenham fórmulas em uma determinada planilha. O Excel nos permite com apenas um clique ver cada fórmula existente para uma possível alteração.

Para exibir as fórmulas existentes na planilha atual, siga a rota menu Fórmulas > painel Auditoria de Fórmulas > opção Mostrar Fórmulas. Observe a imagem a seguir:

Figura 10.037

O Excel exibirá todas as fórmulas existentes. Vejamos o exemplo de exibição:

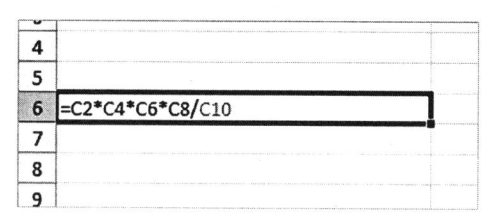

Figura 10.038

Verificando erro de fórmulas

O Excel é bastante completo em se tratando da precisão e exatidão no retorno de dados e resultados de equações oriundas de fórmulas diversas. Uma ferramenta de análise muito importante nesse aplicativo é a verificação de Erros na sintaxe ou na lógica de uma fórmula aplicada.

Como exemplo de uso da ferramenta, vamos alterar uma fórmula inserindo uma divisão por 0 (zero). Certamente esse procedimento está incorreto numa equação, porém o Excel pode deixar passar batido, ou seja, esse tipo de erro poderá passar despercebido pelo verificador lógico do programa. Mesmo que o programa localize o erro, a ferramenta poderá ser usada para identificar a célula e resolver o problema. Vejamos a fórmula aplicada:

Figura 10.039

Para verificar, não será preciso selecionar nenhuma célula, pois o programa varrerá toda a planilha atualmente aberta.

Siga então a rota: menu Fórmulas > painel Auditoria de Fórmulas > opção Verificação de Erros > escolha Verificação de Erros ou Rastreador de Erros na lista que surge.

Lembrando que para Rastrear erros a célula com o suporte erro deverá estar selecionada.

Observe a imagem a seguir:

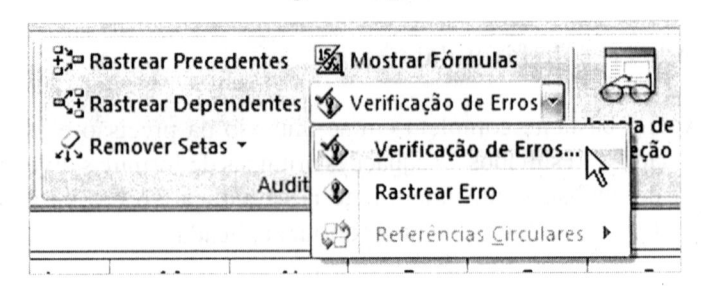

Figura 10.040

Ao clicar em Verificação de Erros, o Excel 2007 exibirá uma caixa de diálogo na qual poderemos verificar erros. Vejamos:

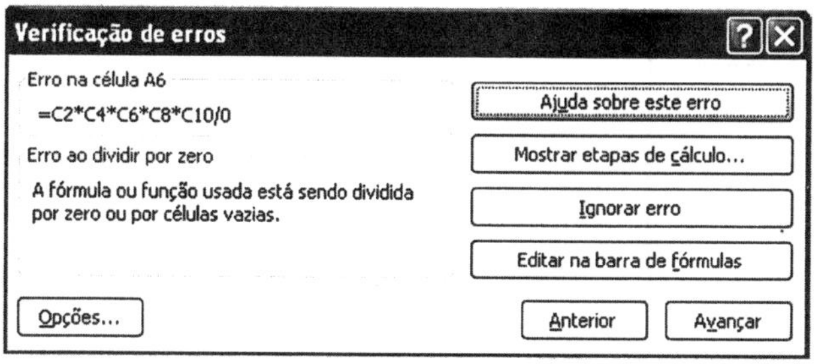

Figura 10.041

Podemos adquirir ajuda para detectar um tipo de erro; para isso, basta clicar em Ajuda sobre este erro.

O botão Mostrar etapas de cálculo nos ajuda mostrando em uma janela o que está acontecendo já com a equação em modo literal. Observe:

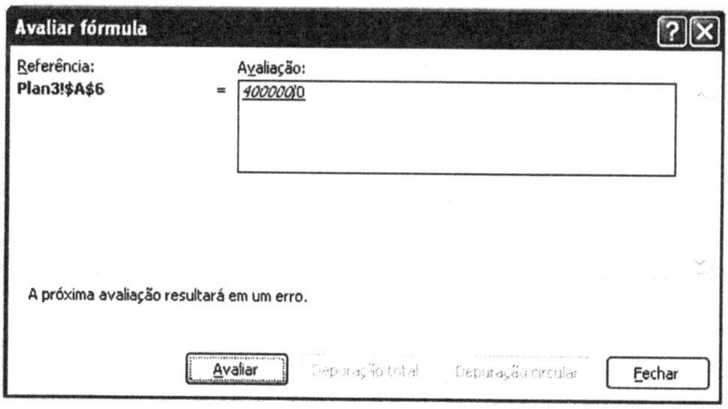

Figura 10.042

Neste caso, está sendo mostrada a linha com o resultado da fórmula inclusive com a divisão por zero. Clique em Avaliar e veja:

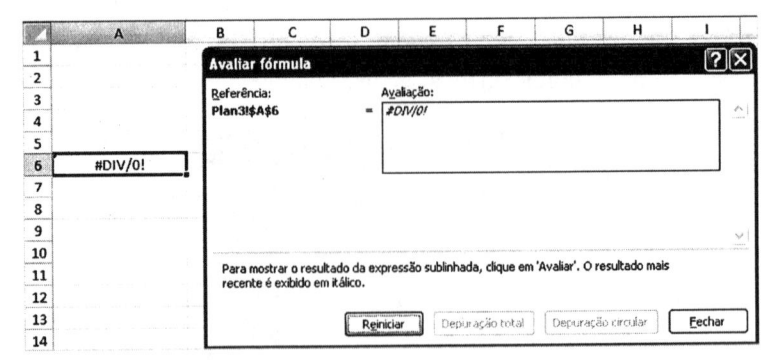

Figura 10.043

Se observarmos, poderemos ver que o resultado mostrado na ferramenta de verificação é idêntico ao mostrado na célula da planilha.

Clique em Reiniciar para ver a linha completa da fórmula:

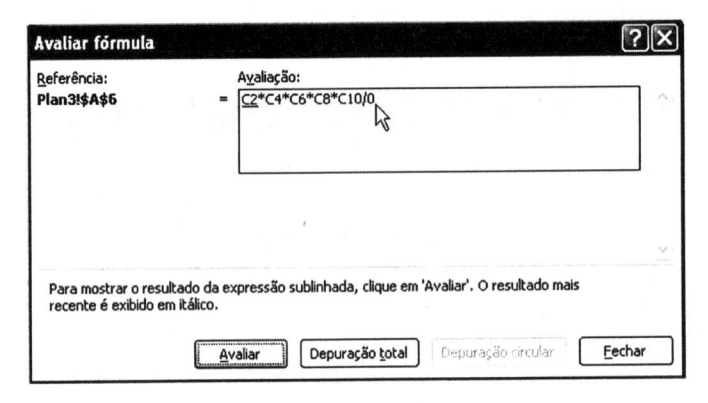

Figura 10.044

Agora, o melhor negócio é fechar a caixa de diálogo e corrigir a fórmula manualmente, pois mesmo tentando uma depuração, o erro persistirá em todas as etapas. Enfim, o erro já foi localizado.

Ainda na caixa de diálogo inicial (figura 10.041), temos as opções: Ignorar erro e Editar erro na barra de fórmulas. Use conforme a circunstância.

Janela de Inspeção

Durante o desenvolvimento de um projeto de planilha de dados, as células não estão visíveis na íntegra em uma planilha. Nós podemos inspecionar as fórmulas e seus resultados na barra de ferramentas através da Janela de Inspeção. A ferramenta Janela de Inspeção torna conveniente inspecionar, auditar ou confirmar os cálculos de uma fórmula e os resultados em uma grande planilha. Utilizando a Janela de Inspeção, não é necessário navegar várias vezes para diferentes partes da planilha.

Nota: Essa barra de ferramentas pode ser movida ou encaixada como qualquer outra barra de ferramentas. Por exemplo, você pode encaixá-la na parte inferior da janela.

Adicionando uma célula para inspeção

Para inserir uma célula para inspeção futura na Janela de Inspeção, siga a rota: menu Fórmulas > painel Auditoria de Fórmulas > opção Janela de Inspeção. Vejamos:

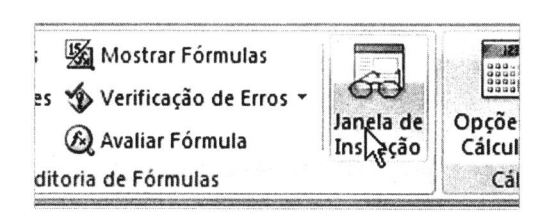

Figura 10.045

O Excel 2007 exibirá a seguinte caixa de diálogo:

Figura 10.046

Clique no link Adicionar inspeção de variáveis. O Excel 2007 exibirá a seguinte caixa de diálogo:

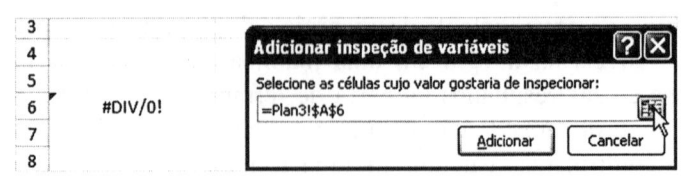

Figura 10.047

Ao clicar no botão indicado pelo ponteiro do mouse na figura anterior, podemos clicar diretamente na célula que gostaríamos de adicionando à lista da Janela de Inspeção. Feita a seleção, basta clicar em Adicionar.

Para testar essa ferramenta e ver um resultado mais amigável, alterei a fórmula dividindo o valor final por 2; desse modo, não teremos um erro e a janela de inspeção exibirá por completo cada item contido na célula.

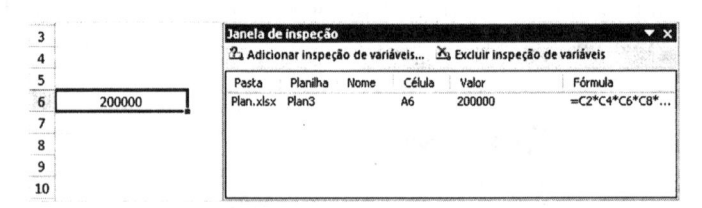

Figura 10.048

Observemos que na Janela de Inspeção é mostrado cada item da célula, incluindo o nome do documento, nome da planilha, endereço da célula e etc.

Removendo um item da lista

Para se remover um item da lista da Janela de Inspeção, simplesmente selecione o item que se deseja remover e em seguida clique em Excluir inspeção de variáveis.

Funções automáticas

As funções automáticas no Excel 2007 são extremamente sensíveis à presença de células com conteúdo numérico ao seu redor. Dessa forma, podemos simplesmente confirmar uma operação com um clique.

Crie uma pequena lista com conteúdo numérico. Observe o exemplo a seguir:

	A	B
1	10	
2	11	
3	12	
4	13	
5	10	
6	11	
7	12	
8	13	
9		
10		

Figura 10.049

Com a célula imediatamente abaixo do intervalo selecionada, siga a rota: menu Fórmulas > painel Biblioteca de Funções > clique na seta abaixo do símbolo sigma ($\sum$) e escolha uma das funções no menu desdobrável.

	A	B
1	10	
2	11	
3	12	
4	13	
5	10	
6	11	
7	12	
8	13	
9		

Figura 10.050

O Excel, desde suas versões mais antigas, traz a função Soma como padrão de função automática. Essa é representada pelo símbolo grego citado anteriormente.

Ao clicar na seta indicada e escolher uma das funções, o intervalo adjacente à função será circundado com linhas tracejadas indicando que a referência foi automática e bem sucedida. Vejamos:

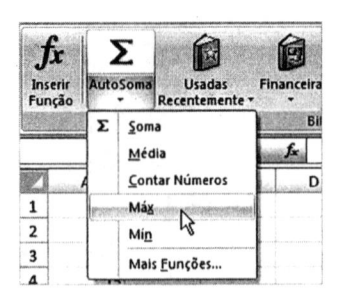

Figura 10.051

Ao escolher a função Soma, note na figura anterior que a função referente é exibida na célula e já com o intervalo (A1:A8) inserido dentro do bloco. Nesse momento, somente tecle Enter para executar a operação. Observe:

Figura 10.052

Teste também com outras funções da lista e veja o funcionamento de cada uma para se familiarizar.

Listagem de funções por categoria

No Excel 2007, o assunto funções é tratado a sério e como veremos a seguir, temos uma ampla lista de funções separadas por categorias. Como vimos no exemplo anterior, não é difícil usar as funções do Excel 2007, muito pelo contrário, a Microsoft trabalhou bastante no intuito de facilitar a vida dos usuários.

Acessando as funções por categoria através dos ícones

Na barra de tarefas do Excel 2007, podemos ver a faixa de ferramentas de funções quando selecionamos o menu Fórmulas. Vejamos um exemplo:

Figura 10.052

Junto ao texto, na parte inferior de cada ícone, existe uma seta preta que ao ser clicada gera uma lista contendo as funções ou subcategorias de funções disponíveis dentro da categoria escolhida. Vejamos mais este detalhe:

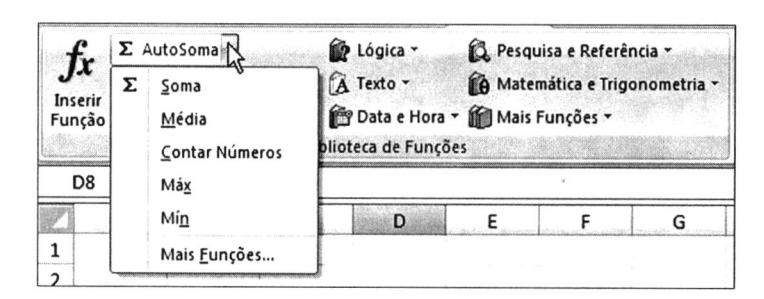

Figura 10.053

Para aplicar uma função da lista em uma determinada célula da planilha de cálculos do Excel 2007, basta selecionar a célula com um clique e efetuar então a busca pela tal função seguindo os procedimentos indicados anteriormente. Vamos a um exemplo simples e prático. Selecione a célula onde pretende inserir uma função, observe:

Figura 10.054

Queremos saber aqui, o total da média de vendas diárias de todos os cursos de um centro de treinamento. Observe que a célula B12 foi selecionada para a inserção da função SOMA.

Em seguida, clique na seta do ícone Matemática e Trigonometria e escolha a função SOMA, na lista que aparece. Vejamos:

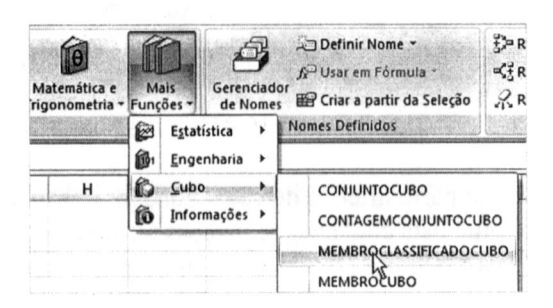

Figura 10.055

Ao clicar em SOMA o Excel exibirá caixa de diálogo do assistente de função. Vejamos:

	A	B	C
1	OuroData Informática e Idiomas		
2	CURSOS	MÉDIA DE VENDAS/DIA	MÉDIA DE VENDAS/MÊS
3	CorelDraw	20	560
4	PhotoShop	26	728
5	FireWorks	53	1484
6	DreamWeaver	53	1484
7	Word	26	728
8	Excel	26	728
9	PowerPoint	26	728
10	Html	23	644
11	JavaScript	52	1456
12	Total de vendas		

Figura 10.056

Como havíamos comentado anteriormente, as funções são muito sensíveis à área ao redor delas; por esse motivo, captam a probabilidade de células adjacentes serem usadas como parâmetros.

Se atentarmos para essa caixa de diálogo, veremos que ela traz todas as informações da fórmula, exibindo o intervalo de células B3 até B11 como intervalo de soma, seu resultado e os detalhes de capacidade máxima de itens passíveis de inserção nessa função.

Na parte superior esquerda da caixa de diálogo, podemos ver dois campos iniciais (Núm1 e Núm2). Estes são os campos de inserção de parâmetros da função (ou de qualquer outra função escolhida).

Caso queiramos inserir outros intervalos na função, basta clicar no botão à esquerda do campo Núm2; a caixa de diálogo se encolherá e poderemos então selecionar o próximo intervalo ou célula.

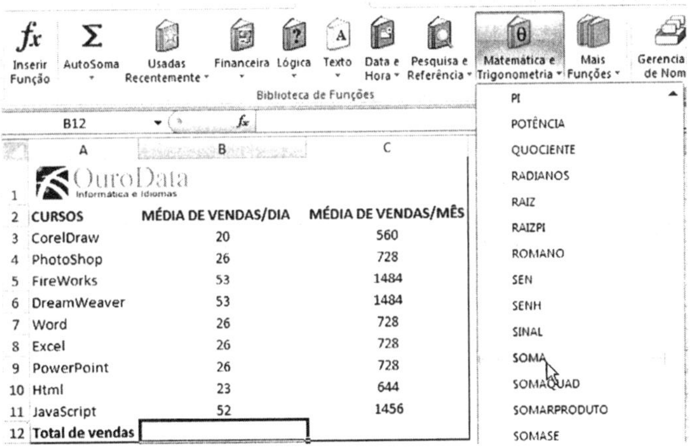

Figura 10.057

Com o uso das funções através dos atalhos de menus, os resultados são gerados rápida e precisamente no local selecionado, como mostra o exemplo na figura a seguir:

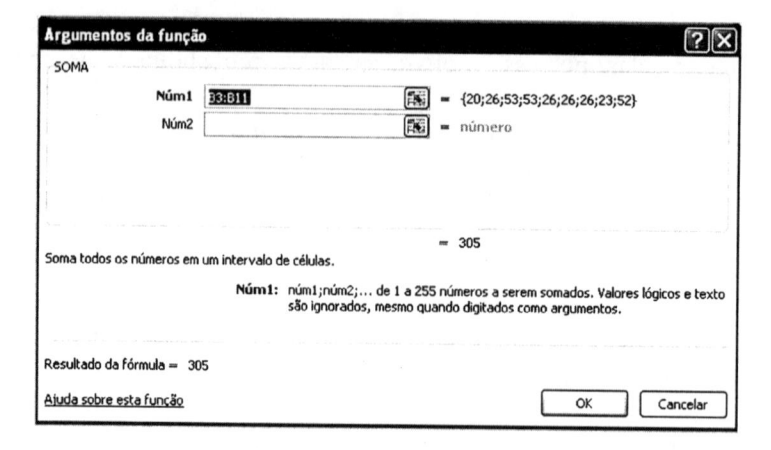

Figura 10.058

Inserindo funções através do assistente

Vimos anteriormente o processo de inserção de funções através dos menus da faixa de ferramentas de fórmulas; porém, podemos também chamar o assistente de função e, a partir dele, localizar a função desejada. Para isso, selecione a célula pretendida e clique no ícone Inserir Função, na faixa de ferramentas da barra de tarefas.

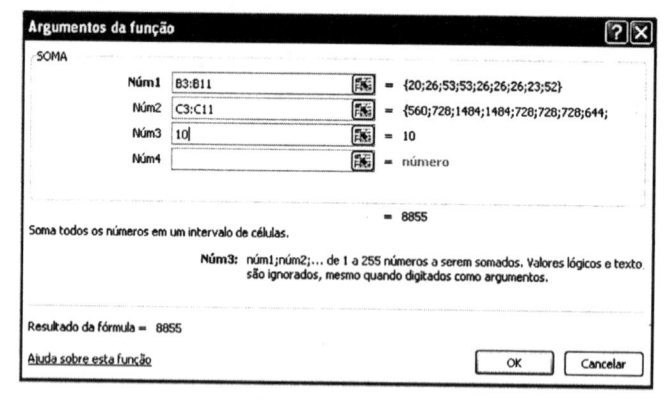

Figura 10.059

Este item estará visível pela rota: menu Fórmulas > painel Biblioteca de Funções.

Ao clicar, o Excel 2007 exibirá a já conhecida caixa de diálogo do assistente de funções. Essa caixa possui o diferencial de exibir as funções por categorias e subcategorias. Observe a figura seguinte:

	A	B	C
1	OuroData Informática e Idiomas		
2	CURSOS	MÉDIA DE VENDAS/DIA	MÉDIA DE VENDAS/MÊS
3	CorelDraw	20	560
4	PhotoShop	26	728
5	FireWorks	53	1484
6	DreamWeaver	53	1484
7	Word	26	728
8	Excel	26	728
9	PowerPoint	26	728
10	Html	23	644
11	JavaScript	52	1456
12	Total de vendas	305	8540

Figura 10.060

Temos aqui duas maneiras de acessar uma determinada função. A primeira delas seria pesquisando pelo nome ou descrição da função desejada no campo Procure por uma função e depois selecionando-a no campo Selecione uma função.

A segunda maneira seria escolhendo diretamente uma categoria no campo Selecione uma categoria e depois disso escolhendo a função pelo nome no campo abaixo.

Feito isso, o Excel 2007 exibirá a caixa de diálogo já vista anteriormente. Basta seguir os passos já vistos e ver o resultado.

Capítulo 11

Definindo Nomes

Inserir nomes é uma forma simplificada de se referir a uma célula ou intervalo de células. Este atributo faz com que possamos referenciar nomes de grupos ao invés dos nomes propriamente ditos. Podemos dizer que dar nomes às células ou a intervalos de células como finalidade maior facilitar o entendimento do objetivo de uma referência de célula.

Pode ser difícil de entender a princípio; porém, imagine uma tabela com diversas colunas onde precisamos extrair dados somados por colunas.

Se o processo de soma fosse feito célula por célula, isto demandaria muito tempo e complicaria a nossa vida; nesse caso, criamos blocos de células nomeados coerentemente e então efetuamos as equações necessárias usando esses nomes e não os endereços padrões.

Vejamos um exemplo de tabela de dados:

	A	B	C	D
1	Vendas			
2	Wallace S. Rocha	Thayna Simões	Thuane S. Rocha	Rodrigo D. Silva
3	165	145	123	163
4	169	175	155	168
5	173	205	187	173
6	177	235	219	178
7	181	265	251	183
8	185	295	283	188

Figura 11.001

Temos aqui uma tabela demonstrativa com registros de vendas de quatro vendedores. Por exemplo, podemos criar nomes de intervalos de células por colunas, para assim separarmos e controlarmos as vendas de cada vendedor.

Selecione o primeiro grupo ou intervalo de células, no caso, vamos selecionar da célula A3 a A8. Vejamos:

	A	B
1		Venda
2	Wallace S. Rocha	Thayna Simões Thu
3	165	145
4	169	175
5	173	205
6	177	235
7	181	265
8	185	295

Figura 11.002

Após selecionar, siga a rota: menu Fórmulas > painel Nomes Definidos > opção Definir Nomes. O Excel 2007 exibirá uma caixa de diálogo para configuração do nome do intervalo selecionado e mais algumas informações.

Por padrão, o Excel 2007 sugere o rótulo de coluna como nome do intervalo. Essa poderá ser uma boa opção, pois ficaria fácil identificar a quem se refere esse bloco de células. Note ainda que foi acrescentado o underline (_) em cada espaço do nome, porque nomes de intervalos não aceitam espaços.

Vejamos o exemplo na figura seguinte:

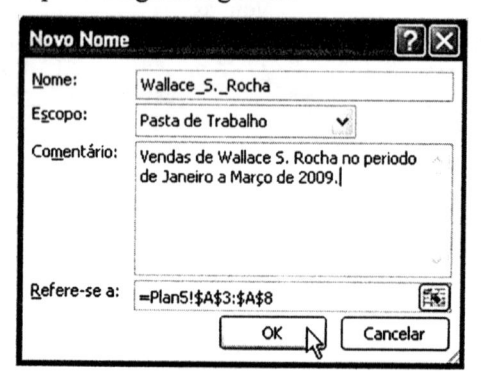

Figura 11.003

Ao clicar em OK teremos o intervalo já nomeado e pronto para uso em equações. Repita os passos para os demais intervalos referentes às vendas dos demais vendedores e observe que, ao selecionar um desses intervalos, é mostrado na caixa de nome o nome do intervalo a que ela pertence.

Figura 11.004

Usando Nomes de Intervalos em equações

Imagine você que queiramos somar todas as vendas efetuadas pela vendedora Thayna Simões; para isso, digite em uma célula qualquer a fórmula: =soma(Thayna_Simões).

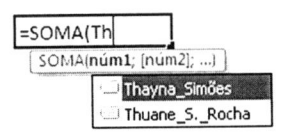

Figura 11.005

Observe que ao abrir o bloco da função Soma, o Excel 2007 mostra a relação de Nomes definidos no documento. No nosso caso, basta escolher Thayna_Simões, fechar o bloco e teclar Enter para efetuar a soma.

Figura 11.006

Usando vários intervalos de uma só vez

Podemos inserir vários Nomes de intervalos de células em uma função. Por exemplo, imagine que queiramos somar todas as vendas da nossa tabela; para isso, basta montar a fórmula:

=SOMA(Wallace_S._Rocha;Thayna_Simões;Thuane_S._Rocha;Rodrigo_D._Silva)

Figura 11.007

É interessante notar que para cada intervalo selecionado o Excel enquadra o intervalo referente com uma cor diferente na tabela, a fim de indicar ao usuário o que realmente está sendo inserido na fórmula.

Gerenciando Nomes

O Excel nos permite gerenciar nomes de intervalos. Para acessar o Gerenciador de Nomes, siga a rota: menu Fórmulas > painel Nomes Definidos > opção Gerenciador de Nomes. Vejamos:

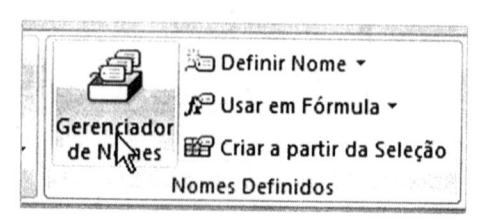

Figura 11.008

O Excel exibirá a caixa de diálogo Gerenciador de Nomes. Vejamos:

Figura 11.009

Proceda conforme a necessidade. Aqui você pode Editar, Excluir, Criar novos nomes e Filtrar Nomes. Sinta-se a vontade.

Usando Nomes de Intervalos em uma fórmula

Para usar os nomes em fórmulas o Excel 2007 disponibiliza uma interface automática para inserir o nome do intervalo já precedido pelo símbolo de igualdade. Para acessar esse mecanismo, primeiramente selecione a célula na qual deseja inserir a fórmula e então siga a rota: menu Fórmulas > painel Nomes Definidos > clique na seta à direita da opção Usar em Fórmula > escolha um dos Nomes. Vejamos:

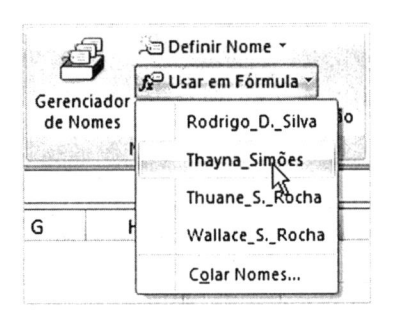

Figura 11.010

Ao escolher um dos nomes, o Excel 2007 inserirá o nome escolhido na célula selecionada e já trará o símbolo de igualdade à esquerda do mesmo. Basta ir complementando a fórmula, repetindo a ação.

Nota: Não se esqueça do ponto-e-vírgula (;) caso vá utilizar os nomes como argumentos, ele é necessário para separar os argumentos dentro de qualquer função no Excel.

Vejamos um exemplo de uma fórmula criada usando os nomes de intervalos através do atributo, Usar em Fórmula:

=(Rodrigo_D._Silva+Thuane_S._Rocha+Wallace_S._Rocha)/2

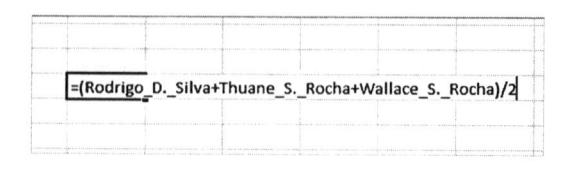

Figura 11.011

Corretor ortográfico

O Excel 2007 oferece aos seus usuários um atualizado e robusto dicionário da língua portuguesa; assim, dificilmente passará alguma palavra escrita de forma incorreta em sua tabela. Lembrando que podemos adicionar palavras conforme for necessário.

Verificando a ortografia

Não será necessário selecionar nada para efetuar a verificação ortográfica, automaticamente o Excel 2007 varrerá toda a planilha e exibirá o resultado. Para acionar o verificador, siga a rota: menu Revisão > painel Revisão de Texto > botão Verificar Ortografia.

Figura 11.012

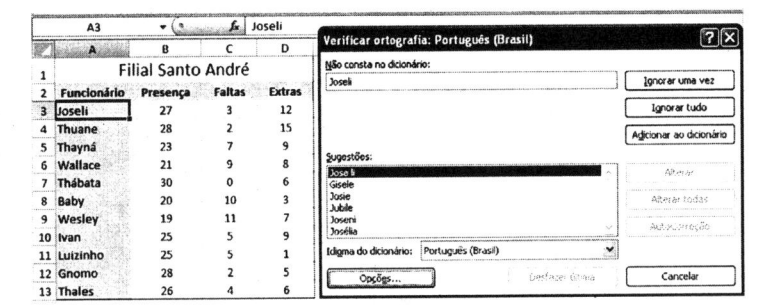

Figura 11.013

Como podemos, ver o revisor já encontrou um nome que não consta no banco de dados (dicionário) do programa; dessa forma, ele dá uma dica aproximada de uma possível alteração de "Joseli" para "Jose li" com espaço na última sílaba e ainda oferece uma lista com mais algumas variações.

Adicionando um termo ao dicionário

Caso o nome seja uma expressão local ou um nome próprio, como mostrado no exemplo anterior, provavelmente não terá será possível substituí-lo por um termo semelhante; nesse caso, podemos adicioná-lo ao dicionário do programa clicando no botão Adicionar ao dicionário. Vejamos:

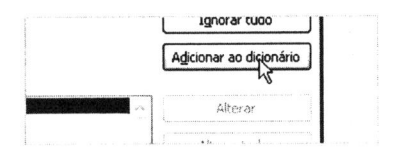

Figura 11.014

Caso deseje ignorar a verificação, use um dos botões da mesma caixa de diálogo: Ignorar uma vez ou Ignorar tudo.

Caso queiramos, poderemos usar outro dicionário para a verificação ortográfica. Basta escolher no campo abaixo da lista de sugestões.

Pesquisando no dicionário da web

O Excel, em conjunto com o suporte online da Microsoft, disponibiliza um completo dicionário capaz de verter entre diversos idiomas. Por exemplo, queremos saber a tradução em português da palavra inglesa "God". Para isto vamos usar o dicionário integrado ao Excel 2007 para converter para o português seguindo a rota: menu Revisão > painel Revisão de Texto > botão Pesquisar. Vejamos:

Figura 11.015

Ao clicar neste botão, o Excel abrirá um painel à direita do documento de trabalho. Configure de acordo com o exemplo mostrado na figura a seguir:

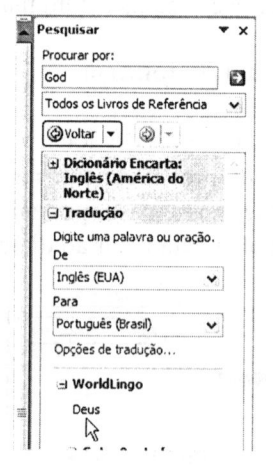

Figura 11.016

Ao inserir o nome "God" no campo Pesquisar e escolher os idiomas nos campos De e Para, podemos então ver a tradução logo abaixo.

Nota: Tente fazer o mesmo com outros termos para se familiarizar com o atributo de conversão.

Dicionário de sinônimos

Esta é mais uma facilidade do Excel para seus usuários, pois exibe uma lista de sinônimos para a palavra selecionada ou obtida como não existente no dicionário. Para acessar a lista de sinônimos, siga a rota: menu Revisão > painel Revisão de Texto > botão Dicionário de Sinônimos. Vejamos:

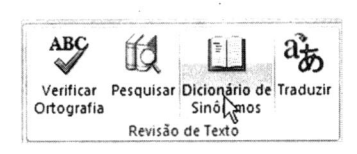

Figura 11.017

Ao clicar, o Excel abrirá um painel à direita da página. Vejamos:

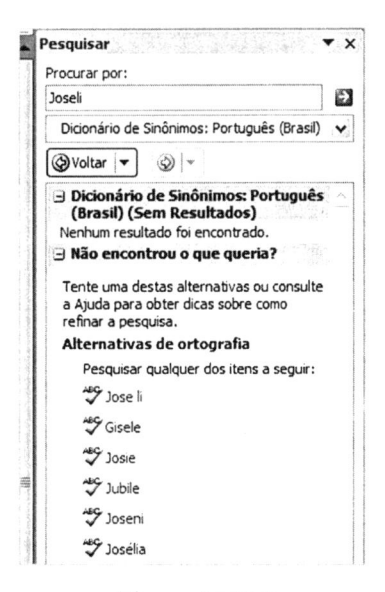

Figura 11.018

Observe a lista de supostas opções para substituir o nome não encontrado na Revisão Ortográfica.

Tradutor

Podemos usar somente o tradutor do Excel para verter palavras entre diversos idiomas. Caso queiramos usar o tradutor somente, não para complementar outras pesquisas no mesmo documento, basta seguir a rota: menu Revisão > painel Revisão de Texto > botão Traduzir. Vejamos:

Figura 11.019

Ao clicar no botão Traduzir o Excel abrirá um painel à direita da página. Vejamos:

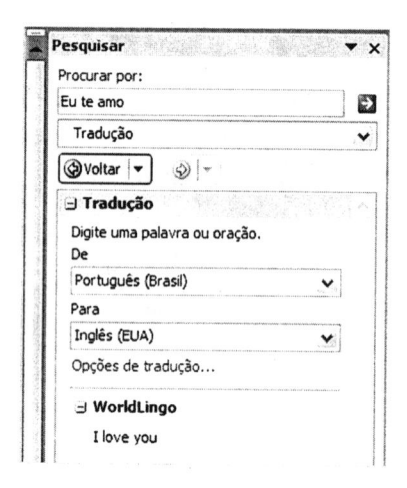

Figura 11.020

Modos de Exibição

Os modos de variam de situação para situação, dependendo unicamente da necessidade de cada trabalho ou usuário. O modo de visualização diz respeito à aparência do documento em relação à apresentação dos dados.

Definindo Nomes | 249

Modo de Exibição Normal

O modo mais utilizado e padrão do Excel 2007 é o Normal. Esse modo é o que você vê quando abre uma planilha do Excel 2007 pela primeira vez. Vejamos:

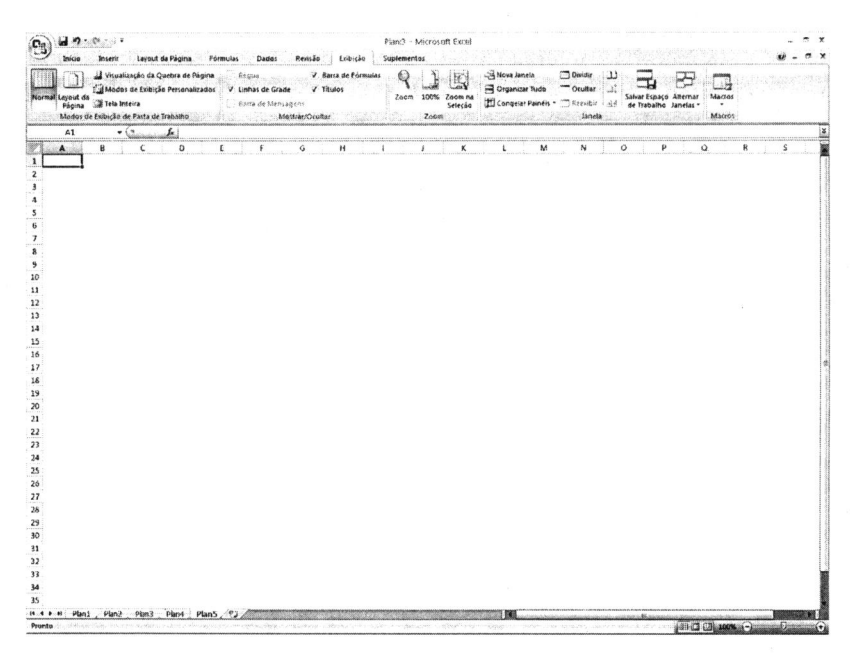

Figura 11.021

Note que esse modo de visualização está selecionado por padrão. Confira seguindo a rota: menu Exibir > painel Modos de Exibição da Pasta de Trabalho > opção Normal.

Figura 11.022

Modo de Exibição Layout da Página

Este modo é também bastante usado, pois nos dá a idéia exata das dimensões de uma página bastante semelhante às páginas do Word. Isso facilita e dá mais confiança ao profissional, principalmente aos iniciantes na arte da computação voltada para planilhas de dados.

Para exibir em modo Layout da Página siga a rota: menu Exibir > painel Modos de Exibição da Pasta de Trabalho > opção Layout da Página. Vejamos o caminho através da figura que se segue:

Figura 11.023

Ao selecionar essa opção, a planilha do Excel será dividida em páginas onde teremos uma visão parecida com a do Microsoft Word. Vejamos a figura que segue:

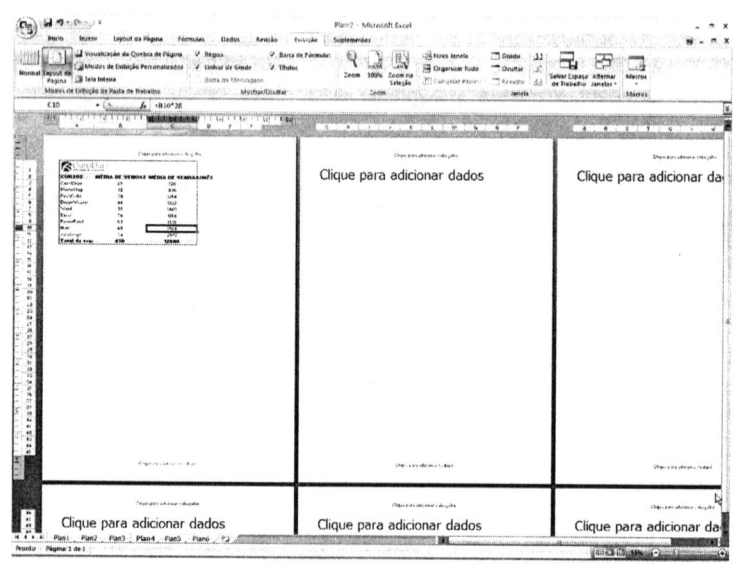

Figura 11.024

No caso do exemplo mostrado na figura anterior, apliquei o zoom 25%. Para aplicar zoom personalizado e rapidamente, mantenha a tecla Control pressionada enquanto gira o Scroll do mouse. (Scroll é aquela rodinha existente entre as duas teclas do seu mouse).

Modo Tela Inteira

Este modo é usado quando queremos ter uma visão mais centralizada da planilha descartando todas as ferramentas do aplicativo. Para acessar esta opção siga a rota: menu Exibir > painel Modos de Exibição da Pasta de Trabalho > opção Tela Inteira. Vejamos:

Figura 11.025

Ao selecionar essa opção, a planilha do Excel será exibida sozinha na tela do seu computador. Para voltar ao modo Normal, tecle ESC.

Modo Visualização da Quebra de Página

Este modo tem o objetivo de exibir quebras de página já criadas no documento atual. Para saber mais sobre esse tipo de visualização, consulte o capítulo 3.

Modos de Exibição Personalizados

Este atributo é bastante útil quando o trabalho desenvolvido requer vários modos personalizados de visualização, ou seja, precisamos usar vários modos de visualização por diversas vezes. Nesse caso, o Excel nos permite gravar um modo criado e reutilizá-lo futuramente durante o projeto.

A primeira coisa a fazer é criar um modo de exibição personalizado.

Aplicando Zoom

Em nosso caso, vamos aplicar zoom de 25% em uma das planilhas do documento; para isso, use a opção Zoom no painel Zoom no menu Exibição. Vejamos:

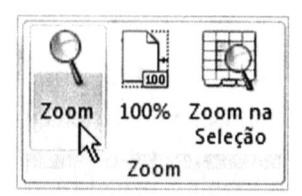

Figura 11.026

Ao clicar, escolha 25% na caixa de diálogo. Observe o exemplo na figura a seguir:

Figura 11.027

Clique em OK para confirmar a opção de Zoom.

Agora estamos prontos para salvar esse Modo de Exibição personalizado. Para isso, siga a rota: menu Exibir > painel Modos de Exibição da Pasta de Trabalho > opção Modos de Exibição Personalizados. Vejamos:

Definindo Nomes | 253

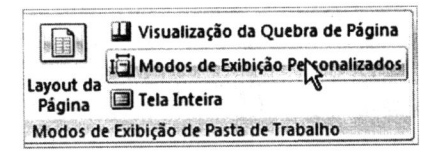

Figura 11.028

Ao clicar nessa opção, o Excel 2007 exibirá uma caixa de diálogo através da qual podemos adicionar (gravar) o novo modo de exibição atual da planilha. Clique no botão Adicionar existente na caixa de diálogo que surge. Vejamos o exemplo que se segue:

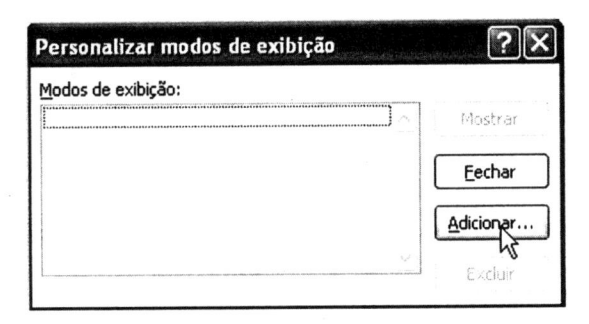

Figura 11.029

Vejamos a próxima caixa que surge após clicar em Adicionar, como mostrado na figura anterior:

Figura 11.030

Nessa caixa, dê um nome coerente (significativo) ao modo de visualização; dessa forma, ficará fácil localizá-lo futuramente. Clique então em OK. Agora esse modo de exibição está na lista de Modos de Exibição Personalizados.

Aplicando o Modo de Exibição Personalizado

Para aplicar o modo salvo em outras planilhas, estando na planilha desejada basta seguir a rota: menu Exibir > painel Modos de Exibição da Pasta de Trabalho > opção Modos de Exibição Personalizados. Na caixa de diálogo que surge aparecerá listado o modo salvo anteriormente, selecione-o e clique em Mostrar. Vejamos:

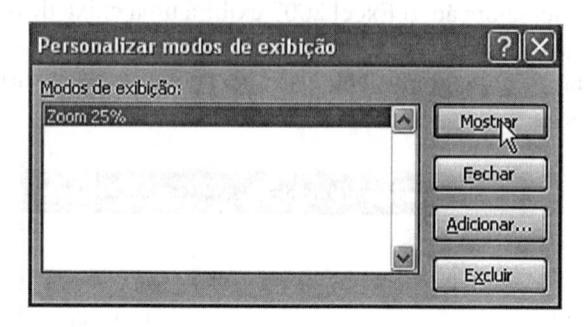

Figura 11.031

Você pode criar quantos modos personalizados quiser. Aplique-os conforme a necessidade.

Ocultando e Reexibindo documentos

Para ocultar temporariamente o documento atual, basta seguir a rota: menu Exibir > painel Janelas > opção Ocultar. Vejamos:

Figura 11.032

Para reexibir o documento, clique no botão logo abaixo do botão ocultar. O documento será reexibido.

Ocultando e Reexibindo planilhas

Em determinados casos, podemos precisar ocultar uma ou mais planilhas de um documento. O Excel oferece essa ferramenta de modo fácil de usar: com dois ou três cliques, podemos ocultar e exibir nossas planilhas.

A ferramenta subentende que o usuário deseja ocultar a janela atualmente aberta, ou seja, a planilha que no momento está em uso. Essa é que será ocultada.

Para ocultar a planilha aberta, siga a rota: clique com o botão direito do mouse sobre o nome da planilha > opção Ocultar. Vejamos:

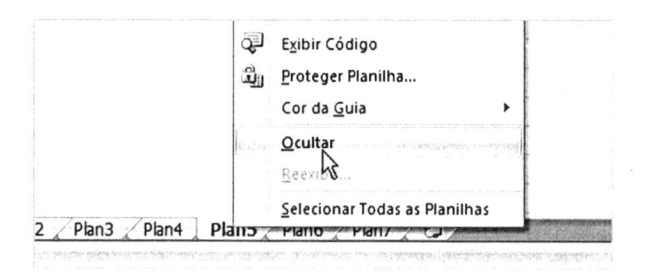

Figura 11.033

Repita os passos com as demais planilhas que deseja ocultar no documento.

Reexibindo planilhas ocultas

Para re-exibir uma planilha oculta, siga a rota: clique com o botão direito do mouse sobre o nome de uma planilha visível > opção Reexibir. Vejamos:

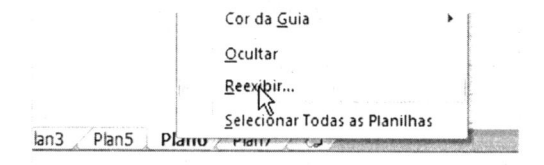

Figura 11.034

O Excel 2007 mostrará uma caixa de diálogo para que possamos escolher uma planilha da lista para ser re-exibida. Selecione uma delas e clique em OK.

Figura 11.035

Congelando linhas, painéis e colunas

No Excel 2007, podemos congelar linhas, painéis compostos por diversas linhas e colunas. O congelamento, principalmente da linha superior de uma planilha, é especialmente útil quando temos uma lista ou tabela extensa e ao rolarmos a planilha os rótulos de colunas são ocultados, dificultando a leitura e entendimento dos dados de cada coluna.

Congelando a linha superior

Neste caso, podemos usar o atributo Congelar Linha Superior. Para isto, simplesmente siga a rota: menu Exibição > painel Janela > opção Congelar Linha Superior. Vejamos:

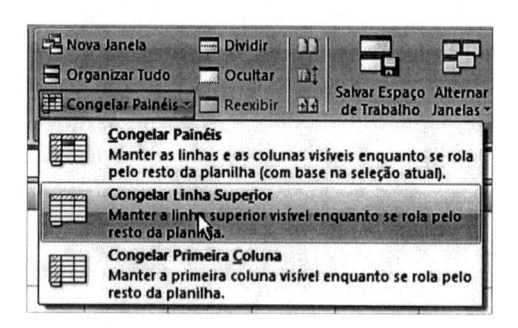

Figura 11.036

Mova a barra de rolagem para baixo e veja que a primeira linha permanece imóvel enquanto as demais rolam.

Congelando painéis

Painéis nada mais são do que grupos de linhas previamente selecionadas para o congelamento, ou seja, ao invés de congelarmos uma linha apenas, podemos selecionar quantas linhas quisermos e o Excel as congela para nós, causando o mesmo efeito do congelamento da linha superior.

Selecione a linha imediatamente abaixo do intervalo que gostaria de congelar (no caso desse exemplo, selecionei a linha 7, pois eu gostaria de congelar o intervalo de 1 a 6) e siga a rota: menu Exibição > painel Janela > opção Congelar Painéis. Vejamos:

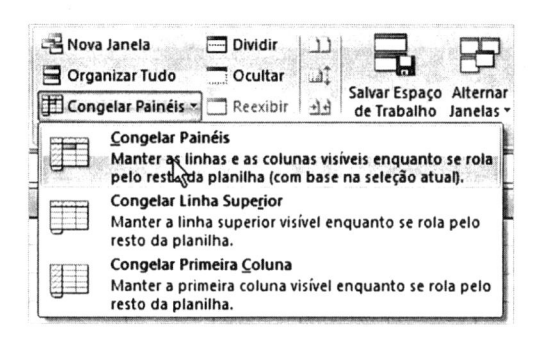

Figura 11.037

Nota: Lembrando que para selecionarmos uma ou mais linhas inteiras devemos clicar sobre o índice de linhas e não sobre as células da linha. No caso da seleção de mais de uma linha, basta clicar no primeiro número da linha (índice) e arrastar até o último número desejado.

Observe que não só a primeira linha foi congelada, mas sim a sequência de 1 a 6. A divisa do intervalo congelado é marcada por uma linha horizontal mais espessa. Vejamos:

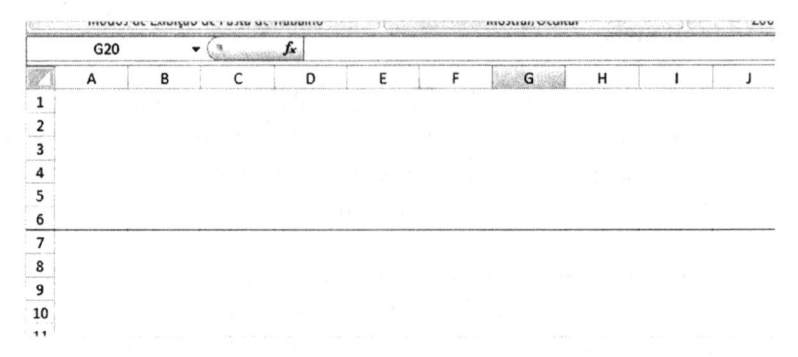

Figura 11.038

Para verificar o exatamente aconteceu aqui, use a barra de rolagem à direita da planilha para rolar a página de dados. Note que as linhas de 1 a 6 não rolam com as demais.

Bom, como pudemos ver não há segredo em congelar linhas, colunas ou grupos destas no Excel 2007, bastando apenas conhecer algumas regras bastante simples que são:

1 - Para bloquear linhas, selecione a linha imediatamente abaixo da qual deseja que a divisão apareça e então use o atributo de congelamento.

2 - Para congelar colunas, selecione a coluna imediatamente à direita da qual deseja que a divisão apareça.

3 - Para congelar tanto linhas quanto colunas, clique na célula abaixo imediatamente e imediatamente à direita de onde deseja que a divisão apareça.

Descongelando intervalos de linhas e colunas

Para descongelar um intervalo ou linha bloqueada, siga a rota: menu Exibição > painel Janela > opção Descongelar Painéis. Vejamos:

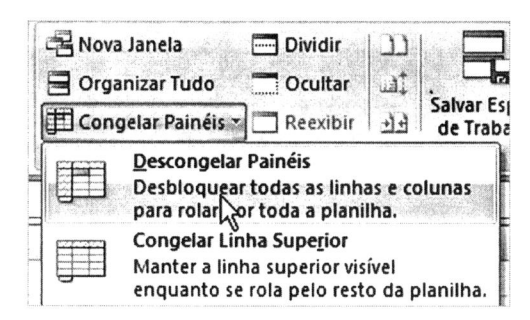

Figura 11.039

Dividindo planilha

A divisão de planilhas pode ser bastante útil quando a tabela de dados existente é extensa (mais alta que a tela) e precisamos ver detalhes simultâneos dessa tabela, porém não conseguimos. Nesse caso, basta aplicarmos a divisão que poderemos visualizar a tabela em diferentes pontos ao mesmo tempo.

Primeiramente vamos definir onde queremos dividir a planilha de dados; para isso, selecione uma linha clicando sobre o seu índice. No caso desse exemplo, selecionei a linha 12. Em seguida, siga a rota: menu Exibição > painel Janela > opção Dividir. Vejamos:

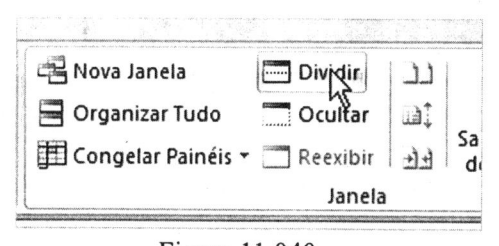

Figura 11.040

A planilha foi dividida na linha 12 e a tela possui duplas barras de rolagem que podemos movimentar para pontos diferentes na mesma planilha. Vejamos o exemplo na figura a seguir:

	A	B	C
1	OuroData Informática e Idiomas		
2	CURSOS	MÉDIA DE VENDAS/DIA	MÉDIA DE VENDAS/MÊS
3	CorelDraw	26	728
4	PhotoShop	32	896
5	FireWorks	38	1064
6	DreamWeaver	44	1232
7	Word	50	1400
8	Excel	56	1568
9	PowerPoint	62	1736
10	Html	68	1904
11	JavaScript	74	2072
12	Total de vendas	450	12600
3	CorelDraw	26	728
4	PhotoShop	32	896
5	FireWorks	38	1064
6	DreamWeaver	44	1232
7	Word	50	1400
8	Excel	56	1568
9	PowerPoint	62	1736
10	Html	68	1904
11	JavaScript	74	2072
12	Total de vendas	450	12600

Figura 11.041

Usando as barras de rolagem das diferentes janelas, podemos localizar pontos diferentes dentro da mesma planilha.

Caso queira alterar a posição da divisa, basta passar o cursor do mouse sobre ela e, no momento em que o cursor tomar outra forma (vide figura 11.041), clique e arraste para baixo ou para cima.

Podemos também acionar esse atributo de divisão de planilha clicando no pequeno traço horizontal existente acima da seta superior da barra de rolagem da direita. Vejamos:

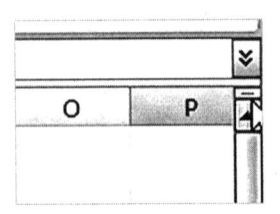

Figura 11.042

Clique nesse pequeno traço e arraste para a planilha. Ao soltar será determinada a divisa.

Comentários

Comentários são dicas ou lembretes que escrevemos anexado a uma célula do Excel com finalidades diversas. No Excel 2007, nós podemos adicionar uma observação a uma célula, inserindo um comentário.

Os comentários são muito úteis quando desenvolvemos trabalhos ou exercemos uma função em conjunto com outras pessoas; nesse caso, podemos, por exemplo, deixar um lembrete sobre algo faltante ou inacabado ou incompleto em uma determinada célula. Temos total controle sobre os comentários criados, podendo editar o texto nos comentários ou excluir comentários que não são mais necessários.

Inserindo um novo comentário

A primeira coisa a fazer é selecionar com um clique a célula na qual pretendemos inserir um comentário. Nesse exemplo selecionei a célula A1. Feito isso, siga a rota: menu Revisão > painel Comentários > opção Novo Comentário. Vejamos:

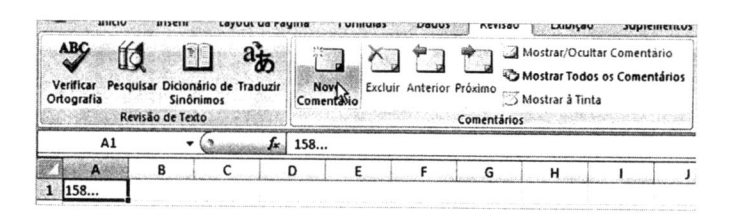

Figura 11.043

Ao clicar, o Excel exibirá uma caixa de texto com fundo amarelo e bordas pretas na qual devemos digitar a mensagem. Vejamos o exemplo na figura que segue:

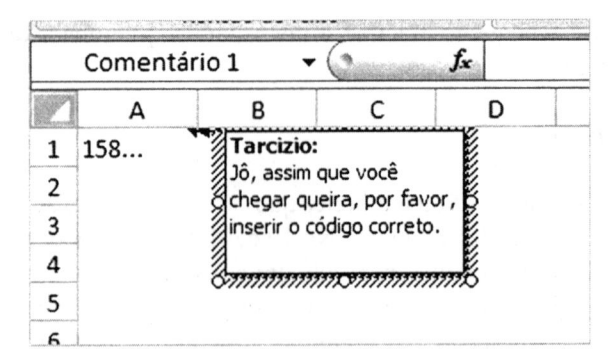

Figura 11.044

Para finalizar, basta clicar fora da caixa ou teclar Enter. Note que uma pequena seta vermelha foi inserida no canto superior direito da célula A1; isso indica que esta célula possui um comentário. Ao passar o cursor do mouse sobre essa célula, o comentário ou lembrete inserido será exibido.

Editando um comentário

Para editar um comentário, selecione a célula com um clique e, em seguida, clique no ícone Editar Comentário no mesmo painel. Vejamos:

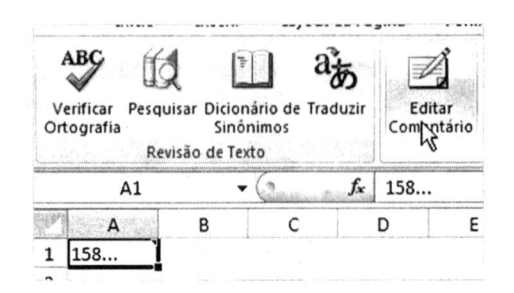

Figura 11.045

A caixa de texto será exibida da forma inicial. Basta então alterar o que for necessário e teclar Enter ou clicar fora da caixa para finalizar.

Definindo Nomes | 263

Mantendo o comentário visível permanentemente

O Excel permite que um comentário fique visível sem se ocultar após a perda do foco da célula. Para isso, selecione a célula do comentário e clique no ícone

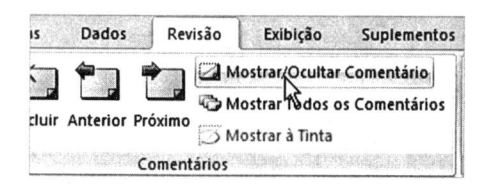

Figura 11.046

Note que o comentário não desaparece quando a célula não está selecionada. Para voltar ao modo anterior, clique novamente no mesmo botão.

Mostrando todos os comentários

Para mostrar todos os comentários de uma planilha, clique no ícone Mostrar Todos os Comentários. Vejamos:

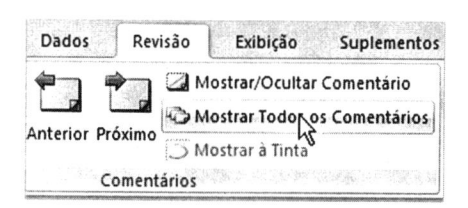

Figura 11.047

Excluindo comentários

Para excluir um comentário, primeiramente selecione a célula que contenha o comentário que se deseja excluir. Em seguida, clique no ícone Excluir no painel Comentários no menu Revisão. Vejamos:

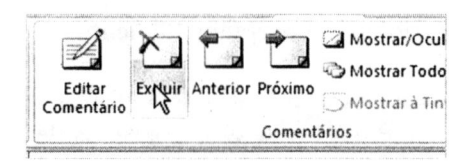

Figura 11.048

Navegando pelos comentários

Podemos caminhar sobre cada comentário do documento com o uso de ferramentas apropriadas. Para isso, faça uso dos ícones Anterior e Próximo. Observe a figura anterior (11.048).

Capítulo 12

Proteção para acesso restrito

O Excel 2007 oferece, de forma ampla, ferramentas de proteção para impedir que, por acidente ou deliberadamente, um usuário altere, mova ou exclua dados importantes. Nós podemos proteger determinados elementos de uma planilha ou pasta de trabalho, com ou sem uma senha.

Nota: Caso você não forneça uma senha durante o processo de proteção, qualquer usuário poderá desproteger a planilha e alterar os elementos protegidos. Certifique-se de escolher uma senha que seja fácil de lembrar já que, se ela for perdida, você não poderá acessar os elementos protegidos na planilha.

Protegendo Estrutura e Janelas

Para acessar a caixa de diálogo de proteção de estrutura e ou janelas, siga a rota: menu Revisão > painel Alterações > seta do botão Proteger Pasta de Trabalho > Proteger Estrutura e Janelas. Vejamos:

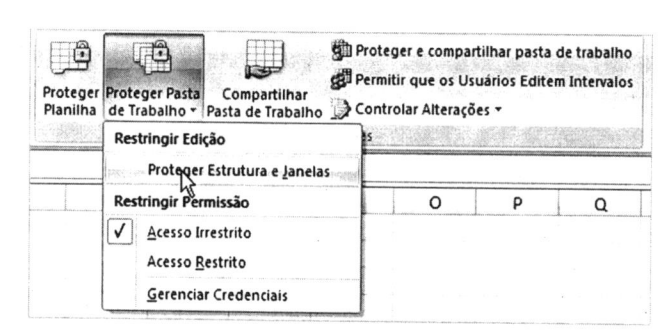

Figura 12.001

Ao clicar nessa opção o Excel exibirá a caixa de diálogo de configuração do nível de proteção pretendido. Vejamos o exemplo:

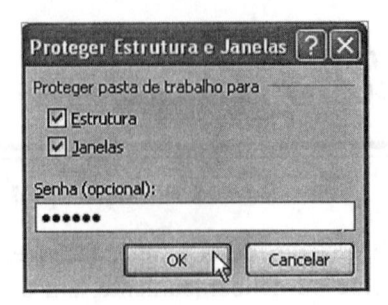

Figura 12.002

Nessa caixa devemos decidir se pretendemos proteger somente a estrutura do documento, bem como impedir exclusões de planilhas, inserção de novas etc. ou se pretendemos também proteger o estado atual das planilhas (Janelas) para que seja mantida no próximo acesso.

Detalhes adicionais:

- Para proteger a estrutura de uma pasta de trabalho, marque ou mantenha marcada a caixa de seleção Estrutura.

- Para manter as janelas da pasta de trabalho com o mesmo tamanho e na mesma posição a cada vez que a pasta de trabalho for aberta, marque a caixa de seleção Janelas.

Clique em OK. O Excel solicitará confirmação para efetuar a proteção conforme especificado. Repita a senha e clique em OK novamente para confirmar. Vejamos:

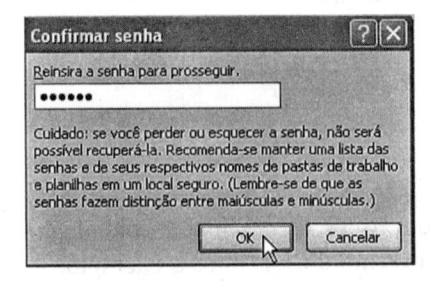

Figura 12.003

Para verificar a proteção, clique com o botão direito do mouse sobre um dos nomes de planilhas nas paletas de nomes e veja que todas as opções de alteração estão desabilitadas. Observe o exemplo na figura a seguir:

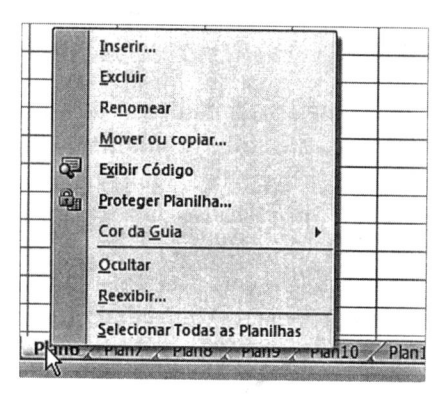

Figura 12.004

Desprotegendo o documento

Para desproteger o documento você deverá estar de posse da senha, caso tenha usado uma para protegê-lo.

Nota: Proteger documentos sem o uso de senha somente é indicado para evitar erros de alteração acidental. Nunca deixe de usar senha em documento onde o computador é compartilhado com outros usuários.

Siga a mesma rota que fez para proteger o documento. Feito isso, o Excel 2007 exibirá a caixa de diálogo Desproteger Pasta de Trabalho. Digite a senha gravada anteriormente e clique em OK.

Figura 12.005

Agora seu documento está aberto para alterações novamente.

Protegendo planilhas individualmente

No Excel, podemos bloquear não somente um documento inteiro como acabamos de ver, mas também podemos restringir o acesso a uma ou mais planilhas de um documento.

A restrição de planilhas é amplamente útil principalmente quando trabalhamos em conjunto com outros profissionais no mesmo arquivo do Excel, sendo cada usuário responsável por uma planilha; dividindo assim as tarefas e mantendo a segurança e restrição para cada planilha de dados.

Para proteger a planilha atualmente aberta em seu documento de trabalho, siga a rota: menu Revisão > painel Alterações > botão Proteger Planilha. Vejamos:

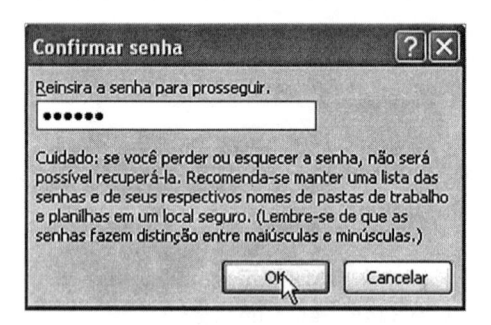

Figura 12.006

O Excel exibirá a caixa de diálogo Proteger planilha onde podemos configurar detalhes da restrição. Observe a figura a seguir:

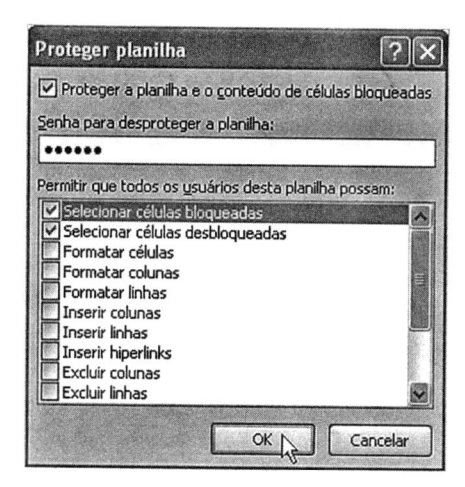

Figura 12.007

O primeiro campo é onde inserimos a senha. Escolha uma senha segura, porém de fácil memorização, lembrando que, caso esqueça a senha, o documento não poderá ser mais aberto.

No Permitir que todos os usuários desta planilha possam, o Excel mostra uma lista de itens que poderão permanecer desbloqueados após a definição da senha. Por padrão, somente os itens Selecionar células e Selecionar células desbloqueadas estão marcados.

Nesse exemplo deixaremos o padrão. Clique então em OK para definir a restrição. O Excel exibirá a caixa Confirmar senha. Reinsira a senha e clique em OK. Vejamos:

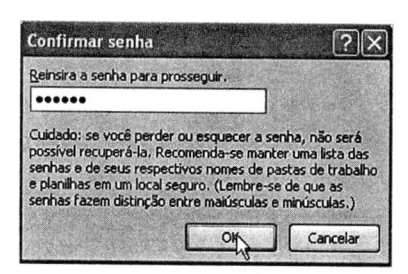

Figura 12.008

Ao tentar inserir algum dado em uma célula qualquer da planilha, o Excel emitirá uma mensagem de alerta. Vejamos:

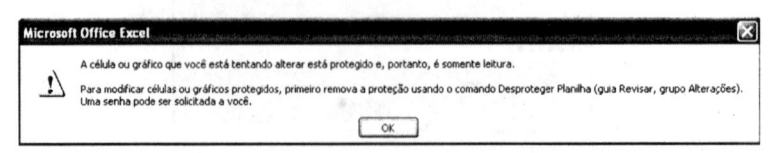

Figura 12.009

Mantendo células desbloqueadas em uma planilha bloqueada

Em alguns casos, podemos precisar deixar uma ou mais células desbloqueadas em uma planilha de dados enquanto o restante da planilha permaneça bloqueado. Imagine uma situação em que você trabalha em rede com diversas pessoas; nesse caso, sua planilha de dados está bloqueada para acesso não autorizado. Bom, até aqui tudo bem, porém surge a necessidade que alguém de outro setor conectado à sua rede digite um determinado código de produto em sua planilha para sua aprovação ou verificação.

Para possibilitar essa ação, temos que deixar uma célula desbloqueada enquanto o restante da planilha permanece bloqueado. Para isto, siga os passos:

Antes do primeiro passo, caso sua planilha esteja bloqueada, desbloqueie-a antes de prosseguir.

1 – Selecione a célula que deseja deixar desbloqueada na sua planilha. Para este exemplo, selecionei a célula A1

2 – Siga a rota: menu Início > painel Células > botão Formatar > opção Formatar Células. Vejamos:

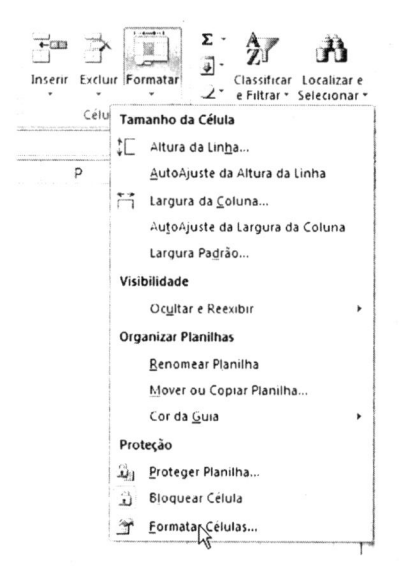

Figura 12.010

3 – Na caixa de diálogo Formatar Células, selecione a guia Proteção e desmarque a caixa Bloqueadas. Deixe as duas caixas em branco. Vejamos a referida caixa de diálogo:

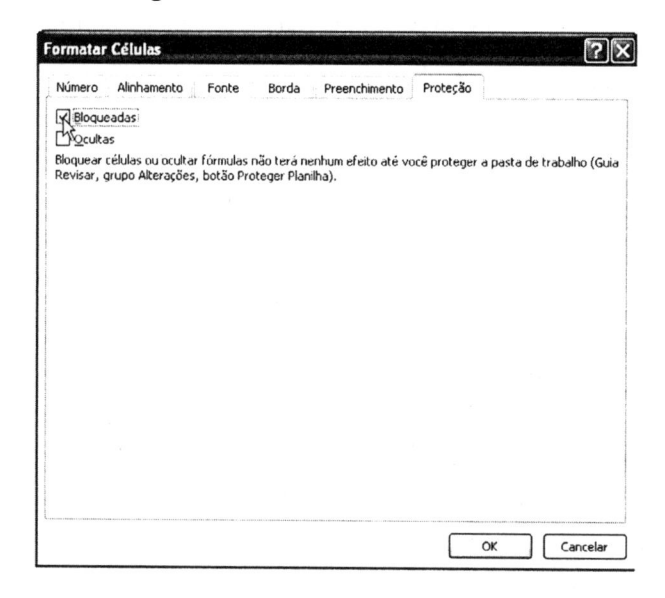

Figura 12.011

4 - Feito isto, clique em OK para confirmar o desbloqueio.

Nota: Observe a mensagem escrita na caixa de diálogo. O texto informa que será necessário proteger a planilha para que a restrição seja confirmada nas células tidas como bloqueadas. Isso é o que faremos para que as demais células que não foram desbloqueadas sejam completamente restritas, permanecendo livre para edição somente a que desbloqueamos.

5 - O próximo passo é bloquear novamente a planilha. Siga os passos vistos anteriormente e bloqueie a planilha com uso de senha. Feito isso, digite algo na célula A1 e veja que isso é perfeitamente possíve;, porém, todas as demais células estão bloqueadas.

Protegendo e compartilhando pasta de trabalho

Suponhamos que você é o encarregado pelo trabalho, mas há seus subordinados ou colaboradores que auxiliarão no trabalho. Esse é o modo mais seguro de trabalhar em conjunto na mesma planilha de dados, pois as alterações no documento feitas por cada colega poderão ser identificadas e aceitas ou não por você.

Para que as restrições sejam somente analisadas por você, será necessário que uma senha seja inserida na primeira caixa de diálogo.

Para proteger e ao mesmo tempo compartilhar uma pasta de trabalho, siga a rota: menu Revisão > painel Alterações > opção Proteger e compartilhar pasta de trabalho

O Excel exibirá a seguinte caixa de diálogo:

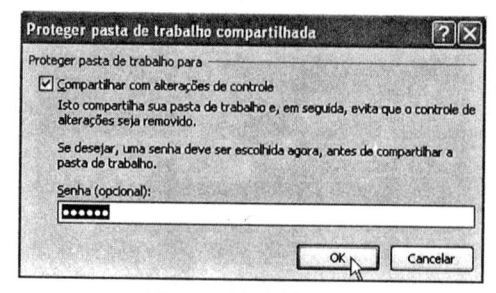

Figura 12.012

O uso de senha nessa etapa é opcional; porém, caso não insira uma senha, o outro usuário colaborador terá livre acesso para alterar o controle de alterações do documento.

Clique em OK. O Excel exibirá uma caixa de confirmação de senha. Observemos:

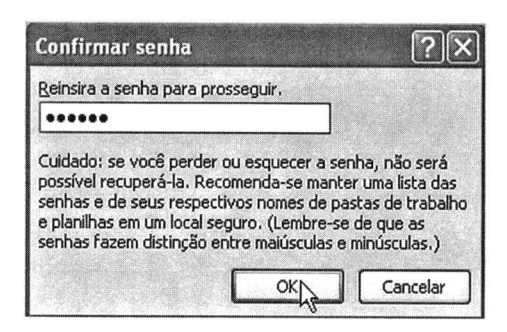

Figura 12.013

Na próxima caixa de diálogo, selecione um local para salvar o documento, dê um nome a ele e clique em Salvar. Vejamos:

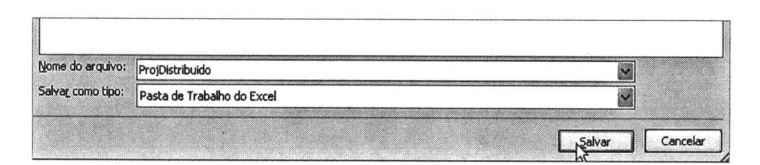

Figura 12.014

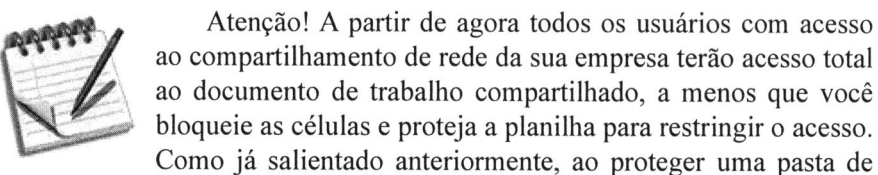

Atenção! A partir de agora todos os usuários com acesso ao compartilhamento de rede da sua empresa terão acesso total ao documento de trabalho compartilhado, a menos que você bloqueie as células e proteja a planilha para restringir o acesso.

Como já salientado anteriormente, ao proteger uma pasta de trabalho compartilhada, você deverá definir uma senha; essa senha terá que ser digitada por todos os usuários ao tentar abrir o documento.

Restrição com gerenciamento remoto

No meio empresarial, a gestão de dados e tráfego de informações são muito diferentes quando comparadas aos mesmos processos em nível residencial ou autônomo. A Microsoft, através da ferramenta de manipulação e gerenciamento de dados, o Excel 2007, oferece total segurança para a transitação de informações sigilosas através da web, minimizando as tarefas e as preocupações relacionadas à segurança dos seus dados.

Até agora, vimos todo o processo de configuração de restrições à edição de documentos; porém, com os métodos vistos até agora, o usuário ainda pode visualizar o conteúdo dos arquivos. Falaremos agora sobre outro tipo de ferramenta de restrição, que nos oferece meios muito mais seguros de transferir ou compartilhar arquivos, visto que os receptores deverão estar pré-informados e autorizados sobre o recebimento de tais arquivos.

Nesse novo método, a verificação de segurança será feita através de uma conta previamente criada na web e somente será liberada a abertura do arquivo caso os dados inseridos pelo destinatário coincidam com os previamente cadastrados pelo remetente.

Por padrão, o acesso a um arquivo do Excel 2007 é sempre definido como irrestrito em um novo documento criado, ou seja, ao criar um novo documento no Excel, você manda o arquivo pra alguém e essa pessoa abre e vê o conteúdo, ou talvez até o altere dependendo das restrições de edição aplicadas na pasta de trabalho (arquivo .xlsx). Vejamos a indicação de acesso irrestrito no seguinte caminho:

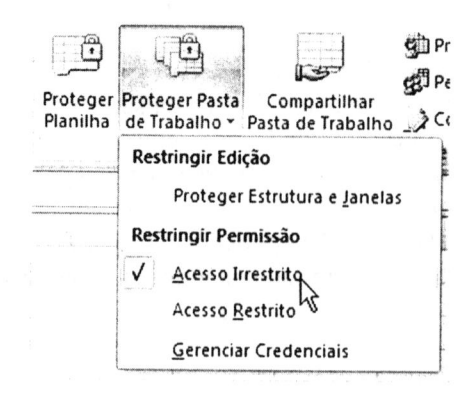

Figura 12.015

Restringindo o acesso não autorizado

Primeiramente temos que ter instalado em nosso computador e em todos aqueles com os quais vamos compartilhar os arquivos protegidos o programa Windows Rights Management (Gerenciamento de direitos), que tem a missão de gerenciar a segurança dos arquivos restringindo o acesso somente a pessoas previamente autorizadas.

Depois de baixado e instalado, estamos prontos para iniciar mais esta jornada rumo à segurança de dados.

Não se preocupe sobre o modo de baixar e instalar o Windows Rights Management; geralmente, quando tentamos usar essa ferramenta, o Excel automaticamente nos direciona por todo o caminho do download.

Feito isso, siga a rota: menu Revisão > painel Alterações > botão Proteger Pasta de Trabalho > Acesso Restrito. Vejamos:

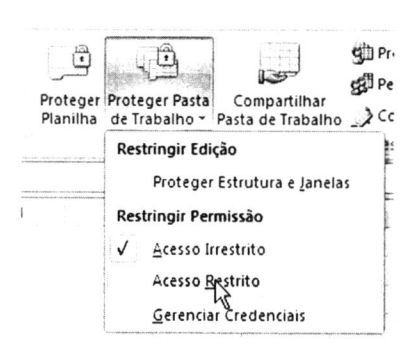

Figura 12.016

Ao clicar na opção Acesso Restrito e caso o aplicativo Windows Rights Manangement não esteja instalado em sua máquina, o Excel exibirá o seguinte alerta:

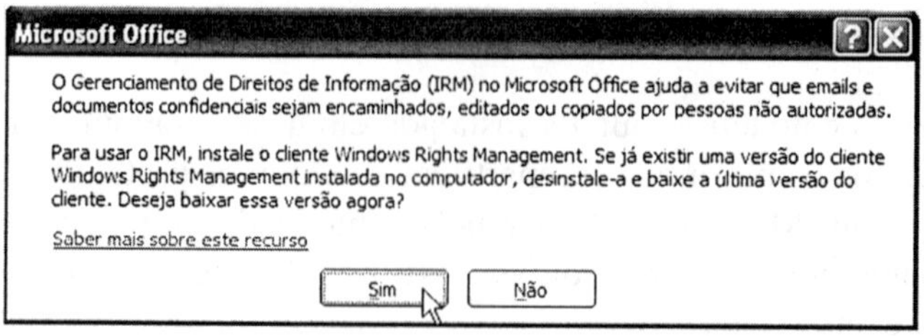

Figura 12.017

Clique em OK para que o Windows se conecte ao servidor e disponibilize o arquivo para download. Vejamos o seguinte passo:

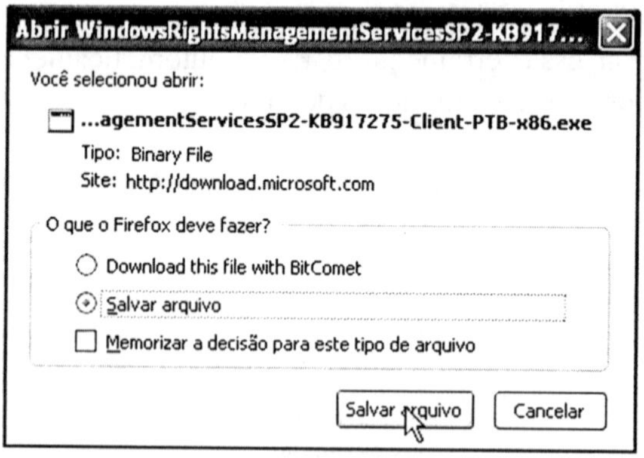

Figura 12.018

Muito bem, amigo leitor, o Windows, através de um navegador web, encontrou o arquivo. Clique em Salvar, escolha uma pasta (por exemplo, a Área de Trabalho/Desktop) para armazená-lo na máquina. Vamos vê-lo:

Figura 12.019

Dê duplo clique sobre o programa, responda sempre positivo em todas as etapas e instale normalmente o aplicativo.

Se tudo correr bem, ao final você verá esta caixa de diálogo anunciando o êxito da instalação. Vejamos:

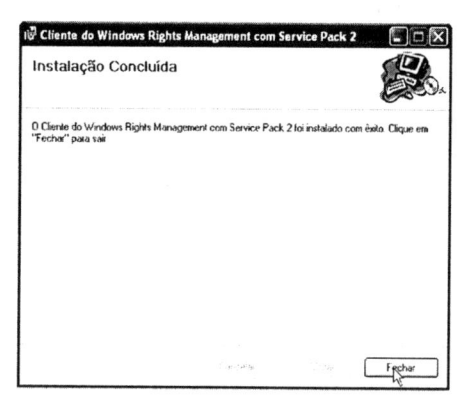

Figura 12.020

Bem, podemos então dar início ao processo de restrição. Repita os passos: menu Revisão > painel Alterações > botão Proteger Pasta de Trabalho > Acesso Restrito. Vejamos agora:

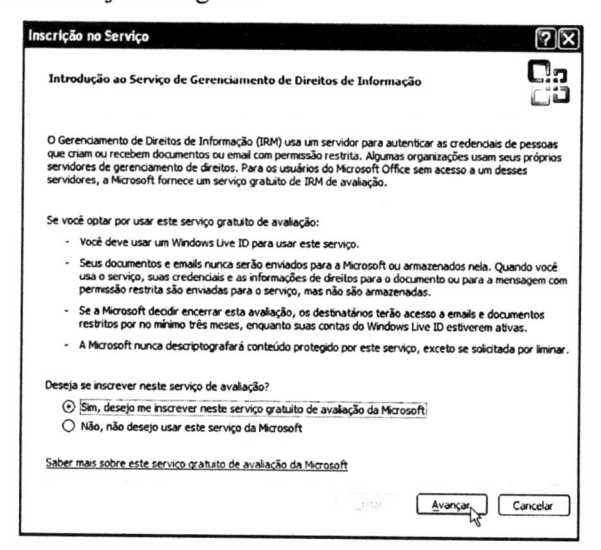

Figura 12.021

Algumas informações e esclarecimentos veem escritas nessa caixa de diálogo. Leia com atenção para se familiarizar com o serviço no qual estamos prestes a ingressar.

Não tendo nada contra, o que seria normal, pois não se trata de nada terrível e sim muitíssimo útil, marque a opção Sim, desejo me inscrever neste serviço gratuito de avaliação da Microsoft e, em seguida, clique em Avançar para iniciar o Windows Rights Manangement.

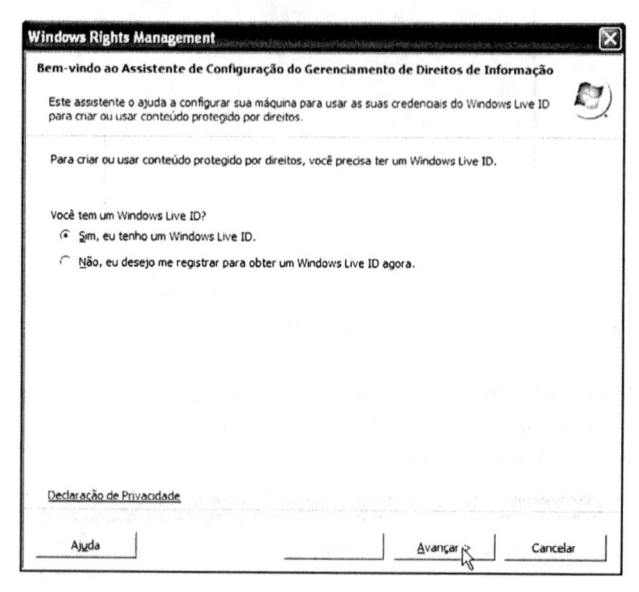

Figura 12.022

Nessa primeira caixa de diálogo do aplicativo, temos duas opções. A primeira delas considera que você já possua uma conta do hotmail ou do MSN. Já a segunda oferece a opção de criar uma nova conta.

Adotarei a idéia de que o leitor já possua uma conta em um dos servidores descritos acima. Caso não possua uma conta, crie uma no site do hotmail.com e depois dê continuidade ao processo.

Marque então a primeira opção (Sim, eu possuo um Windows Live ID) e clique em Avançar. Na caixa que surge, insira seu endereço de e-mail completo e senha. Vejamos:

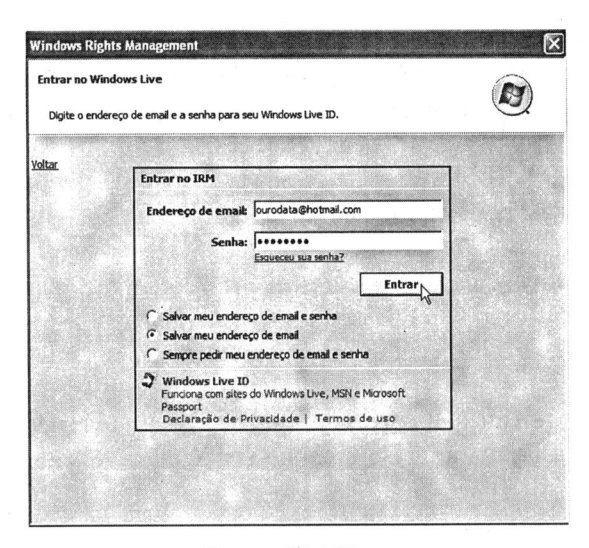

Figura 12.023

Depois de ter preenchido cada campo, clique em Entrar para se logar no sistema web e complementar o processo de registro. Vejamos a próxima caixa de diálogo:

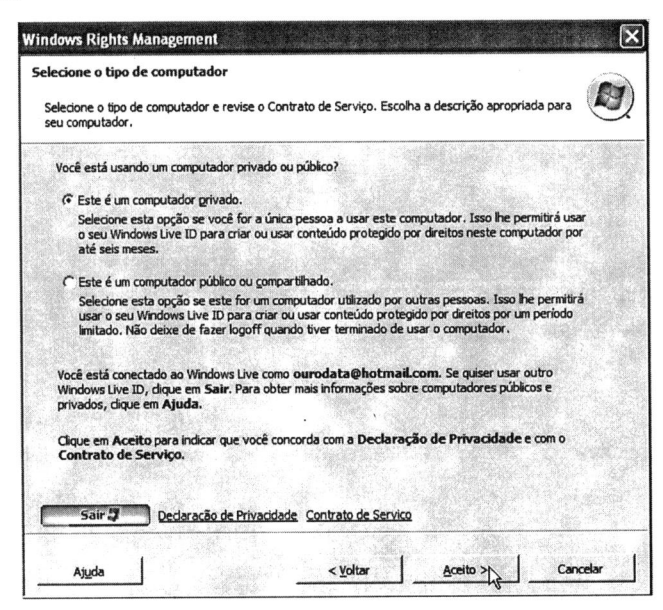

Figura 12.024

Na caixa anterior temos duas opções de seleção. A primeira deverá ser marcada quando você for a única pessoa a usar o computador. Nesse caso, o acesso ao arquivo será mantido com o mesmo "login" por até seis meses.

A segunda opção deve ser selecionada caso você divida o computador com mais pessoas, por exemplo, em uma rede de intranet.

Nesse caso, você não deve se esquecer fazer "logoff" sempre que sair do computador, pois caso outra pessoa use-o estando "logado" ainda com o seu usuário, tudo que ocorrer será de sua inteira responsabilidade. Fique atento.

Vamos considerar que você esteja em um computador de uso particular. Marque então a primeira opção e clique em Aceito. Vejamos o processo de conexão:

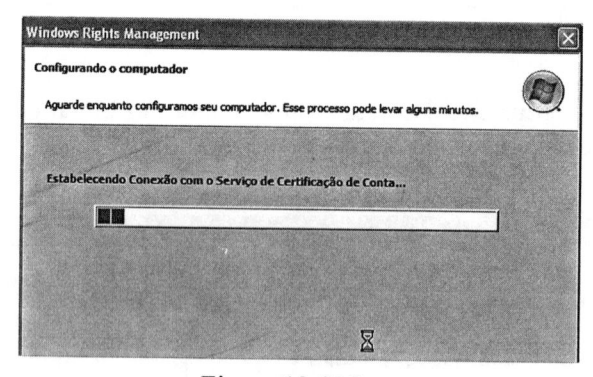

Figura 12.025

Depois de terminada a conexão com o serviço de conta da Microsoft, a caixa de diálogo que segue será exibida:

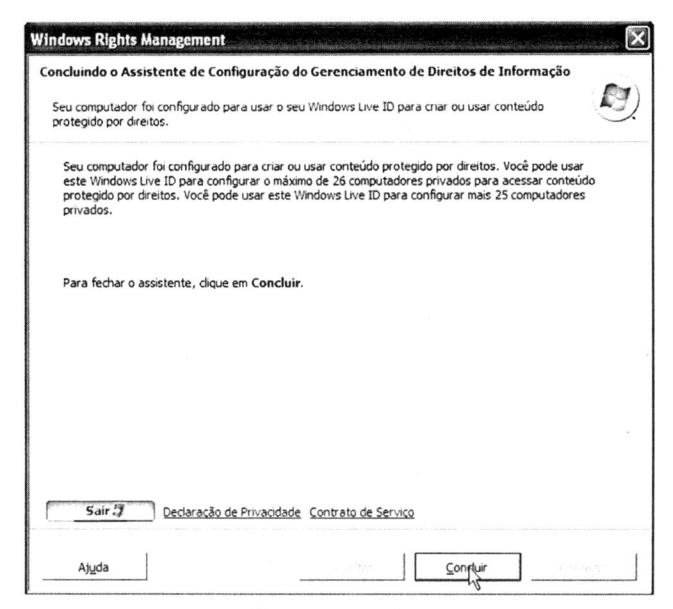

Figura 12.026

Agora sim, você está pronto para usar o serviço, pois o computador foi configurado com êxito para isso. Clique em Concluir para finalizar essa etapa.

Caso o Excel não abra automaticamente a caixa de diálogo Permissão, para que você possa executar a próxima etapa, basta seguir os próximos passos em Restringindo o Acesso à Pasta de Trabalho.

Restringindo o acesso à pasta de trabalho

Já tendo configurado todos os itens necessários, vamos agora ao processo de restrição propriamente dito. Siga a rota: menu Revisão > painel Alterações > botão Proteger Pasta de Trabalho > opção Acesso Restrito. Vejamos:

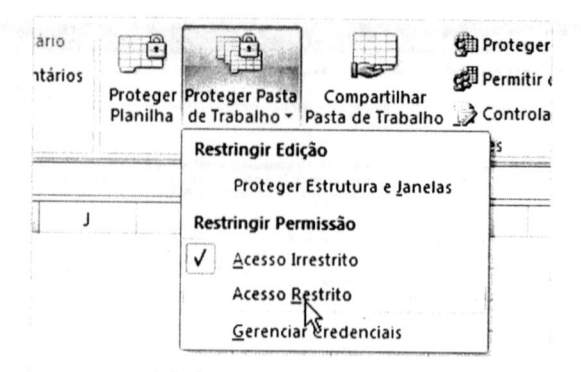

Figura 12.027

Ao clicar em Acesso Restrito, o Excel 2007 verifica a configuração do aplicativo Windows Rights Management. Caso tudo esteja de acordo, será exibida a caixa de diálogo Permissão, para inserção do(s) endereço(s) do(s) destinatário(s). Vejamos o exemplo na figura que segue:

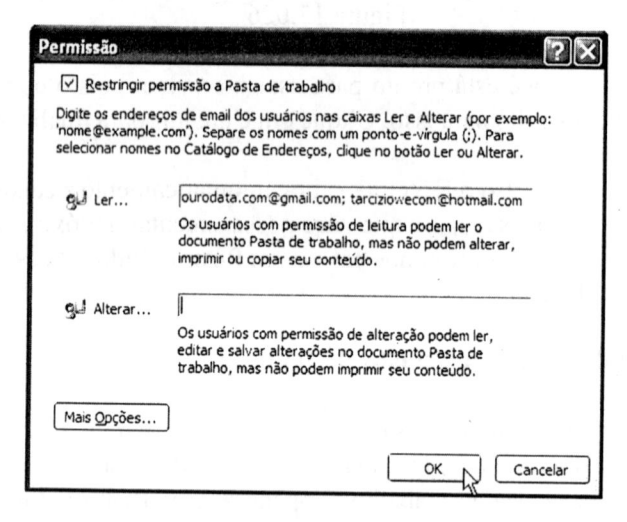

Figura 12.028

Escolha em que campo deseja inserir os endereços dos destinatários (usuários com permissão), mas lembre-se que no caso de necessitar inserir mais de um endereço por campo, separe cada endereço com ponto-e-vírgula (;).

Caso queira maior controle sobre os direitos de acesso e uso do arquivo (pasta de trabalho), clique no botão Mais Opções. Vejamos a janela referente a esse atributo com configurações de exemplo:

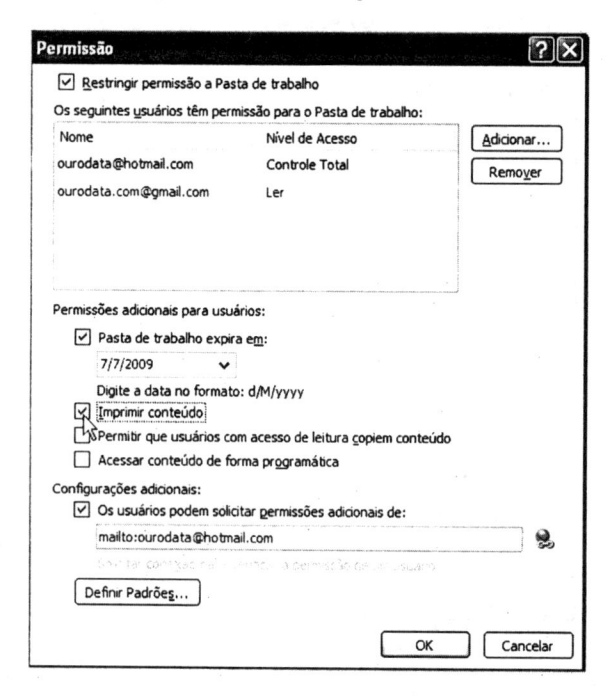

Figura 12.029

Clique em OK quando estiver configurado de acordo com as suas necessidades. Agora somente resta mandar o arquivo para os destinatários ou mesmo distribuí-lo na rede intranet.

Acessando o arquivo restrito

Suponhamos que a máquina do primeiro destinatário ou colaborador não possua o Gerenciador de Direitos de Informação (IRM) instalado. Nesse caso, o Windows exibirá uma janela de alerta comunicando a ausência desse programa. Vejamos:

> **Microsoft Office**
>
> O Gerenciamento de Direitos de Informação (IRM) no Microsoft Office ajuda a evitar que emails e documentos confidenciais sejam encaminhados, editados ou copiados por pessoas não autorizadas.
>
> Para usar o IRM, instale o cliente Windows Rights Management. Se já existir uma versão do cliente Windows Rights Management instalada no computador, desinstale-a e baixe a última versão do cliente. Deseja baixar essa versão agora?
>
> Saber mais sobre este recurso
>
> [Sim]   [Não]

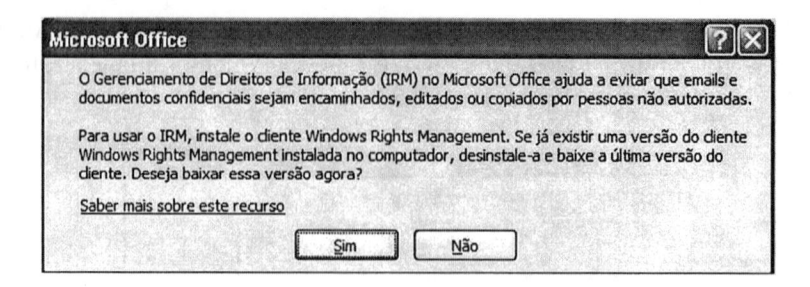

Figura 12.030

Nesse caso, clique em Sim para acessar o servidor da Microsoft e baixar o IRM. Feito isso, tente abrir o arquivo do Excel 2007 novamente.

Com o programa instalado no computador do colaborador, a mensagem seria como segue:

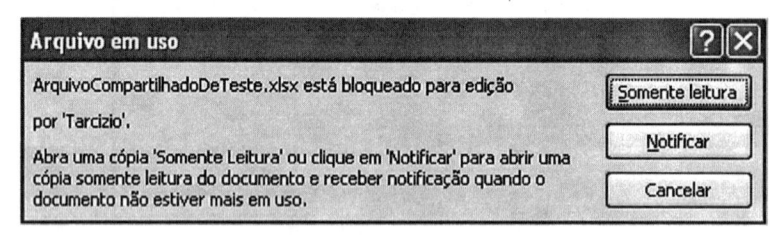

> **Arquivo em uso**
>
> ArquivoCompartilhadoDeTeste.xlsx está bloqueado para edição por 'Tarcizio'.
>
> Abra uma cópia 'Somente Leitura' ou clique em 'Notificar' para abrir uma cópia somente leitura do documento e receber notificação quando o documento não estiver mais em uso.
>
> [Somente leitura] [Notificar] [Cancelar]

Figura 12.031

Essa mensagem ainda não se refere ao gerenciamento de permissões de acesso ainda, já que, por padrão, um arquivo do Office 2007 é compartilhado como Somente leitura; mas até então o usuário poderia simplesmente salvar uma cópia e alterar à vontade.

Clicando em Somente leitura, o Excel exibirá o seguinte alerta:

> **Microsoft Office Excel**
>
> Este(a) Pasta de trabalho foi criado(a) com permissão restrita usando o serviço de Gerenciamento de Direitos de Informação do Microsoft Office. Você não tem credenciais para este serviço. Deseja obter credenciais para este serviço agora?
>
> [Sim]   [Não]

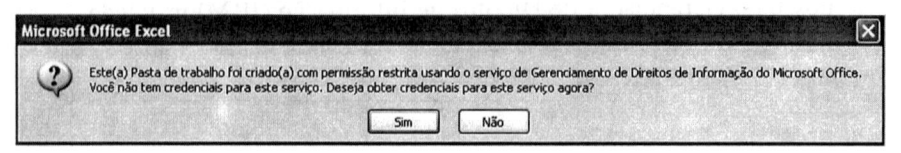

Figura 12.032

Aqui o Excel 2007 avisa sobre as restrições do arquivo que estamos tentando acessar, ou seja, ele deixa o usuário condicionado a obter aprovação através de verificação on-line para poder abrir a pasta de trabalho. Clique em Sim para criar uma credencial. Vejamos a próxima caixa de diálogo:

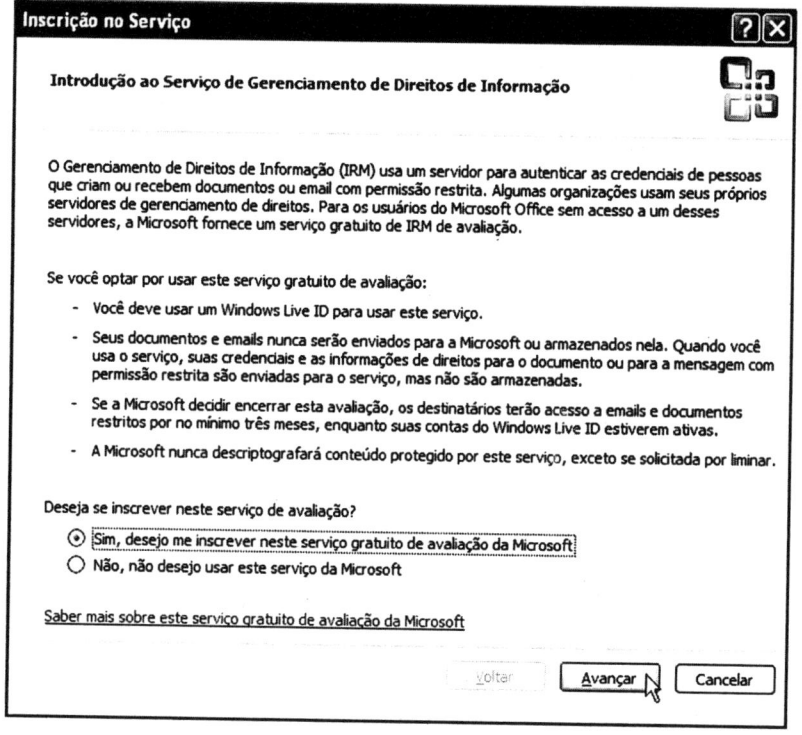

Figura 12.033

Aceite usar o sistema de gerenciamento da Microsoft para que possa continuar no assistente e clique em Avançar.

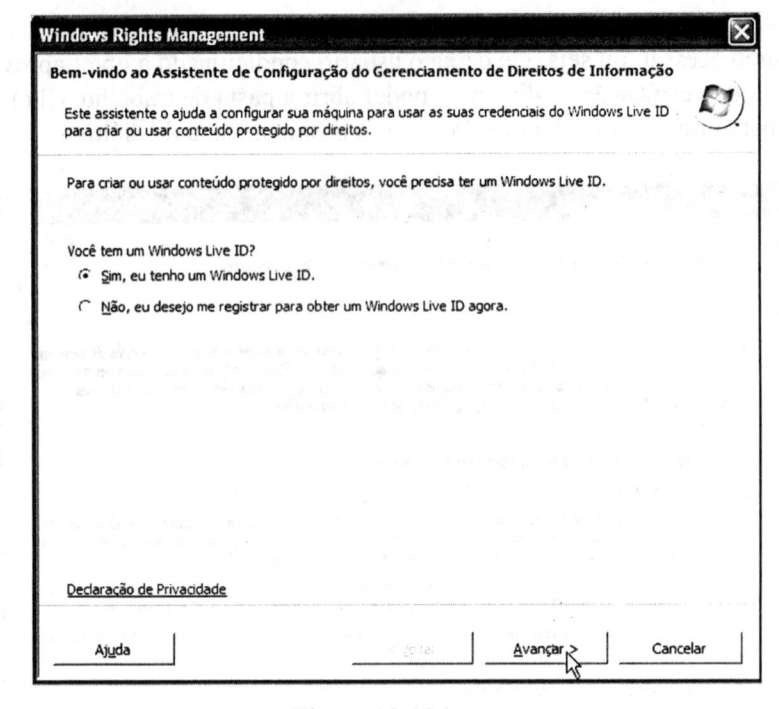

Figura 12.034

Considerando que você tenha de antemão uma conta de email no hotmail ou MSN, marque a primeira opção e clique em Avançar.

Nota: Podemos usar e-mails de qualquer servidor, desde que este seja antes credenciado no Live PassPort em www.passport.com.

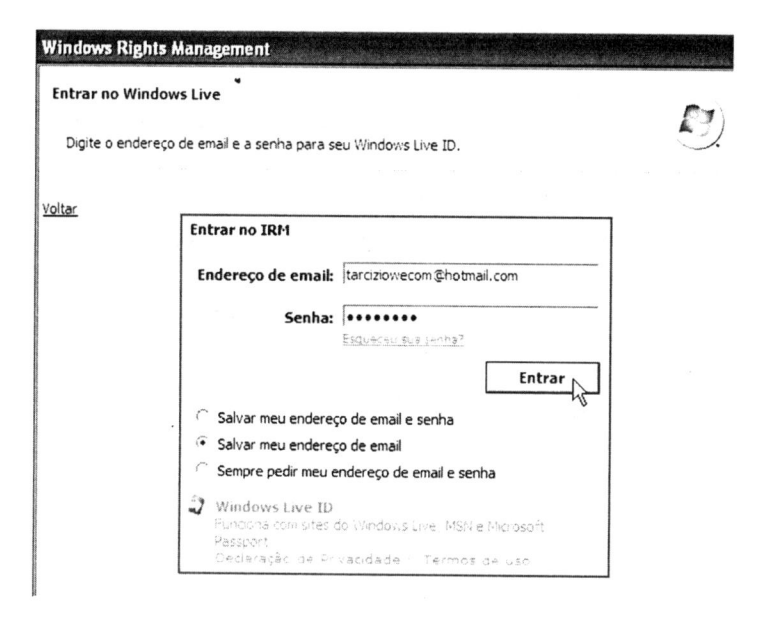

Figura 12.035

Nessa janela, o usuário deve digitar o seu endereço de e-mail e senha. Lembre-se que esses dados serão verificados on-line junto à sua conta no Live ID e os dados serão comparados com os dados dos direitos salvos no documento. Somente será permitido o acesso, ou seja, o documento somente será aberto caso esses dados coincidam.

Estando certo dos dados digitados, clique em Entrar para ver a próxima caixa de verificação da estação de trabalho. Caso você esteja em um computador conectado em rede, marque a segunda opção; porém, caso esteja em uma máquina particular, clique na primeira opção da janela. Observe o próximo passo:

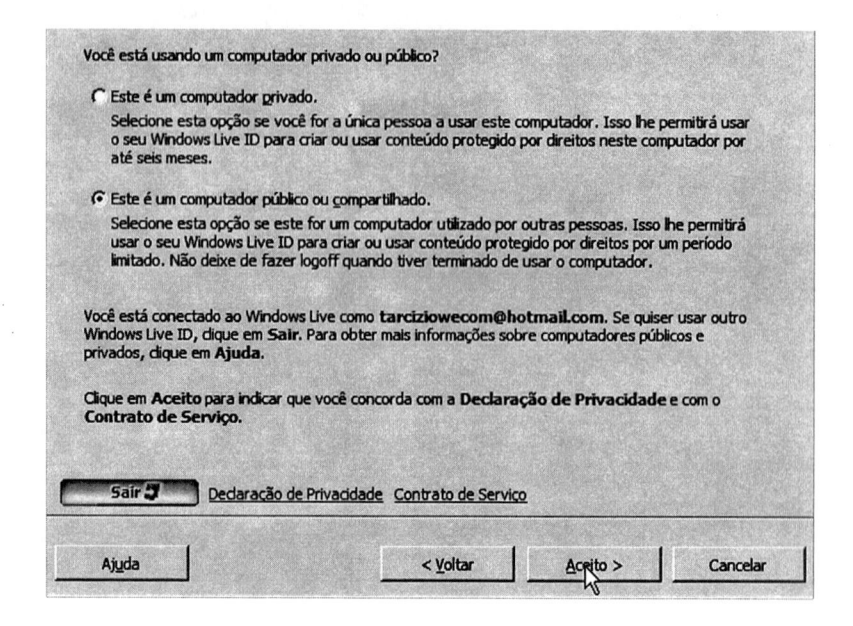

Figura 12.036

Clique então em Avançar, para seguir o assistente de acesso e ver o processo de conexão com o servidor de conta de e-mail. Vejamos:

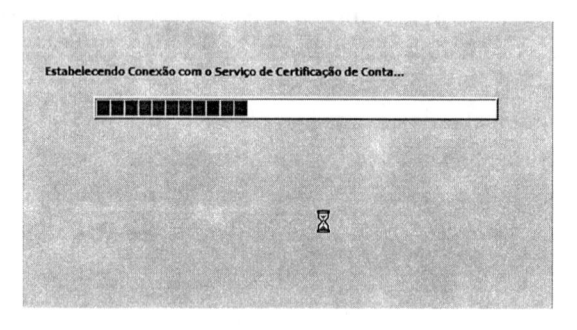

Figura 12.037

Se tudo correr bem, você deverá ver a janela a seguir:

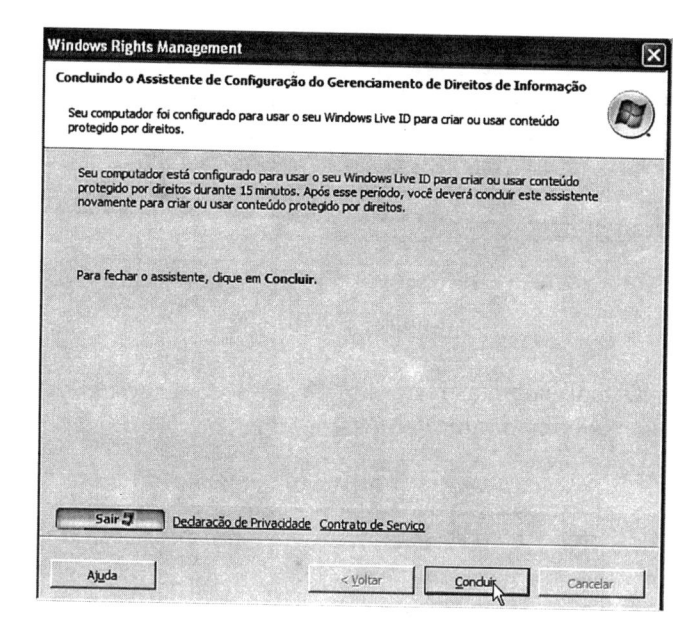

Figura 12.038

Já conectado ao servidor, vamos agora verificar os dados digitados, bem como login e senha. Clique em Concluir para ver a janela de processamento.

Figura 12.039

Caso os dados informados coincidam com os gravados no arquivo do Excel 2007, o documento será aberto e logo acima da barra de fórmulas será exibido o prazo de Expiração estipulado pelo proprietário do arquivo e as condições de acesso.

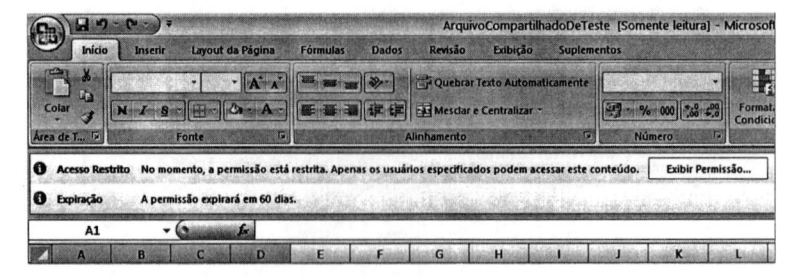

Figura 12.040

Para saber mais sobre as restrições de um documento e detalhes sobre o mesmo, clique no botão Exibir Permissão. Vejamos:

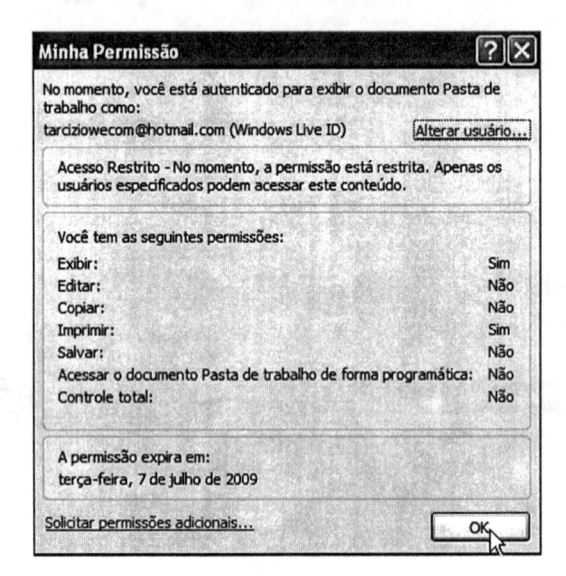

Figura 12.041

Gerenciando Credenciais

Podemos gerenciar todas as credenciais vinculadas a um documento; para isso, siga a rota: menu Revisão > painel Alterações > botão Proteger Pasta de Trabalho > opção Gerenciar Credenciais.

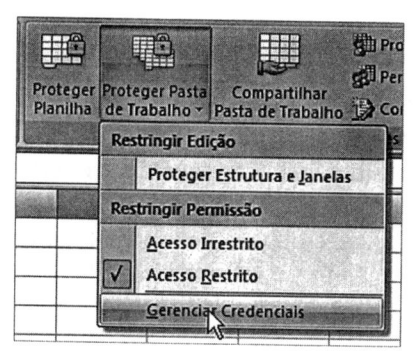

Figura 12.042

Neste momento o Excel exibirá uma janela com a lista de credenciais cedidas para esse documento. Observemos a figura a seguir:

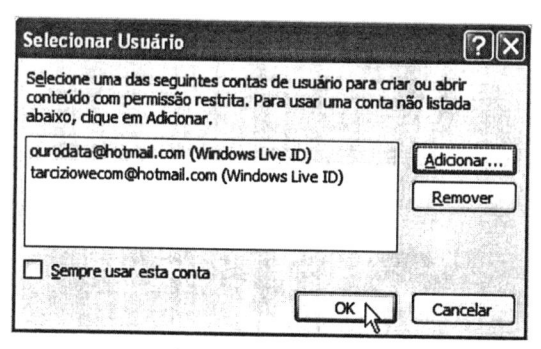

Figura 12.043

Use essa janela para Editar, Remover ou Adicionar uma nova credencial.

Bloqueando um intervalo de células específico

Como já vimos anteriormente, quando protegemos uma planilha, todas as células são bloqueadas por padrão, o que significa que elas não podem ser editadas após o bloqueio, a não ser digitando a senha que liberará toda a planilha.

Podemos nos deparar com situações em que precisaremos bloquear intervalos específicos de uma planilha, enquanto o restante permanece livre para edição. Em outros casos, podemos precisar do inverso, ou seja, de um intervalo livre e o restante bloqueado.

Restringindo acesso a um intervalo de células

Antes de efetuarmos esta ação, devemos sempre nos lembrar que uma planilha do Excel, por padrão, já vem com todas as células bloqueadas; porém, a efetivação do bloqueio somente ocorre quando a planilha inteira é bloqueada. Com essa ferramenta, o processo de desbloqueio de intervalo é automático, gerando áreas editáveis dentro de uma planilha bloqueada com o uso de uma senha específica para este intervalo. Mas não se esqueça que o broqueio somente ocorrerá quando bloquearmos a planilha.

Para restringir o acesso a um intervalo de células específico, primeiramente selecione o intervalo pretendido na tabela de dados do seu documento. Vejamos:

	A	B	C	D
1		Filial Santo André		
2	Funcionário	Presença	Faltas	Extras
3	Joseli Rocha	27	3	12
4	Thuane Rocha	28	2	15
5	Thayná Rocha	23	7	9
6	Wallace Rocha	21	9	8
7	Thábata Rocha	30	0	6
8	Thayna Simões	45	6	1
9	Rodrigo D. Silva	20	10	3
10	Wesley Snipes	19	11	7
11	Ivan Cajé	25	5	9
12	Luizinho ...	25	5	1
13	Gnomo ...	28	2	5
14	Thales Rocha	26	4	6

Figura 12.044

De acordo com a seleção, a coluna Presença somente poderá ser editada por alguém autorizado e de posse da senha de acesso.

Com o intervalo selecionado, siga a rota: menu Revisão > painel Alterações > opção Permitir que os Usuários Editem Intervalos. Observe:

Proteção para acesso restrito | 293

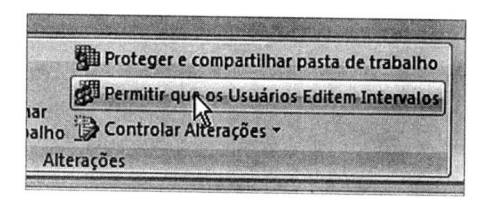

Figura 12.045

O Excel 2007 exibirá a seguinte caixa de diálogo:

Figura 12.046

Clique no botão Novo. Agora a caixa de diálogo Novo intervalo surgirá para que possamos inserir um nome para o intervalo, verificarmos o endereço do intervalo de células selecionado e digitarmos uma senha de acesso ao intervalo quando a planilha estiver bloqueada. Vejamos:

Figura 12.047

Tendo preenchido cada campo, inclusive o campo Senha do intervalo, clique em OK. O Excel 2007 pedirá para inserir novamente a senha:

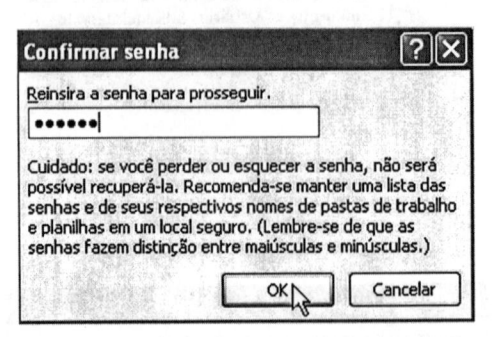

Figura 12.048

Ao clicar em OK, teremos efetivado a primeira etapa do bloqueio de intervalo, resta somente o bloqueio da planilha para que tudo funcione. O Excel exibirá uma janela listando os intervalos existentes. Vejamos:

Figura 12.049

Para bloquear a planilha por completo, como já vimos no início deste capítulo, siga a rota: menu Revisão > painel Alterações > botão Proteger Planilha > digite uma senha, OK > confirme a senha, OK.

Com a planilha bloqueada, tudo deverá estar funcionando perfeitamente bem, ou seja, ao tentar editar um campo da planilha, fora do intervalo, o Excel emitirá um alerta sobre as restrições, como já vimos anteriormente no início deste capítulo. Ao dar duplo clique sobre uma célula do intervalo bloqueado, será exibida uma caixa para inserção da senha. Vejamos:

	Filial Santo André		
Funcionário	Presença	Faltas	Extras
Joseli Rocha	27	3	12
Thuane Rocha	28	2	15
Thayná Rocha	23	7	9
Wallace Rocha	21	9	8
Thábata Rocha	30	0	6
Thayna Simões	45	6	1
Rodrigo D. Silva	20	10	3
Wesley Snipes	19	11	7
Ivan Cajé	25	5	9
Luizinho ...	25	5	1
Gnomo ...	28	2	5
Thales Rocha	26	4	6

Desbloquear intervalo

Uma célula que você está tentando alterar está protegida por senha.

Insira a senha para alterar esta célula:

●●●●●●

[OK] [Cancelar]

Figura 12.050

Muita atenção quando for escolher uma senha de acesso a intervalo;, caso venha esquecê-la, será impossível acessar ou editar os dados. Esse cuidado deverá ser tomado em todos os momentos de escolher senha no Excel. Recomendo que se escolha uma senha fácil de lembrar, porém difícil de descobrir.

Capítulo 13

Funções

As funções são ferramentas pré-desenvolvidas e disponibilizadas pelo Excel para resolver equações diversas de modo automático. A maior característica de uma função é o retorno de dados, ou seja, uma função sempre retorna uma informação ou resposta, ainda que negativa.

Em resumo, uma função sempre contém uma fórmula em seu interior (bloco) que incorpora uma série de valores e usa-os para executar uma operação, fornecendo assim, o resultado já equacionado. De modo prático, uma função, no Excel, trabalha com determinados números (ou endereços de células) dentro do seu bloco (conjunto "abre e fecha parênteses") realizando cálculos e devolvendo a conta resolvida.

Nota: Em um nível avançado, poderemos construir nossas próprias funções, personalizando-as de acordo com nossas necessidades para executar uma tarefa em particular.

Estrutura de soma normal

Normalmente, toda função necessita de argumentos, ou seja, ela precisa ser alimentada por números ou endereços de células, para que assim possa resolvê-los.

Assim como uma equação normal precisa dos números para existir, assim as funções dependem dos valores ou endereços de células que contém os valores para tornarem úteis. Vejamos um exemplo de uma soma no modo normal:

```
      R$ 45.256,00
      R$ 25.589,66
   +  R$      256,25
      R$   2.259,25
      R$ 73.361,16
```

Figura 13.001

Nessa estrutura, comparando com as funções, podemos dizer que temos a função (simbolizada pelo sinal de adição "+"). Temos quatro linhas de números para serem somados que representam os argumentos da função. E por último, a linha de resultado, que seria o retorno da função.

Estrutura de uma função

Como já havíamos comentado, no Excel dizemos argumentos quando queremos nos referir aos itens numéricos que alimentar uma função. E trocamos dos parênteses "( )" por bloco de argumentos ou bloco da função.

Praticamente todas as funções levam argumentos em seu bloco, com exceção das que usam argumentos passados automaticamente a elas pelo sistema operacional para retornarem resultados.

Por exemplo, vejamos a função AGORA(), que retorna a data e a hora atual recebendo argumentos diretos do sistema operacional.

	=Agora()		
	13/7/2009 08:18		

Figura 13.002

Como podemos notar, a função AGORA () não requer argumentos visíveis dentro do seu bloco, porém, mesmo assim são passados parâmetros do sistema. De modo contrário, não seria possível retornar a data e hora.

Parâmetros e Argumentos

Parâmetros e Argumentos são sinônimos e referem-se aos dados ou endereços de dados inseridos dentro do um bloco de uma função. Como exemplo, vejamos a função SOMA com parâmetros passados:

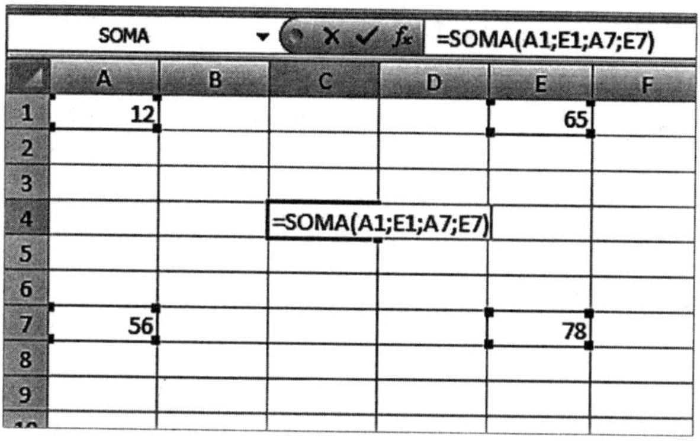

Figura 13.003

Observe que a função SOMA (célula C4) foi alimentada com endereços de células (A1; E1; A7; E7). Esses endereços podem ser chamados tanto de parâmetros como de argumentos da função e sempre são inseridos dentro do bloco.

O sinal de igual

Não podemos nos esquecer que toda função ou fórmula do Excel necessita de um símbolo de igualdade no início da linha de códigos. O sinal de igual diz ao Excel que o conteúdo digitado na célula é de uma função ou fórmula. Caso nos esqueçamos de inserir o símbolo, o programa tratará o conteúdo como texto comum, dessa forma não terá a execução da função.

Como mostrado na figura anterior, observe que o sinal de igualdade (=) foi inserido antes de digitarmos a função, o mesmo acontece com as fórmulas. Vejamos mais alguns exemplos:

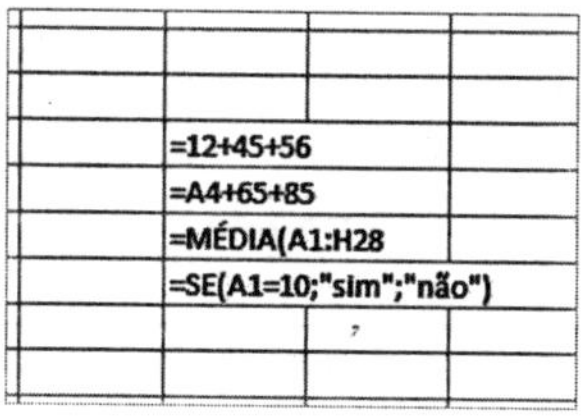

Figura 13.004

Sinal de igualdade em texto simples

Poderia ser necessário, às vezes, escaparmos das fórmulas e simplesmente usarmos o sinal de igualdade para fins de texto simples. Caso tente fazer isto diretamente, o Excel sempre tentará resolver e interpretar o conteúdo como uma fórmula ou função, mesmo que nosso interesse não seja esse.

Vejamos o que ocorre quando digitamos o sinal de igual no início de um texto comum no Excel e tentamos executar a função:

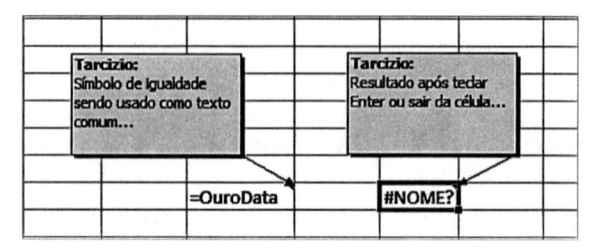

Figura 13.005

Enganando o Excel com o uso do apóstrofo

Para driblarmos o Excel e usarmos o sinal de igualdade de modo que o programa não o interprete como inicial de uma fórmula ou função, nós devemos usar o Apóstrofo ou Aspa simples no início da linha. Vejamos alguns exemplos:

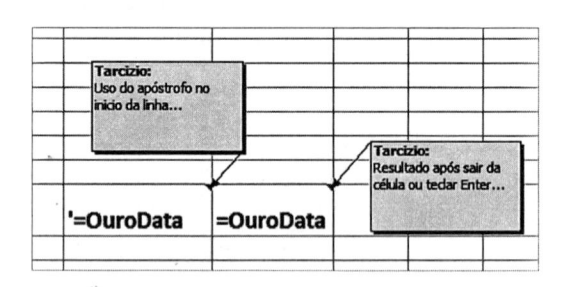

Figura 13.006

Caso seja necessário mostrar o apóstrofo no início da linha após teclar Enter, simplesmente insira dois símbolos consecutivos.

Separador de parâmetros

Como já vimos nos exemplos anteriores, os parâmetros necessitam ser separados dentro do bloco de uma função, para que assim possam ser resolvidos de forma correta e lógica.

No caso da função SOMA, por exemplo, nós usamos o separador ponto-e-vírgula (;). Esse separador indica o fim de um argumento e o início de outro. Dessa forma, o Excel saberá exatamente o que fazer.

Exemplo de uso do símbolo dois pontos: =SOMA(A1:D7;D8:F12). Esse trecho pode ser lido como "somar os intervalos A1 até D7 E D8 Até F12, ou seja, o símbolo ponto-e-vírgula significa E.

Separadores de intervalos de células e argumentos

Os separadores de intervalos de células determinam o fim e o começo de cada intervalo de células que alimentam uma função. Vejamos os separadores usados pelo Excel:

Dois pontos - O símbolo dois pontos (:) serve para indicar a extensão do intervalo como se fosse uma preposição, ou seja, de onde e até onde abrange o intervalo.

Exemplo de uso do símbolo dois pontos: =SOMA(A1:D7). Esse trecho pode ser lido como "somar de A1 até D7, ou seja, o símbolo significa Até.

Ponto-e-vírgula - O símbolo ponto-e-vírgula (;) possui três significados nas planilhas do Excel. São eles:

1 – Significa E, por exemplo, quando usado em =SOMA(A1;D7;D9:D22). Esse trecho pode ser lido como "somar de A1 E D7 E D9 Até D22, ou seja, o símbolo significa a preposição E.

2 – Significa Então, por exemplo, quando usado em =SE(A1=10;"sim"...). Esse trecho pode ser lido como "Se o valor contido em A1 for igual a 10, Então escreva Sim, ou seja, o símbolo, nesse caso significa Então.

3 – Significa Caso contrário, por exemplo, quando usado em =SE(A1=10;"Sim";"Não"). Esse trecho pode ser lido como "Se o valor contido em A1 for igual a 10, Então escreva Sim, Caso contrário escreva Não", ou seja, o símbolo, na última ocorrência dele na linha, significa Caso contrário.

Nota: No caso dos dois últimos exemplos, as ocorrências do símbolo ponto-e-vírgula diferem somente em termos de símbolos, pois em se tratando de separação de dados podemos considerá-los iguais.

Fórmulas

Fórmulas são equações que executam cálculos sobre valores na planilha. Como já sabemos, uma fórmula sempre inicia com o sinal de igualdade (=) e caso venhamos a omitir este sinal, o Excel interpretará a linha como se fosse texto simples.

A maior diferença entre uma função e uma fórmula é que as funções são máquinas pré-construídas que executam uma única tarefa; por exemplo, a função SOMA( ) sobre a qual já falamos, somente soma os argumentos, enquanto que as fórmulas são muito mais abrangentes e não se limitam a nada, a não ser ao conhecimento ou necessidade do usuário que as cria.

Tanto as funções quanto as fórmulas poderão ser incrementadas com o uso de funções dentro de função, funções dentro de fórmulas e fórmulas complexas dentro de funções.

O Excel permite a criação de fórmulas usando várias estruturas e parametrização de blocos. Dessa forma, podemos inserir em uma linha os seguintes tipos de dados:

1 – Números literais – embora seja uma forma não profissional de trabalhar com dados, podemos usar esse método para executar equações simples na planilha do Excel.

Exemplos: =12*12+10. =56/2+12. =(12+12+12)/6+9.

2 – Intervalos – Os intervalos são conjuntos aleatórios ou consecutivos de células que nomeamos para simplificar a compreensão e manipulação dos dados contidos nos mesmos. Os parâmetros são passados literalmente usando os nomes dos intervalos.

Exemplos: =lucro-custo-inss. =totalDeVendas*5%+salário. =Produção-percas.

3 – Endereços de células – nesse caso, estamos falando do método mais utilizado pelos usuários. Isso devido à interatividade redobrada obtida por esse tipo de estrutura, já que as fórmulas podem permanecer intactas enquanto o conteúdo varia.

Exemplo: =A1:D7+H5. =(A1+A3)/4. =H1:J6+K22-1.

Operadores

Os operadores especificam o tipo de cálculo que você deseja efetuar nos elementos dentro do bloco de uma fórmula. Há quatro diferentes tipos de operadores de cálculo que podem ser usados no Excel. São eles: Matemático ou Aritmético, de Comparação ou lógicos, de Concatenação e de Referência.

Operadores matemáticos ou aritméticos

Os operadores matemáticos especificam o tipo de cálculo que desejamos efetuar nos elementos de uma fórmula. No Excel, os operadores matemáticos são quatro, diferenciando somente dois do padrão que conhecemos na matemática. Vejamos cada um na hierarquia de grandezas:

Operadores Matemáticos ou aritméticos		
Símbolo	Significado	Exemplo
*	Multiplicação	D7*A9
/	Divisão	D7/A9
+	Adição	D7+A9
-	Subtração	D7-A9
%	Porcentagem	D7*2%
^	Exponenciação	D7^A9

Como pudemos observar na tabela anterior, seis são os operadores aritméticos disponíveis para uso no Excel.

Ordem de equação

Há um padrão internacional para a ordem em que os cálculos são resolvidos, mas nós podemos alterar essa ordem utilizando parênteses para efetuar as equações primárias.

Por exemplo, vejamos os dois exemplos a seguir:

Ex. 1. =20+20/2
Ex. 2. =(20+20)/2

Ao executarmos essas duas linhas, notaremos algo estranho à primeira vista. Cada equação, embora possuindo os mesmos valores numéricos, apresentará resultados diferentes. Isso acontece por causa de uma convenção mundial que padroniza a resolução hierarquicamente em uma fórmula matemática, ou seja, existe uma determinação internacionalizada que define a ordem hierárquica dos operadores.

Por ser uma norma e pelo fato do Excel estar 100% relacionado à matemática, esse segue os mesmos padrões estabelecidos pela convenção.

A ordem hierárquica

A ordem hierárquica é a seguinte: Primeiro: Multiplicação, Segundo: Divisão; Terceiro: Adição e em Quarto lugar: Subtração.

Vejamos os dois exemplos de equação no Excel:

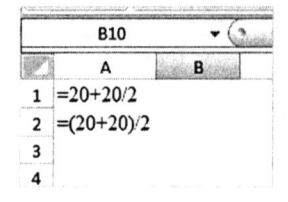

	A	B
1	=20+20/2	
2	=(20+20)/2	
3		
4		

Figura 13.007

Burlando as regras de hierarquia

Como todo mundo sabe, toda regra tem pelo menos uma exceção. Assim como em uma função matemática, nós podemos alterar a ordem de execução em uma fórmula usando parênteses, ou seja, os dados ou parâmetros que ficarem dentro dos parênteses serão executados primeiro. Vejamos:

No primeiro exemplo da figura anterior, temos a fórmula =20+20/2. O Excel então executará a seguinte equação: dividirá 20 por 2 e somará 20. Nesse caso, o Excel simplesmente obedecerá à norma hierárquica.

Lembrando mais uma vez que de acordo com a convenção internacional, a divisão tem prioridade em relação à adição. Nesse caso, o resultado será 30.

No segundo exemplo (=(20+20)/2) o Excel executará a seguinte equação: somará 20 mais 20 e dividirá por 2. Nesse caso, o resultado será 30.

Nesse caso, a norma foi burlada com o uso dos parênteses priorizando um trecho de dados. Vejamos o resultado dos dois modos apresentados.

	A	B	C
1	30		
2	20		
3			
4			

Figura 13.008

Operadores de comparação ou lógicos

Os operadores de comparação são usados para comparar valores ou conteúdo entre células ou intervalo de células de uma planilha. Podemos comparar dois valores com os operadores a seguir. Quando dois valores são comparados usando esses operadores, o resultado é um valor lógico VERDADEIRO ou FALSO. Vejamos a lista de operadores lógicos:

Operadores de comparação ou lógicos		
Símbolo	Significado	Exemplo
=	Igual a	D7=A9
<>	Diferente de	D7<>A9
>	Maior que	D7>A9
<	Menor que	D7>A9
>=	Maior ou igual a	D7>=A9
<=	Menor ou igual a	D7<=A9

O uso de cada operador lógico depende diretamente da nossa necessidade. Para exemplificar, observe um exemplo de uso de alguns operadores dentro de uma função:

=SE(A1>10;"Sim, é maior";SE(A1<10;"Sim, é menor";SE(A1=10;"Sim, é igual";"Número inválido")))

Operador de texto

Usamos o "e" comercial (&) para associar, ou concatenar, uma ou mais sequências de caracteres de texto para produzir um único texto. Vejamos na tabela a seguir:

Operador de texto		
Símbolo	Significado	Exemplo
&	Conecta (concatena) dois valores para produzir um valor de texto contínuo como resultado.	"Jesus"&"te"&"ama"

Ao executar uma fórmula contendo a concatenação mostrada na tabela acima, teremos: Jesusteama. Parece-me um tanto estranho, não? Ok, nós precisamos adicionar espaços para que a frase fique legível e gramaticalmente correta.

Adicionando espaços na concatenação

O Excel ignora espaços dados antes e depois do símbolo "&"; dessa forma, para adicionar espaço em uma linha como "Jesus"&"te"&"ama", por exemplo, precisamos adicionar esse(s) espaço(s) sempre dentro das aspas. Ficaria assim então: "Jesus "&"te "&"ama" (com espaço depois de Jesus e de te).. Ao executar, o resultado agora será:

Jesus te ama.

Operadores de Referência

Os operadores de referência são os mais conhecidos, pois estão presentes em todos os tipos de equações quando referenciamos mais de um argumento dentro do bloco. Combinamos intervalos de células para cálculos com estes operadores.

	Operadores de Referência	
Símbolo	Significado	Exemplo
;	Ponto-e-vírgula - operador de união, o qual combina diversas referências dentro de uma referência.	=Soma(A1;D4;B12)
:	Dois pontos - operador de intervalo o qual produz uma referência para todas as células entre duas referências.	=Soma(A1:D4)

Sintaxe de funções

Na grande maioria das vezes as funções possuem a mesma sintaxe, ou seja, a mesma forma de escrita ou passagem dos parâmetros. A função SOMA, por exemplo, retorna a soma de todos os valores numéricos literais (12;65;85...) ou referenciais (A1;B3:C9...) existentes dentro do bloco da função.

Exemplo de sintaxe

=SOMA(Valor1; Valor2;...) onde Valor1;Valor2;... são argumentos de 1 a 255 cuja soma ou valor total você deseja obter.

Mais detalhes sobre funções

1 - Os números, valores lógicos e representações em forma de texto de números digitados diretamente na lista de argumentos são contados.

2 - Se um argumento for uma matriz ou referência, apenas os números nessa matriz ou referência serão contados. Células vazias, valores lógicos ou texto na matriz ou referência são ignorados.

3 - Os argumentos que são valores de erro ou texto que não podem ser traduzidos em números geram erros.

Na tabela abaixo, estão listadas as sintaxes e normas gerais das funções. Vejamos:

Detalhes e normas gerais sobre sintaxe de funções	
=SOMA(3; 2)	Soma 3 + 2 que é igual a cinco.
=SOMA("5"; 15; VERDADEIRO)	Soma 5+15+1, porque os valores de texto são traduzidos em números e o valor lógico VERDADEIRO é traduzido no número 1. Total: 21.
=SOMA(A2:A4)	Soma o conteúdo do intervalo A1 até A4.
=SOMA(A2:A4; 15)	Soma o intervalo A2 até A4 e adiciona ou soma mais 15 (que é um valor literal).
=SOMA(A5;A6; 2)	Soma os valores contidos em A5+A6 e adiciona ou soma mais 2 (que é um valor literal).

Função SOMA

Sintaxe

=SOMA(Valor1;Valor2; ...) onde Valor1;Valor2;... são argumentos de 1 a 255 cuja soma ou valor total você deseja obter.

A função SOMA, como já sabemos, retorna a soma de todos os valores numéricos literais. Basta inseri-la na célula desejada e inserindo os parâmetros dentro do bloco, clicar Enter. Vejamos um exemplo prático:

	A	B	C
1	**OuroData** Informática e Idiomas		
3	Cursos	Média de Vendas/dia	Média de Vendas Mês
4	Inglês	98	2156
5	Espanhol	52	1144
6	Infomática básica	215	4730
7	CorelDraw	55	1210
8	PhotoShop	36	792
9	FireWorks	65	1430
10	DreamWeaver	56	1232
11	HTML	93	2046
12	JavaScript	57	1254
13	PHP	36	792
14	CSS 4.0	54	1188
15	**Totais**	=SOMA(B4:B14	
16		SOMA(núm1; [num2]; ...)	

Figura 13.009

Nesse caso, usamos o atributo de clicar e arrastar ou seleção dinâmica do Excel, e ao abrir o bloco da função, clicamos e arrastamos do início ao fim do intervalo pretendido, fechamos o bloco e clicamos em Enter para confirmar.

10	DreamWeaver	56	1232
11	HTML	93	2046
12	JavaScript	57	1254
13	PHP	36	792
14	CSS 4.0	54	1188
15	**Totais**	817	
16			
17			
18			

Figura 13.010

Você pode agora treinar o que já viu e aprendeu sobre as funções, como, por exemplo, a inserção de diferentes dados. Exemplo: =SOMA(A1:B5;52;A10;H10).

Função MÉDIA

A função MÉDIA retorna a média aritmética dos argumentos passados dentro do bloco dessa função.

Sintaxe

=MÉDIA(Valor1;Valor2; ...) onde Valor1;Valor2;... são argumentos de 1 a 255 cuja média você deseja obter.

Um valor médio é conseguido através da soma e divisão de valores; por exemplo, se quisermos saber a média de vendas de cursos de inglês de uma determinada escola em uma semana, fazemos o seguinte: selecionamos a célula onde pretendemos que o Excel retorne o valor da média e digitamos como mostrado na figura seguinte:

OuroData
Informática e Idiomas

	A	B	C	D	E	F	G	H
3	Cursos	Segunda-feira	Terça-feira	Quarta-fe	Quinta-fe	Sexta-feir	Sábado	Média/semana
4	Inglês	98	99	100	101	102	103	=m
5	Espanhol	52	53	54	55	56	57	
6	Infomática básica	215	218	221	224	227	230	
7	CorelDraw	55	58	61	64	67	70	
8	PhotoShop	36	38	40	42	44	46	
9	FireWorks	65	69	73	77	81	85	
10	DreamWeaver	56	58	60	62	64	66	
11	HTML	93	102	111	120	129	138	
12	JavaScript	57	59	61	63	65	67	
13	PHP	36	37	38	39	40	41	
14	CSS 4.0	54	55	56	57	58	59	
15	Totais	817						

MAIOR
MAIÚSCULA
MARRED
MATRIZ.DETERM
MATRIZ.INVERSO
MATRIZ.MULT
MÁXIMO
MÁXIMOA
MDC
MDURAÇÃO
MED
MÉDIA

Figura 13.011

Note que ao digitar "=m" o Excel mostrará uma lista de funções iniciadas por "=m". Use a seta do teclado para ir até a função MÉDIA e tecle Tab.

Segunda-feira	Terça-feira	Quarta-fe	Quinta-fe	Sexta-feir	Sábado	Média/semana
98	99	100	101	102	103	=MÉDIA(B4:G4)
52	53	54	55	56	57	
215	218	221	224	227	230	

Figura 13.012

Feito isso, insira o intervalo de células B4:G4, feche o bloco ")" e tecle Enter. Vejamos o resultado:

Segunda-feira	Terça-feira	Quarta-fe	Quinta-fe	Sexta-feir	Sábado	Média/semana
98	99	100	101	102	103	100,5
52	53	54	55	56	57	

Figura 13.013

Lógica usada na função média

A sintaxe lógica usada na função média é: Somar as vendas de Segunda, Terça, Quarta, Quinta, Sexta e Sábado; dividir por seis que é a quantidade de dias.

Arrastando fórmulas e funções

Para simplificar nossa tarefa e evitar a reinserção da mesma função em cada linha de dados, o Excel nos oferece a possibilidade de copiar a função para as demais linhas com arraste. Para isso, selecione a célula que se encontra a função MÉDIA, passe o cursor do mouse no canto inferior direito da célula até o cursor se tornar uma pequena cruz preta e então clique e arraste para baixo até a última linha de dados da tabela. Vejamos:

Sábado	Média/semana
103	100,5
57	
230	
70	
46	
85	
66	
138	
67	
41	
59	

Figura 13.014

Ao arrastar, note que as células vão sendo marcadas com um contorno tracejado. Ao soltar o botão do mouse, como resultado teremos:

Sábado	Média/semana
103	100,5
57	54,5
230	222,5
70	62,5
46	41
85	75
66	61
138	115,5
67	62
41	38,5
59	56,5

Figura 13.015

Restrições da função Média

1 - Os argumentos podem ser números, ou nomes, matrizes ou referências que contenham números.

2 - Os valores lógicos e as representações de números por extenso que você digita diretamente na lista de argumentos são contados.

3 - Se uma matriz ou argumento de referência contiver texto, valores lógicos ou células vazias, esses valores serão ignorados; no entanto, células com valor zero serão incluídas.

4 - Os argumentos que são valores de erro ou texto que não possam ser convertidos em números geram erros.

Função MÁXIMO

Possui a mesma sintaxe da função soma e é usada para retornar o maior valor dentro de um intervalo inserido em seu bloco.

Sintaxe

=MÁXIMO(Valor1;Valor2;Valor3;Valor4...)
onde Valor1;Valor2;Valor3;Valor4... são argumentos de 1 a 255 cujo o valor máximo você deseja obter.

Vejamos um exemplo de aplicação dessa função. Observe que o objetivo é saber o valor máximo dentro do intervalo C7 até E7; para isso, digitamos a função MÁXIMO e dentro do seu bloco, inserimos esse intervalo:

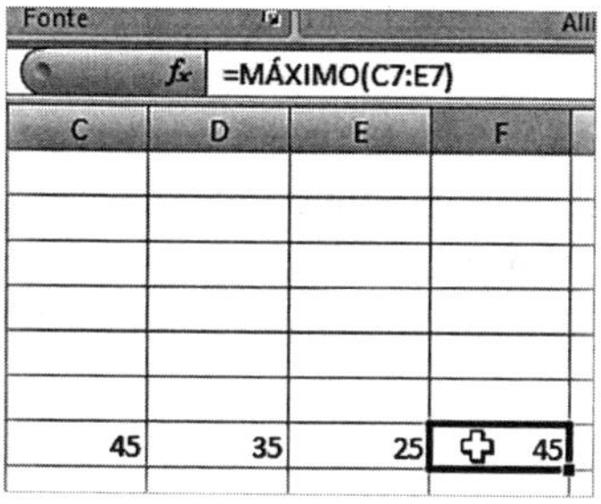

Figura 13.016

Função MÍNIMO

Possui a mesma sintaxe da função máximo. Ao contrário da função máximo, essa é usada para retornar o menor valor dentro de um intervalo inserido em seu bloco.

Sintaxe

=MÍNIMO(Valor1;Valor2;Valor3;Valor4...)
onde Valor1;Valor2;Valor3;Valor4... são argumentos de 1 a 255 cujo o valor mínimo você deseja obter.

Vejamos um exemplo de aplicação dessa função. Observe que o objetivo é saber o valor mínimo dentro do intervalo C7 até E7; para isso, digitamos a função MÍNIMO e dentro do seu bloco, inserimos esse intervalo:

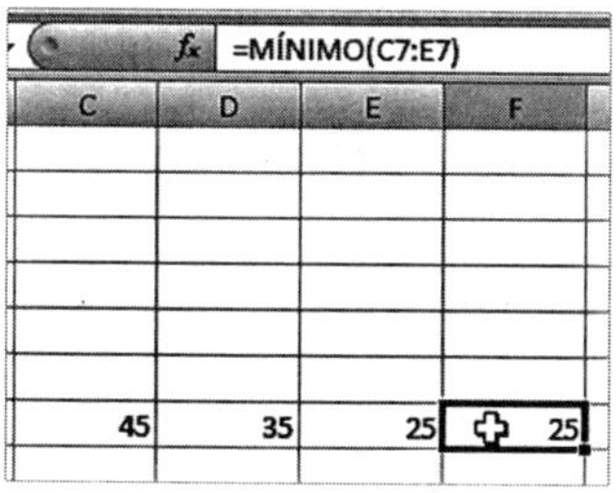

Figura 13.017

Função HOJE

Retorna a data atual de acordo com a configuração de data do sistema operacional. A data apresentada pelo Excel é o código de data-hora usado pelo Microsoft Excel para cálculos de data e hora.

> Nota importante: Se o formato da célula estava configurado como Geral antes da função HOJE ser inserida, o resultado será formatado como uma data.

Sintaxe

=HOJE( ). A função hoje não requer argumentos dentro do bloco, porém abrir e fechar o bloco é obrigatório.

Modo de armazenamento de datas

O Microsoft Office Excel armazena as datas como números de série sequenciais para que eles possam ser usados em cálculos.

Por padrão, 1º de janeiro de 1900 é o número de série 1 e 16 de Julho de 2009 é o número de série 40010 porque está 40.010 dias após 1º de janeiro de 1900.

Vejamos um exemplo de aplicação:

Figura 13.018

Aplicando datas retroativas e prospectivas

Podemos aplicar datas retroativas ou prospectivas com o uso de operadores matemáticos "+" "e". Para isso, por exemplo, basta adicionarmos o sufixo referente ao número de dias desejados antes (retroativos) ou depois (prospectivos) da data atual do sistema da seguinte forma:

	A	B	C
1	=HOJE()+5		=HOJE()-5
2			
3			

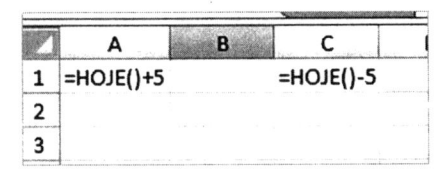

Figura 13.019

O resultado, de acordo com o exemplo da figura anterior será a data cinco dias atrás e cinco dias à frente.

Função DATA

Esta função retorna a data em forma de número de série sequencial que representa uma determinada data. Se o formato da célula estiverformatado como Geral de a função ser inserida, o resultado será formatado como uma data padrão.

Sintaxe

=DATA(ano,dia,mês) ou DATA(a1;A2;A3), entendendo que cada parâmetro contém um valor numérico correspondente à datas. Isso nos dois exemplos.

O argumento de ano pode ter de um a quatro dígitos. O Microsoft Excel interpretará o argumento de ano de acordo com o sistema de data que você estiver usando. Por padrão, o Excel para o sistema operacional Windows usa o sistema de data a partir do ano 1900.

Se o valor do mês for maior que 12, o Excel irá adicionar os dois meses que sobraram do ano à contagem e serão então adicionados aos primeiros dois meses do ano seguinte ao especificado na função. Por exemplo, se digitarmos DATE(2008,14,2) retorna o número de série representando 2 de fevereiro de 2009, ou seja, observando o ano notaremos que foram adicionado dois meses.

Se o valor do mês for menor que 1 (número negativo), o mês subtrai esse número dos meses mais 1 do primeiro mês do ano especificado. Por exemplo, DATE(2008,-3,2) retorna o número de série representando 2 de setembro de 2007.

Vejamos um exemplo de inserção de dada através da função DATA:

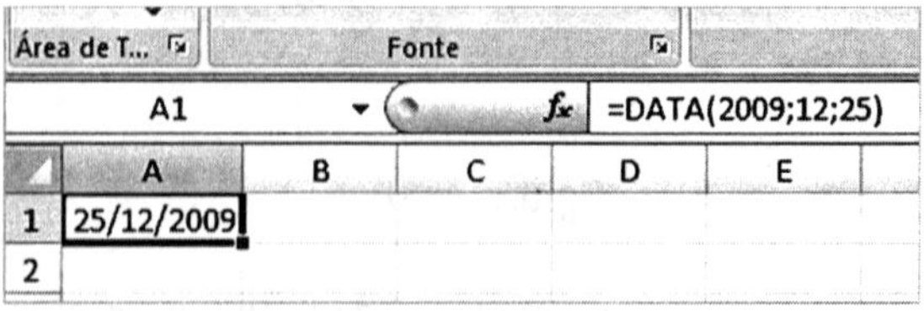

Figura 13.020

Agora vejamos com a aplicação do mês de forma incorreta:

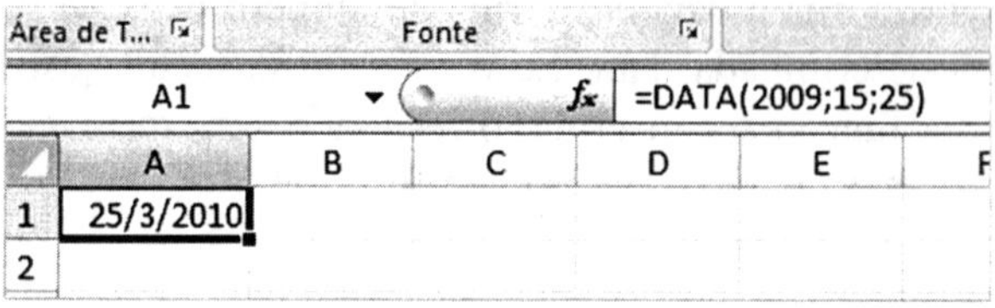

Figura 13.021

Função ANO

Esta função retorna o ano correspondente a uma data específica. Saiba que o ano é retornado como um inteiro no intervalo de 1900-9999.

Sintaxe

=ANO(númeroDeSérie)

O argumento "númeroDeSérie" é a data do ano que você deseja localizar. As datas devem ser inseridas com a função DATA ou como resultado de outras fórmulas ou funções. Por exemplo, use DATA(2008;5;23) para 23 de maio de 2008.

No exemplo a seguir, usamos a célula A1 como argumento para função ANO, já que essa célula continha uma data gerada pela função DATA. Vejamos:

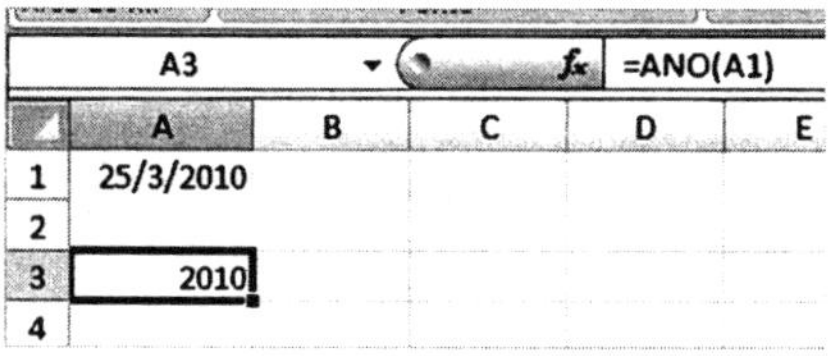

Figura 13.022

Como resultado, o ano é mostrado.

Função MÊS

A função Mês retorna o mês de uma data especificada no bloco da função representado por um número de série. O Excel interpreta o mês como um inteiro variando de 1 (referente a janeiro) a 12 (referente a dezembro).

Sintaxe

=MÊS(númeroDeSérie)

O argumento númeroDeSérie é a data do mês que você está tentando encontrar. As datas devem ser inseridas com a função DATA ou como resultado de outras fórmulas ou funções. Por exemplo, use DATA(2008,5,23) para 23 de maio de 2008.

Usar datas como texto no Excel poderá gerar erro de interpretação; por esse motivo, devemos verificar esse quesito antecipadamente.

No exemplo a seguir, usamos a célula A1 como argumento para função mês, já que essa célula continha uma data gerada pela função DATA. Vejamos:

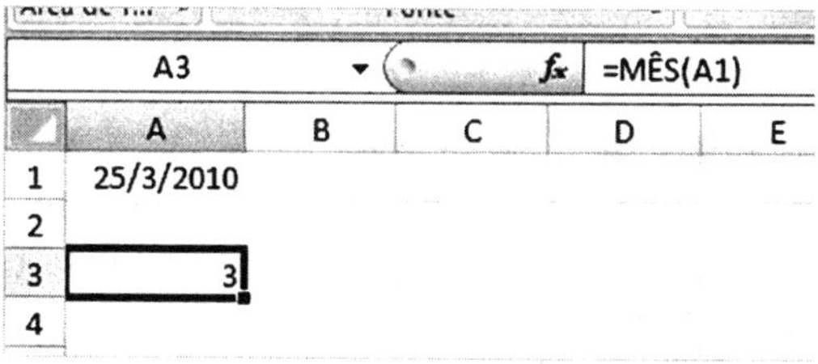

Figura 13.023

Função DIA

A função Dia retorna o dia baseado em uma data especificada no bloco dessa função, que é representado por um número de série. O Excel interpreta o dia como um inteiro variando de 1 a 31.

Sintaxe

=DIA(númeroDeSérie)

O argumento númeroDeSérie é a data do mês que você está tentando encontrar. As datas devem ser inseridas com a função DATA ou como resultado de outras fórmulas ou funções. Por exemplo, use DATA(2008,5,23) para 23 de maio de 2008.

Usar datas como texto no Excel poderá gerar erro de interpretação, por esse motivo devemos verificar esse quesito antecipadamente.

No exemplo a seguir, usamos a célula A1 como argumento para função Dia, já que essa célula continha uma data gerada pela função DATA. Vejamos:

Figura 13.024

Observações sobre as funções ANO, MÊS e DIA

Os valores retornados pelas funções ANO, MÊS e DIA serão valores gregorianos, independentemente do formato de exibição do valor de data fornecido. Por exemplo, se o formato de exibição da data fornecida for Hijri (o calendário lunar usado em regiões islâmicas.), os valores retornados para as funções ANO, MÊS e DIA serão valores associados à data gregoriana equivalente.

Função HORA

Esta função retorna a hora de um valor de tempo. A hora é retornada como um inteiro, variando de 0 (12:00 A.M.) a 23 (11:00 P.M.).

Nota: As siglas AM e PM são de origem latina e significam Ante Meridiem e Post Meridiem (fazendo referência aos meridianos). Portanto, 4 PM são 16:00 e 4 AM são 4:00 da madrugada.

Sintaxe

HORA(númeroDeSérie)

O argumento númeroDeSérie é o horário que contém a hora que você deseja encontrar. No Excel, os horários podem ser inseridos como sequências de caracteres de texto entre aspas (por exemplo, "23:50"), como números decimais (por exemplo, 0,98126, que representa 23:50 PM) ou como resultados de outras fórmulas ou funções.

No exemplo a seguir é mostrada a execução da função Hora na célula A1. Vejamos:

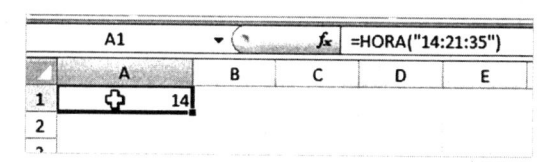

Figura 13.025

Função MINUTO

Retorna os minutos de um valor de tempo. O minuto é dado como um número inteiro, que vai de 0 a 59.

Sintaxe

MINUTO(númeroDeSérie)

O argumento númeroDeSérie nesse caso é o horário que contém o minuto que você deseja encontrar. Como comentado anteriormente, no Excel, os horários podem ser inseridos como sequências de caracteres de texto entre aspas (por exemplo, "23:50"), como números decimais (por exemplo, 0,98126, que representa 23:50 PM) ou como resultados de outras fórmulas ou funções.

Vejamos o exemplo a seguir, no qual se mostra a execução da função Minuto na célula A1. Vejamos:

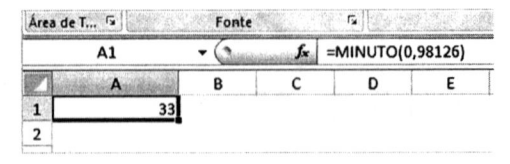

Figura 13.026

Observe que a fórmula foi aplicada usando como argumento números decimais. Mas poderíamos usar hora no formato de texto e entre aspas. Vejamos:

Figura 13.027

A função retornou "12". Exatamente o minuto da hora inserida no bloco da mesma.

Função SEGUNDO

Retorna os segundos de um valor de tempo. O segundo é dado como um número inteiro, que vai de 0 a 59.

Sintaxe

SEGUNDO(númeroDeSérie)

O argumento númeroDeSérie, nesse caso, é o horário que contém o segundo que você deseja encontrar. Como já comentamos, no Excel, os horários podem ser inseridos como sequências de caracteres de texto entre aspas (por exemplo, "23:50"), como números decimais (por exemplo, 0,98126, que representa 23:50 PM) ou como resultados de outras fórmulas ou funções.

Vejamos no exemplo a seguir no qual é mostrada a execução da função Segundo na célula A1. Vejamos:

Figura 13.028

A função retornou "52". Exatamente o segundo da hora inserida no bloco da mesma.

Função AGORA

A função Agora retorna o número de série sequencial da data e hora atuais.

Sintaxe

AGORA( ). Esta função não requer argumentos, basta inseri-la com abertura e fechamento de bloco. Vejamos um exemplo:

Figura 13.029

Podemos usar a função Agora para ser base de captura de conteúdo pelas funções Hora, Minuto e Segundo. Para isso, passe o endereço de célula que contém a função Agora como parâmetro dessas funções.

Observe um exemplo de uso:

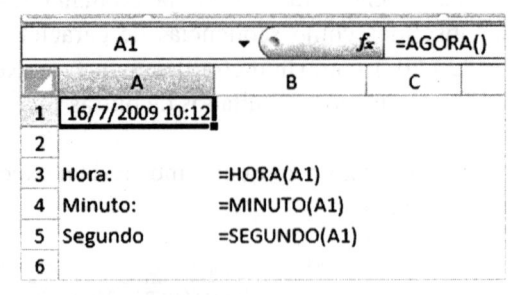

	A	B	C
1	16/7/2009 10:12		
2			
3	Hora:	=HORA(A1)	
4	Minuto:	=MINUTO(A1)	
5	Segundo	=SEGUNDO(A1)	
6			

Figura 13.030

O resultado seria como mostrado na figura a seguir:

	A	B	C	D
1	16/7/2009 10:14			
2				
3	Hora:	10		
4	Minuto:	14		
5	Segundo	27		
6				

Figura 13.031

Função TEMPO

A função Tempo retorna o número decimal para uma determinada hora. O formato da célula, por padrão ao gerar o resultado é da categoria Personalizado e do tipo h:mm AM/PM. Vejamos a caixa de diálogo Formatar Célula no momento em que inserimos a função:

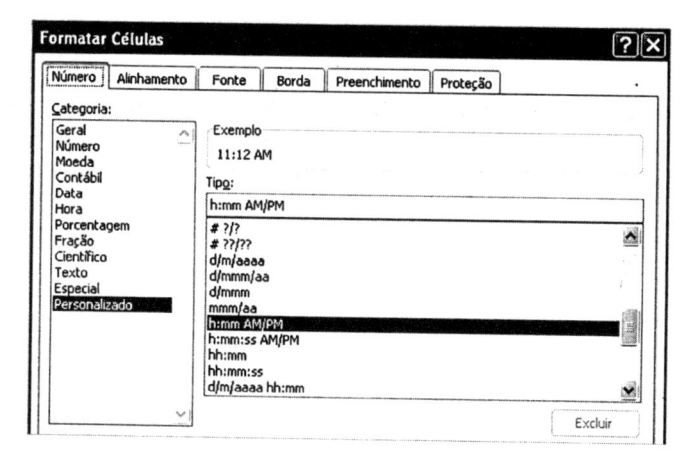

Figura 13.032

Dessa forma, a primeira visualização do resultado será como mostrada na figura a seguir:

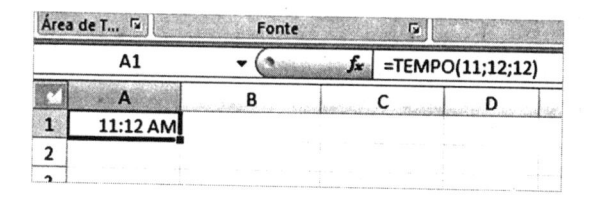

Figura 13.033

Para ver os decimais, configure a célula para Geral. Vejamos:

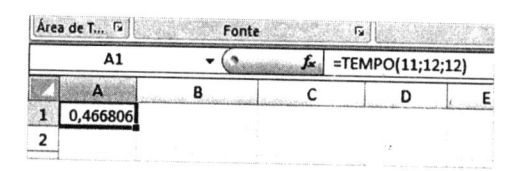

Figura 13.034

Função DIA.DA.SEMANA

A função Dia.Da.Semana retorna o dia da semana correspondente a uma data especificada e passada como parâmetro da função. A função aceita somente um valor inteiro de 1 (Domingo) a 7 (Sábado) ou uma referência de célula (e. A1; A2).

Sintaxe

=DIA.DA.SEMANA(númeroDeSérie;retornar_tipo)

O argumento númeroDeSérie deve ser um número sequencial que represente a data do dia que você está tentando encontrar.

O argumento retornar_tipo é um número que determina o tipo do valor retornado. Por exemplo, podemos usar como segundo parâmetro apenas um número 1, 2 ou 3. O Excel interpretará da seguinte forma:

a) Se inserirmos o número 1 ou omitirmos o argumento a contagem dos dias da semana será feita como 1 (domingo) a 7 (sábado). Esse é o padrão das versões anteriores do Excel.

b) Se adicionarmos o parâmetro 2 a interpretação será Números 1 (segunda-feira) a 7 (domingo).

c) Se adicionarmos o parâmetro 3 a interpretação será Números 0 (segunda-feira) a 6 (domingo).

Exemplo de Uso

Desejo descobrir o dia da semana em que caiu o meu aniversário em 29 de Maio de 2000. Para isto, primeiramente insira a função data na célula A1 da seguinte forma: =DATA(2000;5;29). Feito isto, na célula A3 digitamos: =DIA.DA.SEMANA(a1;2). Vejamos no Excel:

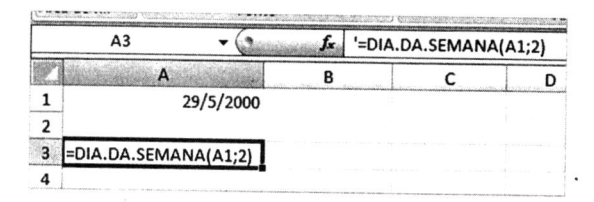

Figura 13.035

O resultado será o número 1, ou seja, Segunda-Feira. A qual foi o dia da semana que ocorreu o meu aniversário, pois como sabemos o parâmetro 2 conta a semana começando pela Segunda-feira. Vejamos:

Figura 13.036

Para verificar a eficácia dessa função, altere o dia do mês e verá a alteração do resultado.

Nos seguintes exemplos passamos os parâmetros com datas literais; observe então na coluna Função que 14/2/2008 é uma quinta-feira e conforme alteramos o segundo parâmetro, o valor retornado também se altera.

Função	Representação
=DIA.DA.SEMANA("14/22008")	Dia da semana, com números de 1 (domingo) a 7 (sábado) (5)
=DIA.DA.SEMANA("14/2/2008",2)	Dia da semana, com números de 1 (segunda-feira) a 7 (domingo) (4)
=DIA.DA.SEMANA("14/2/2008",3)	Dia da semana, com números de 0 (segunda-feira) a 6 (domingo) (3)

Função CONCATENAR

A Concatenar agrupa duas ou mais cadeias de caracteres em uma única cadeia. Podemos usar como parâmetros textos literais entre aspas ou referências de células.

Sintaxe

=CONCATENAR (parâmetro1;parâmetro2;...)

parâmetro1;parâmetro2;... Fazem parte da sequência de 2 a 255 itens de texto a serem agrupados em um único item de texto. Os itens de texto podem ser cadeia de caracteres, números ou referências a células únicas. Não é aceito referência de intervalos de células (ex. A1:A5). Vejamos a sua aplicação:

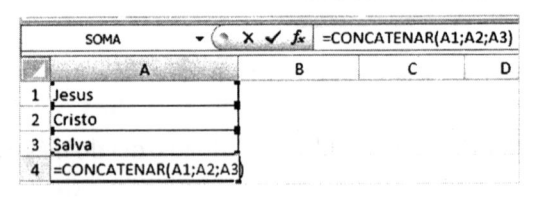

Figura 13.037

O resultado será:

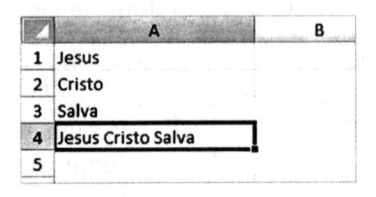

Figura 13.038

Dando espaço à cadeia de caracteres concatenados

Parâmetros referenciais - No caso de parâmetros por referência, os espaços devem ser dados em cada célula logo após o texto digitado. Automaticamente esses espaços serão exibidos no resultado.

Parâmetros de textos ou números - No caso de parâmetros de texto ou número, os espaços devem ser dados sempre antes do fechamento das aspas. Automaticamente esses espaços serão exibidos no resultado. Vejamos um exemplo:

	A	B	C	D	E
1					
2	Jesus Cristo Salva				
3					

A2   fx =CONCATENAR("Jesus ";"Cristo ";"Salva")

Figura 13.039

Concatenando com "E" comercial "&"

O "E" comercial é usado unicamente para concatenação direta no Excel. Seu uso é bastante simples, bastando inseri-lo entre cada parâmetro de referência. Vejamos a fórmula digitada na barra e o resultado gerado na célula A5:

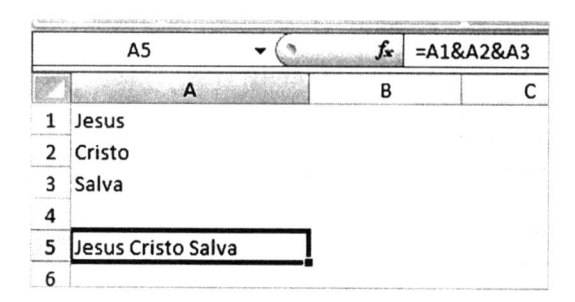

A5   fx =A1&A2&A3

	A	B	C
1	Jesus		
2	Cristo		
3	Salva		
4			
5	Jesus Cristo Salva		
6			

Figura 13.040

Concatenando com referência externa

A função Concatenar suporta a passagem de parâmetro por referência externa; dessa forma, podemos importar dados de outras planilhas da mesma pasta de trabalho. Vejamos a linha digitada onde importamos dados da **Plan1** para a **Plan2**:

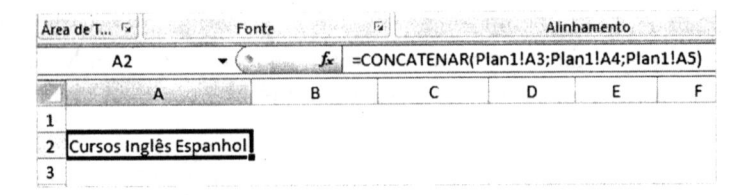

Figura 13.041

Não esqueça que o espaçamento entre itens de resultado é dado no documento de origem.

Função CONT.VALORES

Esta função calcula o número de células não vazias e os valores na lista de argumentos. Use Cont.Valores para calcular o número de células com dados em um intervalo ou matriz.

Sintaxe

CONT.VALORES(Intervalo de células)

Vejamos um exemplo de aplicação prática dessa função:

Figura 13.042

No caso do exemplo mostrado na figura 13.042, inseri a função Cont. Valores na célula B5 e estipulei como parâmetro o intervalo A1:A10, pois o objetivo é saber quantas células estão ocupadas nesse intervalo. O resultado foi 5.

Use essa função para contar número de itens em um intervalo extenso de dados.

Função CONTAR.VAZIO

Esta função retorna o oposto da função Cont.Valores, pois conta o número de células vazias no intervalo especificado.

Sintaxe

CONTAR.VAZIO(Intervalo de células)

Vejamos um exemplo de aplicação prática da função Contar.Vazio:

Figura 13.043

No caso do exemplo mostrado na figura 13.043, inseri a função Contar. Vazio na célula B5 e estipulei como parâmetro o intervalo A1:A12, pois o objetivo é saber quantas células estão vazias nesse intervalo. O resultado foi 6.

Função CONT.SE

Esta função conta as ocorrências encontradas em um intervalo de células de acordo com as condições passadas dentro do bloco da mesma.

CONT.SE(intervalo;critérios)

Intervalo - é uma ou mais células que a função irá verificar e contar, incluindo números ou nomes, matrizes ou referências que contenham números. Note bem que os campos em branco e valores de texto são ignorados pela leitura e contagem da função.

Critérios - é o critério na forma de um número, expressão, referência de célula ou texto que define quais células serão contadas. Por exemplo, os critérios podem ser expressos como 33, "33", ">33", "Uvas" ou H22. Resumindo, critério é o estado ou características do conteúdo os quais definirão a contagem.

Nota: Você pode utilizar caracteres curinga, como ponto de interrogação (?) e asterisco (*), nos critérios. Um ponto de interrogação corresponde a qualquer caractere; um asterisco corresponde a qualquer sequência de caracteres. Se você quiser localizar um ponto de interrogação ou asterisco real, digite um til (~) antes do caractere.

Vejamos a seguir um exemplo de contagem onde solicito à função que conte as ocorrências de um curso em um intervalo específico. Vejamos:

	A	B	C	D	E
1	OuroData Informática e Idiomas				
2	Cursos	Vendas semanais			
3	Inglês	98			
4	Espanhol	52			
5	Infomática básica	215			
6	CorelDraw	55		1	
7	PhotoShop	37			
8	FireWorks	65			
9	DreamWeaver	56			
10	HTML	93			
11	JavaScript	57			
12	PHP	36			

D6: =CONT.SE(A3:A12;"=Corel*")

Figura 13.044

Observe que a função retorna o valor 1. Isso quer dizer que um curso de CorelDraw foi encontrado na coluna Cursos.

Note ainda que o critério foi passado usando um asterisco (*;, esse determina ao Excel que ignore o que vier após a partícula "Corel". O mesmo poderá ser feito caso não saibamos o inicio de um critério (ex. "*Draw") ou ainda quando sabemos o meio (ex. "Core*Draw").

Outro exemplo seria a linha =CONT.SE(A3:A12;"HTM?") Perceba que pedimos ao Excel que verifique a ocorrência de "HTML" na coluna acima Cursos, porém usamos o símbolo de interrogação para substituir um único caractere que supostamente não conhecemos. Vejamos:

Figura 13.045

É importante sabermos que o sinal de Interrogação (?) é usado quando não sabemos um único caractere. Já o Asterisco (*) é usado quando não sabemos um ou mais caractere de uma sentença usada no critério.

Mais exemplos de uso da função CONT.SE

=CONT.SE(B3:B12,B12) Número de células com 36 vendas na coluna Vendas semanais. Resultado igual a 1.

=CONT.SE(B3:B12;">50") Número de células com um valor maior do que 50 na coluna Vendas semanais. Resultado igual a 8.

=CONT.SE(B3:B12;"<>"&B4) Número de células com um valor não igual a 52 (B4). Resultado igual a 9.

Nota: Note a exceção, pois o sinal diferente deve ficar isolado entre aspas duplas e a referência deve ser precedida pelo símbolo de concatenação (&) logo após as aspas.

Ou ainda com teste duplo na mesma linha de código: =CONT.SE(B3:B12;"<>"&B4)-CONT.SE(B3:B12;">50") Número de células com um valor maior que ou igual a 32 e menor que ou igual a 50 na coluna Vendas semanais.

Função SOMASE

Esta função soma o intervalo de células especificado levando em conta o critério determinado na segunda posição dentro do bloco. Um exemplo seria usar essa função para somar as vendas de um determinado atendente, passando como parâmetro o nome do tal atendente para assim bonificá-lo ou simplesmente controlar a atuação de cada profissional.

O critério poderá ser passado literalmente ou por referência de células.

Vejamos um exemplo simples de uma tabela de vendas diárias e a aplicação da função SOMASE para verificar as vendas do atendente "João":

	A	B	C	D	E	F
1	OuroData Informática e Idiomas					
2	Atendente	Venda diária	Data	Curso		Total de vendas por Vendedor
3	João	45	12/jan	InfoBasic		
4	João	24	12/jan	InfoBasic		João
5	João	22	13/jan	InfoBasic		=SOMASE(A3:D12;"João";B3:B12)
6	Pedro	0	14/jan	InfoBasic		Pedro
7	Pedro	110	15/jan	InfoBasic		
8	Pedro	44	16/jan	CorelDraw		Felipe
9	Felipe	55	17/jan	CorelDraw		
10	Felipe	7	18/jan	CorelDraw		
11	Felipe	88	19/jan	InfoBasic		
12	João	7	20/jan	InfoBasic		

Figura 13.046

Observe que o primeiro argumento refere-se à tabela incluindo as colunas que farão parte da pesquisa. Embora pudéssemos referenciar somente a coluna A e B, nesse exemplo toda a tabela foi adicionada ao intervalo, com exceção apenas dos rótulos.

O segundo item do bloco é o Critério. Aqui citamos as observações criteriosas para a soma ocorrer. No caso, inserimos como critério o nome do atendente "João". Assim, o Excel somente somará a coluna B incluindo na soma as linhas referentes ao nome "João" da coluna A.

O terceiro argumento da função é o intervalo de soma, que em nosso caso é o intervalo B3:B12.

Aplicando essa mesma função nos demais campos teremos o seguinte resultado:

Total de vendas por Vendedor
João
98
Pedro
154
Felipe
150

Figura 13.047

Função condicional ÉTEXTO

Esta função verifica se o conteúdo de uma célula é ou não texto. Caso seja, retornará o valor lógico VERDADEIRO, caso contrário, retornará FALSO. Vejamos um exemplo de sintaxe e aplicação:

Sintaxe de exemplo

=ÉTEXTO(B4)

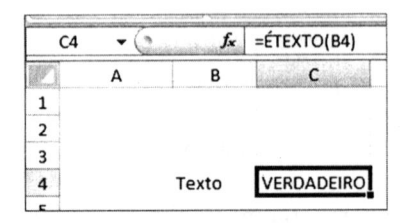

Figura 13.048

Nesse caso, aplicamos a função na célula C4 e referenciamos dentro do bloco o endereço de célula que pretendíamos testar se continha texto ou não, a célula B4.

Conteúdo misto sempre será entendido pelo Excel como Texto e célula vazia será retornado como verdadeiro.

Usando a função ÉTEXTO

Podemos, por exemplo, usar essa função para verificar se o valor digitado em uma determinada célula é um valor do tipo texto ou não. Vejamos o exemplo:

Figura 13.049

Função ÉNÚM

Esta função verifica se o conteúdo de uma célula é numérico. Caso seja, retornará o valor lógico VERDADEIRO, caso contrário, retornará FALSO. Vejamos um exemplo de sintaxe e aplicação:

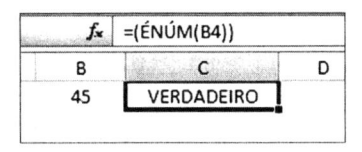

f_x	=(ÉNÚM(B4))	
B	C	D
45	VERDADEIRO	

Figura 13.050

Usando a função ÉNÚM

Podemos, por exemplo, usar a função ÉNÚM para verificar se o valor digitado em uma determinada célula é um valor numérico ou não. Vejamos o exemplo:

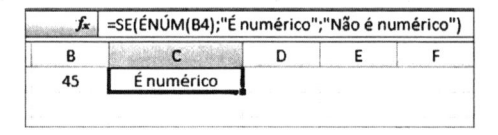

f_x	=SE(ÉNÚM(B4);"É numérico";"Não é numérico")			
B	C	D	E	F
45	É numérico			

Figura 13.051

Podemos usar o resultado da função ÉNÚM em outras fórmulas complexas para determinar o tipo de dado que pode ser inserido em uma determinada célula. Por exemplo, a obrigatoriedade de se inserir o número do CPF sem usar traços ou pontos.

Função ALEATÓRIO

Esta função não usa e não requer argumento em seu bloco. Ela retorna um número aleatório real maior ou igual a 0 e menor que 1 distribuído uniformemente.

Sintaxe

=ALEATÓRIO( )

Cada vez que a planilha é calculada, a função retornará um número diferente. Vejamos um exemplo:

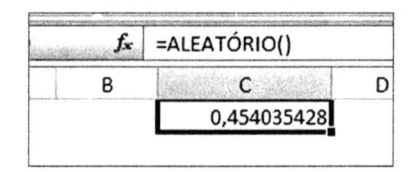

f_x	=ALEATÓRIO()	
B	C	D
	0,454035428	

Figura 13.052

Caso queira ou necessite alterar a forma de cálculo e consequentemente o retorno da função, use, por exemplo, as sintaxes =ALEATÓRIO()*(2), =ALEATÓRIO()*(2)+3, =ALEATÓRIO()/(2)+10

A função ARRED

A função ARRED arredonda um número até uma quantidade especificada de dígitos. A função requer dois argumentos; o primeiro pode ser um valor numérico literal e o segundo deve ser o número referente à quantidade de dígitos que queremos depois da vírgula.

Sintaxe

ARRED(Número_ou_referência;Número_de_dígitos)

Vejamos um exemplo de uso da função:

SOMA	X ✓ f_x	=ARRED(A1;2)
A	B	C
R$ 12,52		=ARRED(A1;2)

Figura 13.053

Aqui mostramos na célula A1 o número 12,522. Perceba que ao executar a função, o valor da célula A1 passa a ser 12,52.

Teste outros exemplos:

=ARRED (21,5; -1) Arredonda 21,5 para uma casa decimal (20)

=ARRED (-1,475; 2) Arredonda -1,475 para duas casas decimais (-1,48)

=ARRED (2,149; 1) Arredonda 2,149 para uma casa decimal (2,1)

=ARRED (2,15; 1) Arredonda 2,15 para uma casa decimal (2,2)

Função INT

Arredonda um número no sentido decrescente até o número inteiro mais próximo.

Sintaxe: INT(Número), sendo que Número é o número real que se desejamos arredondar para baixo até coincidir com o inteiro. Vejamos um exemplo:

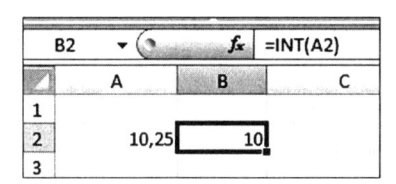

Figura 13.054

Veja que passamos como parâmetro da função INT a referência A2. Em A2 existe o valor 10 com o decimal 25 (10,25). Note que a função arredondou decrescentemente até o primeiro inteiro encontrado, que nesse caso foi o valor 10.

Função MOD (Resto)

A função MOD retorna o resto ou sobra de uma divisão. Essa função requer dois parâmetros: o primeiro deles é o número a ser dividido e o segundo é o divisor desse número. Vejamos um exemplo:

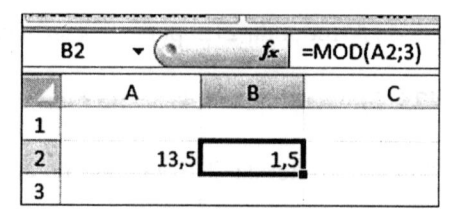

Figura 13.055

Descobrindo se o número é par ou impar com a função MOD

Podemos usar a função MOD para testarmos se uma célula contém um número impar ou par. Vejamos a lógica usada no exemplo a seguir tendo como base as funções SE e MOD:

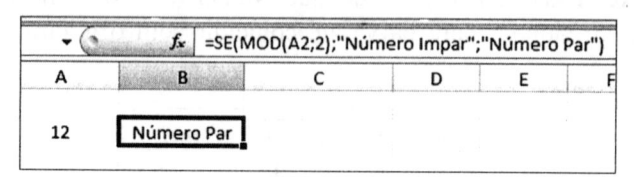

Figura 13.056

Na célula B2 digitamos a fórmula mostrada na figura anterior. O resultado retornado foi a mensagem "Número Par"; caso mudemos o valor, por exemplo, para 13, o resultado será Número Impar, pois se o número sobra resto ao ser dividido por 2, então só pode ser ímpar.

Função ALEATÓRIOENTRE

Esta função retorna um número aleatório inteiro entre os números especificados. Um novo número aleatório inteiro será retornado sempre que a planilha ou célula for calculada.

Sintaxe

ALEATÓRIOENTRE (NúmeroInicial;NúmeroFinal)

Vejamos um exemplo simples do funcionamento e aplicação dessa função:

	A	B	C	D
		fx	=ALEATÓRIOENTRE(10;20)	
		17		

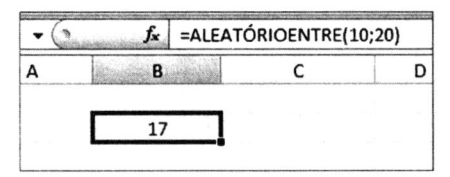

Figura 13.057

Na célula B2 digitamos a fórmula mostrada na figura anterior. O resultado retornado foi o número 17 o qual está entre 10 e 20, como inserido no bloco da célula.

Função SOMARPRODUTO

Esta função soma os valores de uma matriz (tabela ou intervalo de células) ignorando os valores não numéricos. Todos os valores não numéricos não vistos pelo Excel como "0" (zeros). Vejamos um exemplo prático:

	A	B	C
	B5	fx =SOMARPRODUTO(A1:A10)	
1	45		
2	48		
3	texto		
4	54	Produto	
5		411	
6	60		
7	63		
8	texto		
9	69		
10	72		

Figura 13.058

Observe que o intervalo passado à função abrange de A1 a A10; dessa forma, o Excel ignorou as células com conteúdo não numérico.

A função SOMAPRODUTO aceita várias matrizes como argumentos, porém, todas essas matrizes deverão possuir o mesmo formato de intervalo que o primeiro inserido. Por exemplo, se quiséssemos adicionar na fórmula anterior o intervalo C1:C10, esse seria aceito sem problemas, porém caso inseríssemos C1:C11, esse geraria um erro (#Valor!).

Função CONTAR.VAZIO

A função CONTAR.VAZIO conta o número de células vazias no intervalo especificado. Sua sintaxe é bastante simples. Vejamos:

=CONTAR.VAZIO(Intervalo) bem como no exemplo a seguir:

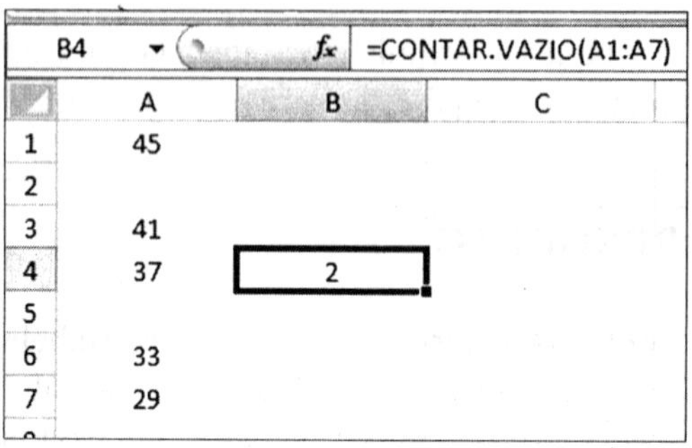

Figura 13.059

Verifique e comprove que no intervalo de A1 até A7 existem duas células vazias.

Função NÚM.CARACT

A função NÚM.CARACT retorna o número de caracteres em uma sequência de caracteres de texto. Essa função aceita caracteres literais e por referência de células.

Sintaxe

NÚM.CARACT(texto_ou_referência). Vejamos um exemplo prático:

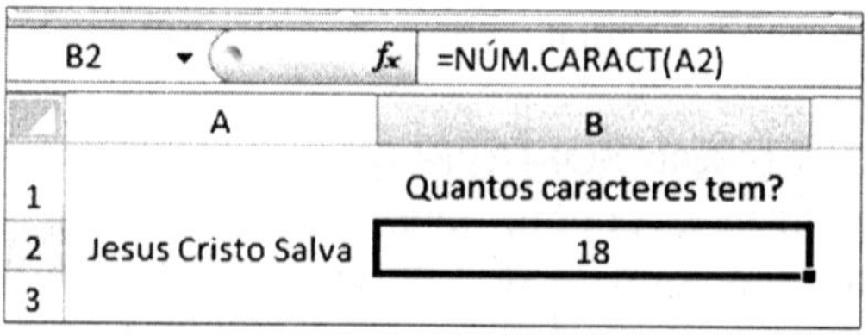

Figura 13.060

Observando o resultado, podemos até questioná-lo, pois temos somente 16 caracteres na frase. Bom, acontece que os espaços também são contados como caracteres já que ocupam o mesmo espaço de memória.

Como já dito anteriormente, essa função aceita argumento literal; sendo assim, podemos passar o parâmetro da seguinte forma:

=NÚM.CARACT("Amo a Deus"). Neste caso o resultado seria 10.

Função RAIZ

Retorna uma raiz quadrada positiva. Porém, se o número for negativo, a função RAIZ retornará o valor de erro #NÚM!.

Sintaxe: RAIZ(número_ou_referência). Vejamos o exemplo na figura a seguir:

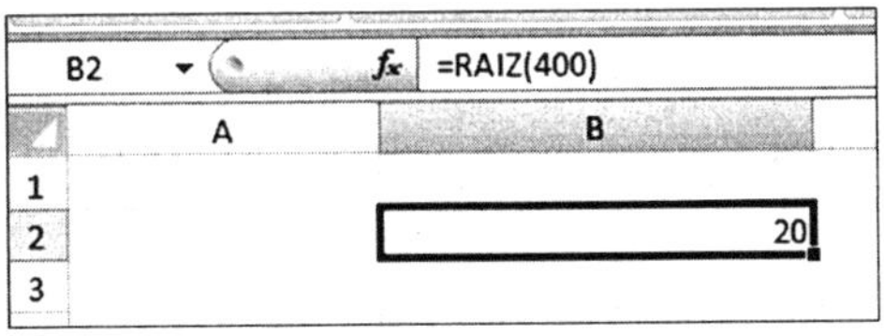

	A	B
1		
2		20
3		

B2 fx =RAIZ(400)

Figura 13.061

Nesse exemplo, apliquei a função dentro da célula B2 passando o argumento "4010". Embora eu também pudesse ter passado a referência de célula como a linha =RAIZ(B2).

Função IMRAIZ

Esta função retorna a raiz quadrada de um número complexo no formato de texto x + yi ou x + yj.

=IMRAIZ("2+i") Ao executar essa função, verá que a raiz quadrada de 2+i (1,45534669022535+0,343560749722512i). Vejamos o exemplo prático logo a seguir:

```
=IMRAIZ("2+i")
```

1,45534669022535+0,343560749722512i

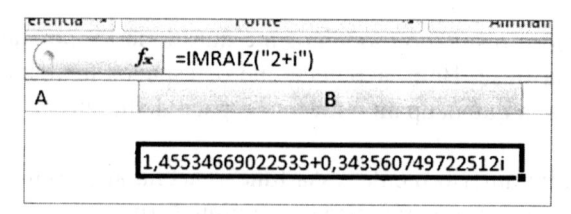

Figura 13.062

Outro exemplo=IMRAIZ("1+i") Equivale a: " raiz quadrada de 1+i (1,098684 + 0,45509i)"

Função RAIZPI

Esta função retorna a raiz quadrada de um número multiplicado pelo valor de PI.

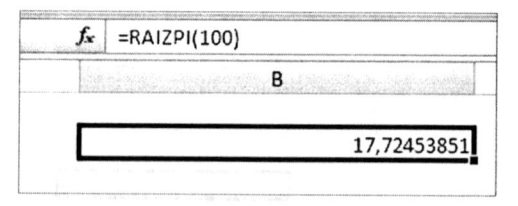

```
=RAIZPI(100)
```

17,72453851

Figura 13.063

Outros exemplos seriam:

=RAIZPI(3) A raiz quadrada de PI (3,069980124)
=RAIZPI(2) A raiz quadrada de 2 * pi (2,506628)

Função TIPO

A função TIPO retorna o tipo de valor existente na célula. Usamos essa função quando o valor a ser retornado por outra função depender do tipo de dados existentes em uma determinada célula.

Por exemplo, podemos usar uma condicional para sabermos qual o tipo de dados contidos em uma determinada célula. Vejamos o exemplo a seguir:

Figura 13.064

Cada tipo de dado possui um número o qual diz ao Excel o deve ser exibido. Segue abaixo uma tabela contendo os tipos de dados reconhecidos pelo Excel e seus respectivos números.

Tipo	Valor
Número	1
Texto	2
Valor lógico	4
Valor de erro	16
Matriz	64

Mais um exemplo de uso: Caso precise testar se o tipo de dados é texto ou número, digite a seguinte linha: =SE(TIPO(A1)=1;"Numérico";SE(TIPO(A1)=2;"Texto";"nenhum dos dois")). Mais a frente, falaremos em detalhes sobre condicionais, inclusive a função SE.

Função INFORMAÇÃO

Retorna informações sobre o ambiente operacional atual dando informação detalhadas e diversas. Por exemplo, podemos usar essa função para exibir o caminho do diretório onde se encontra o arquivo atual. Vejamos o exemplo a seguir:

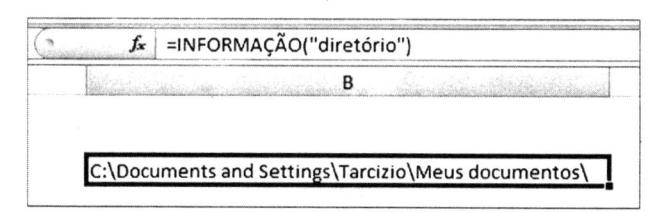

Figura 13.065

Podemos usar outros argumentos para sabermos mais detalhes sobre o arquivo. Vejamos a tabela a seguir:

Tipo de argumento	Exibe
"diretório"	Caminho do diretório ou pasta atual.
"memdisp"	Quantidade de memória disponível em bytes.
"memtot"	Memória total disponível, incluindo a memória já utilizada, em bytes.
"memusada"	Quantidade de memória sendo utilizada para dados.
"númarquivo"	O número de planilhas ativas nas pastas de trabalho abertas.
"origem"	Referência absoluta do estilo A1, como texto, precedida de "$A:" para compatibilidade com o Lotus 1-2-3 versão 3.x. Retorna a referência da célula superior da esquerda visível na janela com base na posição de rolagem atual.
"osversão"	Versão do sistema operacional atual na forma de texto.
"recalc"	Modo atual de refazer o cálculo; retorna "Automático" ou "Manual".
"release"	Versão do Microsoft Excel na forma de texto.
"sistema"	Nome do ambiente operacional: Caso seja Mac mostrará "mac". Caso seja Windows mostrará "pcdos"

Não podemos nos esquecer que esta função somente reconhecerá os argumentos escritos corretamente e entre aspas duplas.

Outro exemplo poderia ser caso tivéssemos a necessidade de sabermos quantas planilhas existem disponíveis em nosso documento,; neste caso, bastaria passar o argumento "númarquivo" da seguinte forma: =INFORMAÇÃO("númarquivo"). O Excel retornará o número de planilhas.

Função TIPO.ERRO

Esta função retorna um número que corresponde a um dos valores de erro do Excel ou retorna o erro #N/D se não houver erro. Podemos usar a função TIPO.ERRO aninhada à função condicional SE para testar um tipo de erro e retornar uma mensagem, ao invés de um valor de erro, a fim de dar melhor interação e suporte na relação máquina/usuário.

Vejamos um exemplo onde testei um tipo de erro. Na verdade, causei propositalmente o erro através da divisão por "0". O código do erro divisão por zero é #DIV/0 e para o Excel é passado o número de erro 2, usamos então esse retorno numérico para gerar uma mensagem de interação humana para o usuário. Vejamos:

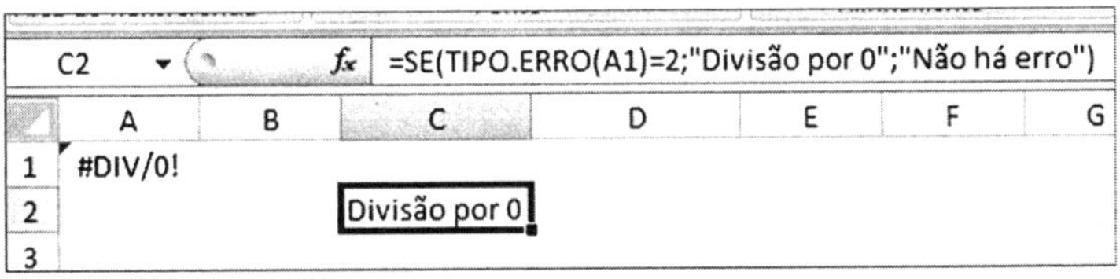

Figura 13.066

O Excel dá suporte a todos os erros gerados em uma operação, tendo um número representativo para cada erro gerado. Segue abaixo a tabela de códigos e erros:

Código de Erro	Referência numérica
#NULO!	1
#DIV/0!	2
#VALOR!	3
#REF!	4
#NOME?	5
#NÚM!	6
#N/D	7

Função CÉL

Esta função retorna informações detalhadas e diversas sobre formatação, localização ou conteúdo de uma célula ou referência.

A função CÉL requer dois argumentos, o primeiro deles é o parâmetro de texto padrão que aciona a busca e verificação interna do Excel e retorna um resultado de acordo com o estado do argumento de referência, que é o segundo argumento requerido pela função.

Sintaxe: =CÉL(tipo_de_informação;referêcia). Segue um exemplo de aplicação usando o argumento "conteúdo", o qual retorna o conteúdo da referência informada. Vejamos:

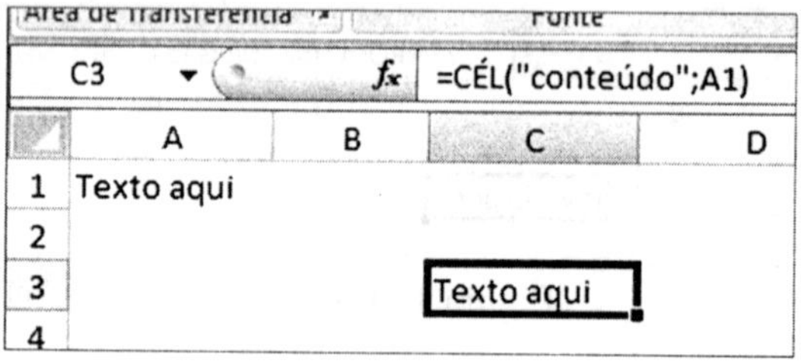

Figura 13.067

O Excel disponibiliza vários argumentos para a primeira posição dentro do bloco da fórmula CÉL. Segue abaixo a tabela:

Parâmetro	Retorno
"arquivo"	Nome do arquivo (incluindo nome completo do caminho) para o arquivo que contém referência, como texto. Retorna o texto vazio ("") se a planilha que contiver referência ainda não tiver sido salva.
"col"	Número de coluna da célula em referência.
"conteúdo"	Valor da célula superior esquerda na referência, não uma fórmula.
"cor"	Retorna 1 se a célula for formatada em cores para valores negativos; caso contrário retorna 0.
"endereço"	Referência da primeira célula em referência, como texto.

"formato"	Valor do texto correspondente ao formato de número da célula. Os valores de texto para os vários formatos são apresentados na tabela a seguir. Retorna "-" ao final do valor do texto se a célula for formatada em cores para valores negativos. Retorna "()" ao final do valor do texto se a célula for formatada com parênteses para os valores positivos ou todos os valores.
"largura"	A largura de coluna da célula arredondada para um inteiro. Cada unidade de largura de coluna é igual à largura de um caractere do tamanho de fonte padrão.
"linha"	Número de linha da célula em referência.
"parênteses"	Retorna 1 se a célula for formatada com parênteses para os valores positivos ou todos os valores; caso contrário retorna 0.
"prefixo"	O valor do texto correspondente ao "prefixo de título" da célula. Retorna apóstrofo (') se a célula contiver texto alinhado à esquerda, aspas (") se a célula contiver texto alinhado à direita, acento circunflexo (^) se a célula contiver texto centralizado, barra invertida (\) se a célula contiver texto alinhado por preenchimento, e texto vazio ("") para outros conteúdos.
"proteção"	0 se a célula não for travada, e 1 se a célula for travada.
"tipo"	Valor de texto correspondente ao tipo de dados na célula. Retorna "b" se a célula estiver em branco, "l" se a célula contiver uma constante de texto, e "v" para outros conteúdos.

Vejamos a tabela de tipos de retornos exibidos pelo Excel dependendo de cada formatação ou conteúdo da célula referenciada:

Formato da referência (argumento 2 do bloco)	Retorno
Geral	"G"
0	"F0"
#.##0	".0"
0,00	"F2"

#.##0,00	".2"
R$ #.##0_);(R$ #.##0)	"C0"
R$ #.##0_);[Vermelho](R$ #.##0)	"C0-"
R$ #.##0,00_);(R$ #.##0,00)	"C2"
R$ #.##0,00_);[Vermelho](R$ #.##0,00)	"C2-"
0%	"P0"
0,00%	"P2"
0,00E+00	"S2"
# ?/? ou # ??/??	"G"
d/m/aa ou d/m/aa h:mm ou dd/mm/aa	"D4"
d-mmm-aa ou dd-mmm-aa	"D1"
d-mmm ou dd-mmm	"D2"
mmm-aa	"D3"
dd/mm	"D5"
h:mm AM/PM	"D7"
h:mm:ss AM/PM	"D6"
h:mm	"D9"
h:mm:ss	"D8"

Função PAR

A função PAR retorna o valor passado como argumento arredondado para o inteiro par mais próximo à frente.

Exemplo:

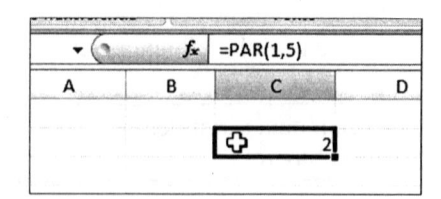

Figura 13.068

Teste outros números e referências de células para se familiarizar com a função.

Capítulo 14

Funções E e OU

A função E retornará VERDADEIRO se todos os argumentos forem verdadeiros ou retornará FALSO se um ou mais argumentos forem falsos. A função OU retorna VERDADEIRO se qualquer argumento for VERDADEIRO e retorna FALSO se todos os argumentos forem FALSOS.

Nota: Nunca devemos confundir "e" com "ou", pois isto geraria resultados completamente diferentes.

Se disséssemos: Thayná ou Thábata venha aqui, por favor! Essa exclamação é muito diferente de desta: Thayná e Thábata venham aqui, por favor. Pois no primeiro caso chamamos uma pessoa apenas, porém no segundo, chamamos as duas.

Função E

Podemos usar a função E, por exemplo, para testar se duas células contém o mesmo valor numérico ou não. Vejamos:

	fx	=SE(E(C4=10;C5=10);"São iguais";"São diferentes")			
B	C	D	E	F	G
	10	São iguais			
	10				

Figura 14.001

Observe que o operador lógico igual "=" foi inserido dentro do bloco da função E. Isso é de muita importância memorizar, pois se for inserido fora da do bloco (ex. E(C4;C5)=10), a função não retornará corretamente.

No caso do exemplo, a função somente retorna VERDADEIRO caso o valor de C4 e C5 sejam iguais a 10.

Caso alteremos o valor de uma das células, teremos:

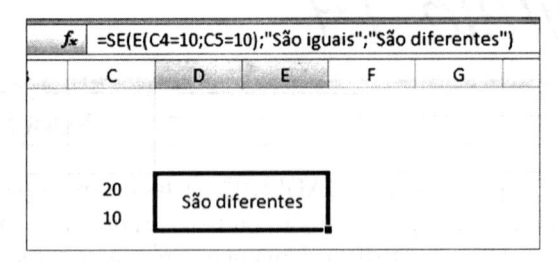

	C	D	E	F	G
f_x	=SE(E(C4=10;C5=10);"São iguais";"São diferentes")				
	20	São diferentes			
	10				

Figura 14.002

Mais detalhes da função condicional E

Os argumentos devem ser avaliados para valores lógicos, como VERDADEIRO ou FALSO, ou devem ser matrizes ou referências que contêm valores lógicos.

Se um argumento de uma matriz ou referência contiver texto ou células vazias, esses valores serão ignorados.

Se o intervalo especificado não contiver valores lógicos, E retornará o valor de erro #VALOR!.

Função OU

Usamos a função OU, por exemplo, para testar se uma de duas células contém um determinado valor numérico ou não. Vejamos:

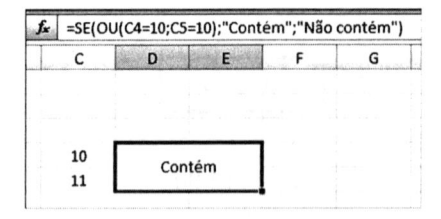

	C	D	E	F	G
f_x	=SE(OU(C4=10;C5=10);"Contém";"Não contém")				
	10	Contém			
	11				

Figura 14.003

Semelhantemente à função E, observe que o operador lógico igual "=" foi inserido dentro do bloco da função condicional OU. Isso é de muita importância memorizar, pois se for inserido fora da do bloco (ex. OU(C4;C5)=10), a função retornará um resultado não equivalente ao seu objetivo.

No caso do exemplo, a função somente retorna VERDADEIRO caso o valor de C4 ou C5 sejam iguais a 10.

Caso alteremos o valor nas duas células, teremos:

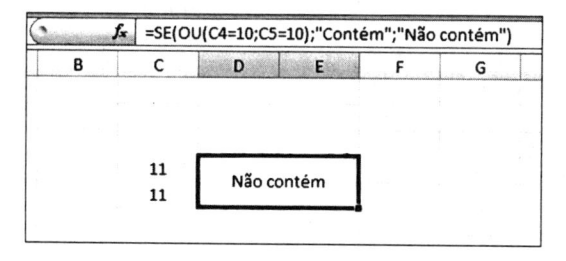

Figura 14.004

A função condicional SE

A função SE retornará um valor se uma condição que você especificou avaliar como VERDADEIRO e outro valor se for avaliado como FALSO. Usamos a condicional SE para definir testes condicionais sobre valores e fórmulas simples e complexas onde se deseja obter um resultado baseado em um valor em meio a outros valores possíveis.

Caso ainda tenha dúvida sobre o funcionamento da função SE, imagine na vida real a seguinte frase:

"Se não chover eu vou a sua casa no domingo, caso contrário eu não irei"

Observe que uma condição foi determinada para que eu vá à casa de tal pessoa, CASO NÃO CHOVA. Caso venha a chover eu não irei. Assim trabalham as condicionais, elas retornar um entre dois resultados, dependendo exclusivamente do que for analisado em seu bloco.

Avaliando notas com a função SE

No exemplo a seguir, pretendemos verificar se a nota alcançada pelo aluno dá-lhe condições de ser aprovado ou não. A regra é: caso a média anual seja menor ou igual (<=) a 5, ou seja, o aluno deve obter nota maior que 5 para ser aprovado. Vejamos:

	A	B	C	D	E
1	TABELA DE NOTAS				
3	ALUNO	ANO	MÉDIA	RESULTADO	
4	João	2008	7	Aprovado	
5	Pedro	2008	8		
6	Vanildo	2008	5		
7	Starley	2008	4		
8	Ketlen	2008	8		
9	Wallace	2008	5		
10	Thales	2008	5		
11	Thuane	2008	4		
12	Thábata	2008	8		
13	Antonio	2008	4		

Barra de fórmula: D4 =SE(C4<=5;"Reprovado";"Aprovado")

Figura 14.005

Observe que digitamos a fórmula na célula D4 a qual retornou "Aprovado. Observe ainda na barra de fórmula a sintaxe dos argumentos da função SE condicionando cada resultado.

Nota: É possível aplicar a fórmula para os demais alunos, bastando para isso arrastar a fórmula no modo incremento de dados. Para mais detalhes de arraste, consulte o capítulo 2

Aninhando SE dentro de SE

O ato de Aninhar ou Encapsular função dentro de função é bastante usado no Excel. Esse método possibilita a execução de várias funções, trabalhando essas funções como argumentos da função pai.

Usando como base de exemplo a Tabela de Notas, podemos aplicar a fórmula de maneira que cada verificação seja feita separadamente. Vejamos a linha de códigos que segue:

=SE(C4<5; "Reprovado";SE(C4=5; "Reprovado"; "Aprovado"))

D4		fx	=SE(C4<5;"Reprovado";SE(C4=5;"Reprovado";"Aprovado"))			
A	B	C	D	E	F	G

	A	B	C	D
1		TABELA DE NOTAS		
3	ALUNO	ANO	MÉDIA	RESULTADO
4	João	2008	7	Aprovado
5	Pedro	2008	8	
6	Vanildo	2008	5	

Figura 14.006

Observe que cada operador lógico (< =) utilizado na fórmula foi aplicado em um SE diferente, verificando assim separadamente cada condição.

No Excel 2003 o número máximo de funções SE aninhadas (SE dentro de SE) é de sete. No Excel 2007 podemos aninhar até 64 funções SE como argumentos para criar testes mais elaborados.

Note que o sinal de igual (=) que inicia uma função no Excel não foi aplicado na segunda ocorrência do SE e ainda note que o fechamento do bloco de todos os SE se deu no fim da linha da fórmula.

A função SE aninhando outras funções

A função SE não se limita em aninhar de outros SE, e aceita em seu bloco principal, função diversas dependendo da ocasião ou necessidade de cada um.

Usando a função E dentro de SE

Usamos a função E dentro da função SE quando necessitamos verificar pares de dados sem replicar o SE (aninhar). A função E verifica se dois ou mais argumentos coincidem em algum aspecto pré-determinado. Vejamos um exemplo:

D4		fx	=SE(E(C4>5;C5>5);"Ambos aprovados";"Somente 1 ou nenhum aprovado")			
A	B	C	D	E	F	G

	A	B	C	D
1		TABELA DE NOTAS		
3	ALUNO	ANO	MÉDIA	RESULTADO
4	João	2008	7	Ambos aprovados
5	Pedro	2008	8	
6	Vanildo	2008	5	

Figura 14.007

Nesse exemplo, usamos a função E para verificar se C4 e C5 tinham notas maiores que 5, em caso positivo o Excel retornaria "Aprovados", caso contrário, "Somente 1 ou nenhum aprovado".

Concatenando dentro da fórmula aninhada

Podemos ainda concatenar texto e referências para facilitar o entendimento do resultado. Vejamos a seguir um exemplo básico:

	A	B	C	D
1			TABELA DE NOTAS	
3	ALUNO	ANO	MÉDIA	RESULTADO
4	João	2008	7	João e Pedro aprovados
5	Pedro	2008	8	
6	Vanildo	2008	5	

Fórmula em D4: `=SE(E(C4>5;C5>5);A4&" e "&A5&" aprovados";"Somente 1 ou nenhum aprovado")`

Figura 14.008

Os espaços necessários no texto de retorno deverão ser aplicados no dado de origem e não na fórmula, a menos que esses estejam entre aspas. Para saber mais, consulte o capítulo 13

Usando a função OU dentro de SE

Semelhantemente ao que foi mostrado na função E, usamos a função OU dentro da função SE quando necessitamos verificar pares de dados sem replicar o SE (sem aninhar funções SE). A função OU verifica se um de dois ou mais argumentos coincide com algum aspecto pré-determinado. Vejamos um exemplo:

	A	B	C	D
1			TABELA DE NOTAS	
3	ALUNO	ANO	MÉDIA	RESULTADO
4	João	2008	2	Nenhum aprovado
5	Pedro	2008	2	
6	Vanildo	2008	5	

Fórmula em D4: `=SE(OU(C4>5;C5>5);"João ou Pedro";"Nenhum aprovado")`

Figura 14.009

Observando a linha digitada na barra de fórmulas, podemos ver que desta vez a questão é João ou Pedro foram aprovados? Não? Então mostre "Nenhum aprovado".

Verificando quantidade de caractere em uma célula

Às vezes podemos precisar verificar e restringir células para que essas venham a conter um número fixo de caracteres. Imagine um campo de CPF, onde o número e composto por 11 dígitos. Para contar a quantidade de dígitos digitados, usaremos a função NÚM.CARACT e para aplicar a condição, usaremos o SE. Vejamos:

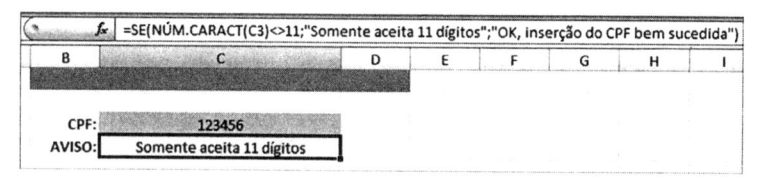

```
=SE(NÚM.CARACT(C3)<>11;"Somente aceita 11 dígitos";"OK, inserção do CPF bem sucedida")
```

CPF: 123456
AVISO: Somente aceita 11 dígitos

Figura 14.010

Desse modo, caso a condição seja satisfeita, o retorno será:

CPF: 12345678911
AVISO: OK, inserção do CPF bem sucedida

Figura 14.011

Verificando número de caracteres e tipo de dados usando SE

Para deixar a verificação mais completa, será necessário avisar o usuário quando for inserida uma quantidade insuficiente de dígitos (menos que 11) e também ao inserir letras junto aos números. Já sabemos que a quantidade de dígitos é conferida com a função NÚM.CARACT. Para verificar se há caracteres de texto em meio aos dígitos, usaremos a função ÉNÚM.

Mais uma coisa nós precisamos levar em conta, é que tanto uma função quanto outra precisa ser verdadeira para que o resultado seja preciso e correto; sendo assim, usaremos mais uma função em nossa linha de código, a condicional E. Observe o exemplo:

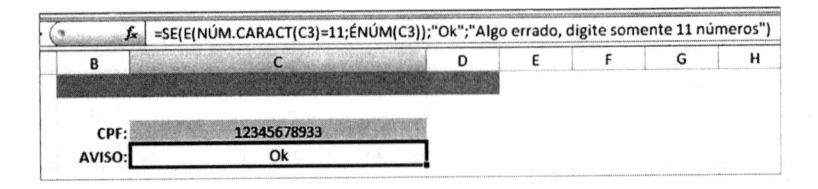

`=SE(E(NÚM.CARACT(C3)=11;ÉNÚM(C3));"Ok";"Algo errado, digite somente 11 números")`

CPF: 12345678933
AVISO: Ok

Figura 14.012

Assim, estamos dizendo ao Excel que para retornar OK ele precisa verificar se o valor digitado em C3 é igual a 11 E se é um valor composto por números, apenas.

Função NÃO

A função NÃO inverte o valor do argumento passado dentro do bloco. Use NÃO quando quiser ter certeza de que um valor não é igual a outro valor pré-determinado. Vejamos um exemplo:

`=SE(NÃO(B2="OK");"Não é igual a OK";"É igual a OK")`

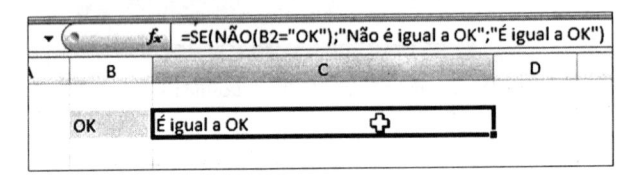

OK | É igual a OK

Figura 14.013

Note que a função faz uma pergunta negativa ao argumento. Isso seria como se perguntássemos: "Você não quer ir a minha casa hoje?" ao invés de dizer: "Quer ir a minha casa hoje?".

Função ESCOLHER

A função retorna valores baseando-se em um índice e parâmetros referenciais.

Sintaxe

ESCOLHER(número_do_índice;valor1;valor2,...)

O argumento número_do_índice especifica o valor selecionado, esse argumento deve ser um número entre 1 e 254, uma fórmula ou uma referência a uma célula que contenha um número na mesma dimensão.

Se número_do_índice for menor do que 1 ou maior do que o número do último valor na lista, a função ESCOLHER retornará o valor de erro #VALOR!.

Se número_do_índice for uma fração, ela será truncada para o menor inteiro antes de ser usada.

Valor1,valor2,... são de 1 a 254 argumentos de valor a partir dos quais ESCOLHER seleciona um valor ou uma ação a ser realizada com base no número_do_índice.

Nota: Os argumentos podem ser números, referências de célula, nomes definidos, fórmulas, funções ou texto.

Vejamos um exemplo:

	A	B	C
1	10		
2	41		41
3	56		

C2 = =ESCOLHER(2;A1;A2;A3)

Figura 14.014

Se número_do_índice for o número 1, a função ESCOLHER retornará o valor1; se for 2, a função retornará o valor2; e assim por diante. No caso do exemplo anterior, note que o primeiro argumento da função é o número 2; dessa forma, o resultado foi o segundo valor passado (A2=41).

Função COL

Esta função retorna o número de coluna da referência especificada. Podemos usá-la para incrementar fórmulas e descobrir posicionamentos de valores dentro de uma tabela. Vejamos o exemplo a seguir:

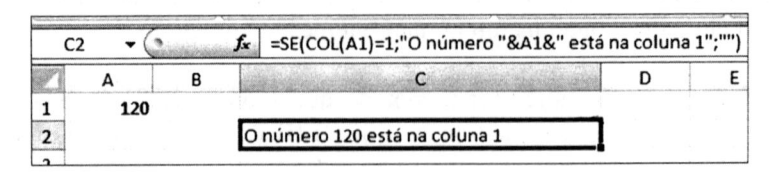

Figura 14.015

Ou ainda poderemos escrever a fórmula totalmente dinâmica, onde o retorna é feito pela mesma função. Vejamos:

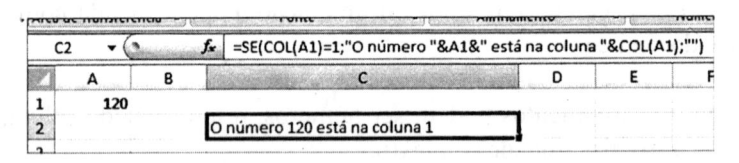

Figura 14.016

Função COLS

Esta função é bastante semelhante à anterior (COL), porém ao invés de retornar em que coluna se encontra a referência, ela exibe a quantidade de colunas envolvidas no intervalo. Vejamos:

Figura 14.017

Função PROCH

A função PROCH exerce a tarefa de localizar um valor na linha superior de uma tabela ou matriz de valores e retorna um valor na mesma coluna de uma linha especificada na tabela ou matriz.

Geralmente usamos essa função quando os valores de comparação estiverem localizados em uma linha ao longo da parte superior de uma tabela de dados (Rótulos de tabela) e queremos observar um número específico de linhas (Registro) mais abaixo.

No exemplo que segue, pretendemos encontrar o valor de um curso da escola OuroData, o qual esteja localizado na coluna referente à escola e na linha 2 do intervalo selecionado.

Vejamos o exemplo:

	A	B	C	D	E	F	G
1	TABELA DE PREÇOS POR EMPRESAS						
2	Curso	OuroData	BWG	InfoMais	DataMore		640
3	CorelDraw	R$ 640,00	R$ 740,00	R$ 840,00	R$ 940,00		
4	PhotoShop	R$ 640,00	R$ 740,00	R$ 840,00	R$ 940,00		
5	Excel Advanced	R$ 820,00	R$ 920,00	R$ 1.020,00	R$ 1.120,00		
6	Access Advanced	R$ 1.300,00	R$ 1.900,00	R$ 2.500,00	R$ 3.100,00		
7	PHP	R$ 1.300,00	R$ 1.900,00	R$ 2.500,00	R$ 3.100,00		
8	Web design	R$ 900,00	R$ 1.200,00	R$ 1.500,00	R$ 1.800,00		
9	HTML	R$ 450,00	R$ 650,00	R$ 850,00	R$ 1.050,00		
10	JAVA	R$ 3.456,00	R$ 4.456,00	R$ 5.456,00	R$ 6.456,00		
11	C#	R$ 2.900,00	R$ 3.900,00	R$ 4.900,00	R$ 5.900,00		
12	C++	R$ 2.900,00	R$ 3.900,00	R$ 4.900,00	R$ 5.900,00		
13	Informática I	R$ 490,00	R$ 650,00	R$ 810,00	R$ 970,00		

G2 =PROCH("OuroData";A2:E13;2;0)

Figura 14.018

É claro que esse não é o jeito profissional de aplicar os argumentos, mas vamos usar somente para efeitos didáticos. A linha =PROCH("OuroData";A2:E13;3;0) diz: "procure pela linha de cabeçalho o nome OuroData abrangendo o intervalo A2 até E13, em seguida, localize o dado na linha 2 e mostre-o".

Como podemos ver, esta sintaxe deixa a desejar, pois cada vez que tiver que procurar algo na tabela, porém em outra coluna, terei que alterar a referência diretamente na fórmula e isto não é prático nem profissional.

O que faremos é passar uma referência de célula para a busca tornar-se dinâmica por completo, dependendo unicamente da argumentação da célula de busca. Vejamos a linha digitada:

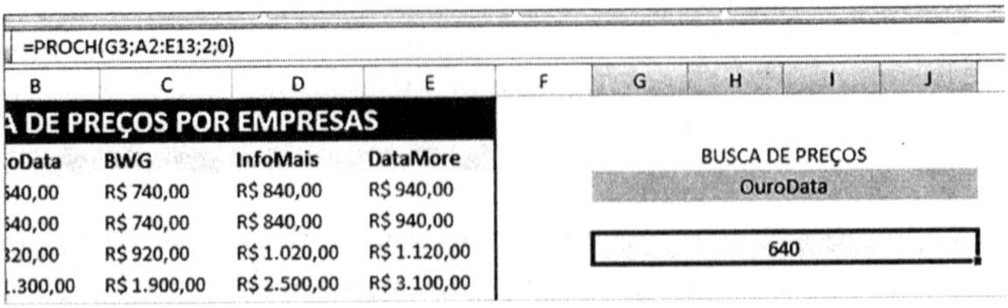

Figura 14.019

A fórmula foi digitada na célula G5.

Note que agora ao invés de digitarmos literalmente o nome do rótulo de coluna ("OuroData"), inserimos a referência de onde o argumento (nome da coluna) seria digitado. No caso na célula G3. Para variar e buscar em outra coluna da tabela, basta digitar o nome da escola na célula de busca.

Usando na prática a função PROCH

Mostrarei agora um exemplo prático usando a função PROCH. Nesse exemplo, temos uma tabela para exibição dos dados retornados pela busca feita com uso da função, onde todos os preços de cursos serão mostrados de uma só vez, após digitar o nome da escola na célula de busca (G3).

Funções E e OU | 361

G	H	I	J
BUSCA DE PREÇOS			
OuroData			
Curso		**Valor**	
CorelDraw	>>	R$ 640,00	
PhotoShop	>>	R$ 640,00	
Excel Advanced	>>	R$ 820,00	
Access Advanced	>>	R$ 1.300,00	
PHP	>>	R$ 1.300,00	
Web design	>>	R$ 900,00	
HTML	>>	R$ 450,00	
JAVA	>>	R$ 3.456,00	
C#	>>	R$ 2.900,00	
C++	>>	R$ 2.900,00	
Informática I	>>	R$ 490,00	

Figura 14.020

Preste bastante atenção, pois a primeira coluna (cursos) e a segunda (>>) da tabela mostrada na figura 14.020 são estáticas e devem ser construídas manualmente. A última coluna (direita) se trata do retorno da função PROCH e será preenchida automaticamente.

Insira na célula I15 a linha =PROCH(G2;B2:E13;2;0). Vejamos:

BUSCA DE PREÇOS			
OuroData			
Curso		**Valor**	
CorelDraw	>>	=PROCH(G2;B2:E13;2;0)]	
PhotoShop	>>	PROCH(valor_procurado; matriz_tabela	
Excel Advanced	>>	R$ 820,00	

Figura 14.021

Feito isto, clique Enter e digite OuroData na célula G3. Veja então que o resultado é mostrado conforme na tabela principal.

Faça o mesmo para as demais linhas abaixo, porém, não se esqueça de alterar a referência da linha no terceiro argumento da função, isso em cada fórmula. Exemplo: 3, 4, 5, 6... etc.

Depois de tudo pronto, o resultado será como o mostrado na figura a seguir. Perceba que todos os campos (valor dos cursos) serão preenchidos de uma só vez. Vejamos:

G	H	I	J
BUSCA DE PREÇOS			
InfoMais			
Curso		**Valor**	
CorelDraw	>>	R$ 840,00	
PhotoShop	>>	R$ 840,00	
Excel Advanced	>>	R$ 1.020,00	
Access Advanced	>>	R$ 2.500,00	
PHP	>>	R$ 2.500,00	
Web design	>>	R$ 1.500,00	
HTML	>>	R$ 850,00	
JAVA	>>	R$ 5.456,00	
C#	>>	R$ 4.900,00	
C++	>>	R$ 4.900,00	
Informática I	>>	R$ 810,00	

Figura 14.022

Caso o Excel retorne algum erro, verifique novamente cada passo visto durante o estudo da função PROCH e então teste novamente a busca.

O quarto e último argumento da função PROCH é opcional; porém, nesse caso o valor lógico assumido por padrão, é o FALSO. Sendo assim, somente retornarão dados exatos como resultado da busca.

Na prática, isso significa que tanto FALSO como VERDADEIRO poderão ser adicionados, mas saiba que VERDADEIRO retorna um valor semelhante e é propenso a erros (melhor seria usar o valor FALSO).

Podemos usar ainda 0 (=FALSO) ou 1 (=VERDADEIRO). Embora tenha liberdade para escolher, recomendo inserir o 0 (zero) ou deixar a função sem o quarto argumento.

O Excel suporta conexões entre planilhas da mesma pasta de trabalho; dessa forma, podemos criar a busca extraindo dados de uma tabela de dados de outra planilha, o que seria a aplicabilidade correta e eficaz da função PROCH.

PROCH em SE e CONT.SE

Podemos usar com certa liberdade a função PROCH fazendo-a de argumento de outras funções. Como exemplo, imagine que pretendamos incrementar nossa busca verificando antes se um determinado curso existe ou não na coluna Cursos, para depois aplicar a função PROCH. Para isso, altere a linha de código de cada célula de retorno da seguinte forma:

=SE(CONT.SE(A3:A13;"CorelDraw");PROCH(G2;B2:E13;2;0);"Curso não cadastrado")

Isso fará com que o Excel condicione a execução da função PROCH ao resultado VERDADEIRO da função CONT.SE. Sendo assim, somente será retornado o valor do curso de "CorelDraw" caso esse exista na lista; caso contrário, a mensagem "Curso não cadastrado" será exibida. Vejamos:

Curso		Valor
CorelDraw	>>	Curso não cadastrado
PhotoShop	>>	R$ 840,00
Excel Advanced	>>	R$ 1.020,00

Figura 14.023

O uso desse tipo de aninhamento é especialmente útil quando trabalhamos com links para tabelas externas.

Função CORRESP

Retorna a posição relativa de um item em uma matriz (tabela) que coincide com um valor especificado em uma ordem específica. Use CORRESP em vez de uma das funções PROC quando você precisar da posição de um item em um intervalo ao invés do item propriamente dito.

Podemos usar números e texto como primeiro argumento da função CORRESP e ainda usar os caracteres coringa

Asterisco e Interrogação (* e ?). Lembrando que usamos o asterisco quando não conhecemos trechos do conteúdo (ex. Corel*, *orel*) e usamos o ponto de interrogação quando não sabemos um único digito ou letra (ex. CorelDra?, ?????Draw).

Vejamos um exemplo de aplicação da função CORRESP:

	A	B	C	D	E	F
1		PRODUTOS				
2	Código	Produto	Valor			
3	2563	Arroz	R$ 9,00			
4	2567	Feijão	R$ 4,00		Insira o código do produto no campo abaixo	
5	2571	Macarrão	R$ 2,50		2563	
6	2575	Sal	R$ 1,00		1	
7	2579	Sabão	R$ 4,30			
8	2583	Carne	R$ 8,90			
9	2587	Massas	R$ 2,60			
10	2591	Sabonete	R$ 0,89			

Figura 14.024

A função foi digitada na célula E6.

Se observarmos a linha de código na barra de fórmulas mostrada na figura anterior, é possível notar que o primeiro argumento foi preenchido com o endereço da célula na qual digitamos o parâmetro de busca. Dessa forma, não precisaremos alterar o argumento diretamente na função.

Função LIN

Com essa função podemos obter o número da linha de uma referência. Vejamos o exemplo:

B	C	D	E	F	G
ELA DE PREÇOS POR EMPRESAS					
OuroData	BWG	InfoMais	DataMore		
R$ 1.300,00	R$ 1.900,00	R$ 2.500,00	R$ 3.100,00		Qual é a linha?
R$ 2.900,00	R$ 3.900,00	R$ 4.900,00	R$ 5.900,00		4
R$ 2.900,00	R$ 3.900,00	R$ 4.900,00	R$ 5.900,00		

Figura 14.025

Nesse caso nos foi mostrado o valor 4 que indica a linha onde se encontra a célula C4.

Aninhando as funções CONCATENAR, LIN e COL

Podemos usar aninhamento de funções para retornar dados objetivos e claros facilitando assim o entendimento. Para isso, usaremos três funções aninhadas dentro da condicional SE, que dará suporte somente para efeitos de exibição. Vejamos:

=SE(LIN(C4)>0; "O valor "&CONCATENAR(C4)&" esta na linha "&LIN(C4)&" e na coluna "&COL(C4);"").

Vejamos o que isto retornaria quando aplicada a uma tabela de dados:

	B	C	D	E	F	G
	\multicolumn{4}{l	}{ELA DE PREÇOS POR EMPRESAS}		
	OuroData	BWG	InfoMais	DataMore		Qual é a linha?
	R$ 1.300,00	R$ 1.900,00	R$ 2.500,00	R$ 3.100,00		O valor 3900 esta na linha 4 e na coluna 3
	R$ 2.900,00	R$ 3.900,00	R$ 4.900,00	R$ 5.900,00		
	R$ 2.900,00	R$ 3.900,00	R$ 4.900,00	R$ 5.900,00		

Figura 14.026

Como podemos ver, as opções de uso e de incremento são inúmeras e dependerá somente do domínio da lógica e da necessidade de cada projeto de trabalho.

Função LINS

A função LINS é bastante semelhante à função LIN, porém ao invés de retornar em que linha se encontra a referência, ela exibe a quantidade de linhas envolvidas no intervalo passado. Vejamos:

B	C	D	E	F	G
\multicolumn{4}{l	}{ELA DE PREÇOS POR EMPRESAS}		
OuroData	BWG	InfoMais	DataMore		Quantas linhas envolvidas?
R$ 1.300,00	R$ 1.900,00	R$ 2.500,00	R$ 3.100,00		10
R$ 2.900,00	R$ 3.900,00	R$ 4.900,00	R$ 5.900,00		
R$ 2.900,00	R$ 3.900,00	R$ 4.900,00	R$ 5.900,00		

Figura 14.027

Função PROCV

Esta é uma das funções avançadas mais usadas no Excel. A função PROCV localiza um valor na primeira coluna de uma matriz de tabela e retorna um valor na mesma linha de outra coluna na matriz da tabela.

Sintaxe

PROCV(valor_procurado;matriz_tabela;núm_índice_coluna;procurar_intervalo)

Valor_procurado - É o valor a ser procurado na primeira coluna da matriz da tabela. O valor_procurado pode ser um valor ou uma referência.

Os valores na primeira coluna de matriz_tabela são os valores procurados por valor_procurado. Os valores podem ser texto, números ou valores lógicos. Textos em maiúsculas e minúsculas são equivalentes.

Normalmente, usamos uma referência para o primeiro argumento da função PROCV (valor_procurado), pois isso simplifica a pesquisa e dinamiza a função de busca.

Matriz_tabela - Aqui nós devemos referenciar duas ou mais colunas de dados. O bom seria referenciar a tabela inteira para evitar discrepância ou inconsistência de dados.

Núm_índice_coluna – Aqui adicionamos o número da coluna em matriz_tabela a partir do qual o valor correspondente deve ser retornado. Devemos sempre lembrar que a função PROCV considera os rótulos de colunas (A, B, C...) como índice, dessa forma, A se torna 1, B se torna 2, C se torna 3 e assim sucessivamente.

Atenção, pois caso insira um valor menor que 1, a função PROCV retornará o valor de erro #VALOR!. Caso o valor passado seja maior do que o número de colunas referenciado em matriz_tabela, a função retornará o valor de erro #REF! (erro de referência).

Nota: O quarto argumento da função PROVC é opcional, portanto, deixando-o em branco a função retornará exatamente o dado existente na referência, sem possíveis variações. O campo em branco é interpretado como 0 (zero) pela função. Caso queira que a função retorne um valor semelhante, use o valor 1 (raramente usado).

Antes de tudo, crie uma tabela como a mostrada abaixo. Lembre-se de criá-la à direita da nossa boa e velha Tabela de Preços por Empresas, assim facilitaremos a compreensão. Vejamos:

PESQUISA DE CURSOS E PREÇOS				
Curso	OuroData	BWG	InfoMais	DataMore

Figura 14.028

Devemos estar atentos que tudo que vamos digitar em nossa fórmula estará se referindo sempre a uma à tabela "Tabela de Preços por Empresas". Sendo assim, essa é que suprirá nossa busca usando a função PROCV. Vejamos como ficaria nossa planilha:

H26

	A	B	C	D	E	F
1	TABELA DE PREÇOS POR EMPRESAS					
2	Código	Curso	OuroData	BWG	InfoMais	DataMore
3	2564	Access Advanced	R$ 1.300,00	R$ 1.900,00	R$ 2.500,00	R$ 3.100,00
4	2568	C#	R$ 2.900,00	R$ 3.900,00	R$ 4.900,00	R$ 5.900,00
5	2572	C++	R$ 2.900,00	R$ 3.900,00	R$ 4.900,00	R$ 5.900,00
6	2576	Corel	R$ 640,00	R$ 740,00	R$ 840,00	R$ 940,00
7	2580	Excel Advanced	R$ 820,00	R$ 920,00	R$ 1.020,00	R$ 1.120,00
8	2584	HTML	R$ 450,00	R$ 650,00	R$ 850,00	R$ 1.050,00
9	2588	Informática I	R$ 490,00	R$ 650,00	R$ 810,00	R$ 970,00
10	2592	JAVA	R$ 3.456,00	R$ 4.456,00	R$ 5.456,00	R$ 6.456,00
11	2596	PhotoShop	R$ 640,00	R$ 740,00	R$ 840,00	R$ 940,00
12	2600	PHP	R$ 1.300,00	R$ 1.900,00	R$ 2.500,00	R$ 3.100,00
13	2604	Web design	R$ 900,00	R$ 1.200,00	R$ 1.500,00	R$ 1.800,00

H	I	J	K	L
PESQUISA DE CURSOS E PREÇOS				
	2564			
Curso	OuroData	BWG	InfoMais	DataMore

Figura 14.029

Observe que a tabela-mãe ganhou uma coluna à esquerda contendo os códigos dos cursos. Esses códigos serão usados pela função PROCV para pesquisar o produto referente.

Para começar, selecione a célula H7, que está imediatamente abaixo do rótulo Curso, na tabela PESQUISA DE CURSOS E PREÇOS:

=PROCV(I4;A2:F13;2;0)

O que será que aconteceu? Estou vendo uma mensagem de outro planeta...!

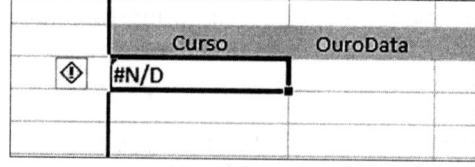

Figura 14.030

Bom, nada está errado, pelo menos à primeira vista.

Esta é a mensagem que indica a ausência de parâmetro na função PROCV, ou seja, ainda não existe um código digitado para a função poder pesquisar. Mas como pode ser isso, se todos os campos de argumentos foram preenchidos à risca? Acontece que passamos o primeiro parâmetro por referência de célula (não o digitamos diretamente na fórmula), desta forma, a função espera que digitemos um valor constante na primeira coluna (um código) para assim, executar a pesquisa.

Para tornar claro o que estou tentando explicar, digite o valor 2564 na célula I4, a qual contém o erro #N/D e então tecle Enter para confirmar ou clique fora da célula. Vejamos o resultado:

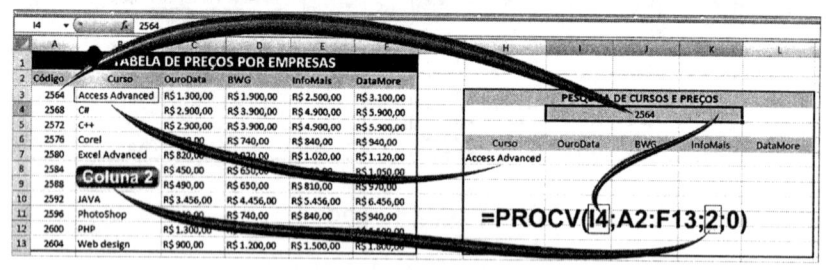

Figura 14.031

Temos então a busca funcionando e já exibindo o dado referente ao código digitado na célula I4. Agora falta apenas repetir a mesma fórmula nas células I7, J7, K7 e L7. É claro que se inserirmos o mesmo código, a função trará alterar o terceiro argumento da função para cada nova aplicação da mesma em célula diferente.

Ficaria assim:

Em I7: =PROCV(I4;A2:F13;3;0)
Em J7: =PROCV(I4;A2:F13;4;0)
Em K7: =PROCV(I4;A2:F13;5;0)
Em L7: =PROCV(I4;A2:F13;6;0)

Note que somente o terceiro argumento foi substituído, sendo assim apontada outra coluna de pesquisa.

Depois que todas as células referentes às outras escolas receberem o a linha de código já alterada no terceiro argumento, o resultado será como mostrado a seguir:

PESQUISA DE CURSOS E PREÇOS				
	2564			
Curso	OuroData	BWG	InfoMais	DataMore
Access Advanced	R$ 1.300,00	R$ 1.900,00	R$ 2.500,00	R$ 3.100,00

Figura 14.032

Altere o código de produto na célula I4 e verá que todos os dados da tabela serão atualizados para o novo código:

PESQUISA DE CURSOS E PREÇOS				
	2596			
Curso	OuroData	BWG	InfoMais	DataMore
PhotoShop	R$ 640,00	R$ 740,00	R$ 840,00	R$ 940,00

Figura 14.033

Capítulo 15

Macros

Uma Macro nada mais do que um conjunto de códigos desenvolvidos em linguagem de programação VBA (Visual Basic for Aplication) que permite estruturar um processo automatizado de ações que evitam a repetição manual de comandos, fazendo com que cada etapa seja realizada de forma automática, sequencial e ordenada, poupando tempo e esforço.

Módulos

No Excel, as macros são criadas dentro de módulos, que nada mais são do que uma coleção de declarações, instruções e procedimentos armazenados juntos como uma unidade nomeada. Imagine um módulo como sendo um tipo de diretório onde guardamos determinados tipos de arquivos. O Excel usa os módulos para organizar macros e aplicá-las em diferentes níveis no aplicativo.

Modos de criação de macros

Existem duas maneiras de se criar uma macro no Excel. São elas:

Modo gravação

Usando o gravador de macro, o Excel grava em tempo real cada uma das ações executadas no documento ativo, que farão parte da macro que transforma essas ações em comandos VBA equivalentes. Quando essa macro for executada futuramente, os comandos VBA gravados anteriormente é que serão sequencialmente executados.

Cada comando VBA corresponde a uma ação da macro gravada.

Modo editor de VBA

Quando você se sentir apto e dominante sobre a linguagem VBA e com o editor da linguagem, então poderá criar um macro digitando os comandos necessários. Não é o intuito deste livro ir a fundo sobre a criação de macros através da linguagem VBA, porém alguns conceitos básicos serão passados na medida do possível.

Exibindo o painel Desenvolvedor

Antes de iniciarmos o estudo sobre macros, devemos exibir as ferramentas de macros na faixa de tarefas do Excel 2007. Por padrão, o Excel, quando instalado, somente exibe as ferramentas básicas de trabalho, mantendo oculto o painel DESENVOLVEDOR, no qual encontramos as ferramentas apropriadas para trabalharmos com macros.

Para exibir o painel Desenvolvedor na faixa de tarefas, proceda da seguinte forma: botão Office (localizado no canto superior esquerdo) > clique no link Opções do Excel:

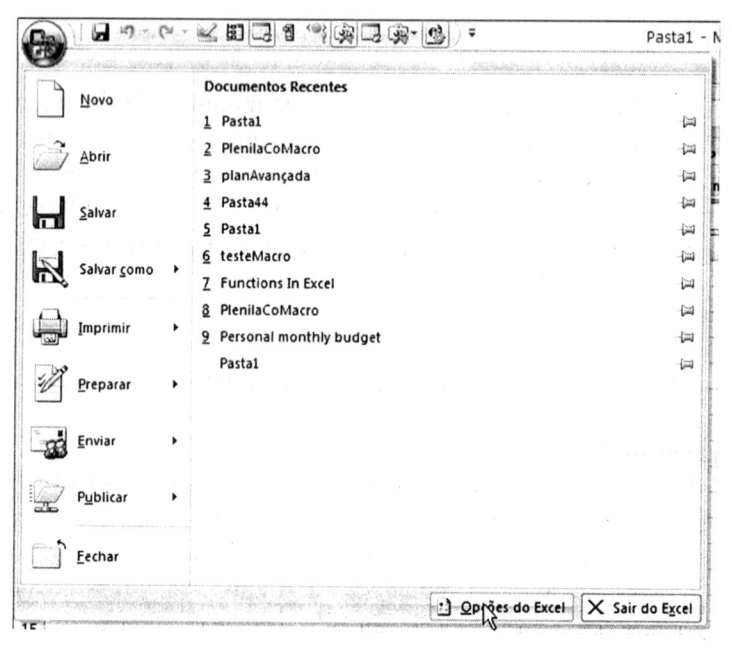

Figura 15.001

No painel da esquerda clique em Mais Usados e marque a caixa Mostrar guia Desenvolvedor na faixa de Opções.

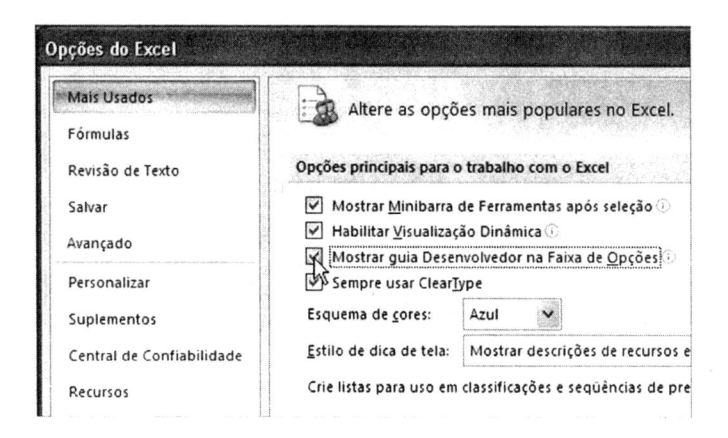

Figura 15.002

Depois de marcar esta opção, clique em OK para confirmar a alteração. Note agora que a guia Desenvolvedor está na faixa de opções do Excel:

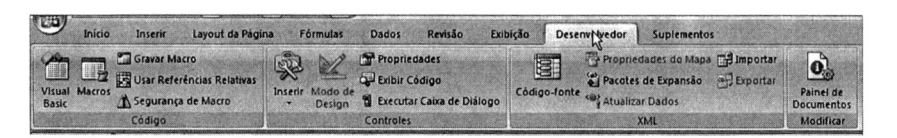

Figura 15.003

Gravando uma macro

Antes de gravar uma macro, lembre-se que todas as ações executadas na planilha serão transformadas em códigos de VBA que serão repetidos nas próximas execuções desta macro. Sendo assim, o mais recomendado seria ter de antemão um rascunho simples das tarefas a serem gravadas para evitar ter que cancelar a macro durante o processo.

Por exemplo, imagine que queira gravar a construção de uma tabela formatada para conter um cadastro de funcionários ou clientes.

O indicado seria então criar um rascunho contendo os rótulos de colunas necessários, os itens de registro e tudo mais que achar conveniente, depois de tudo isso podemos iniciar o processo de gravação.

Iniciando a gravação

Já de posse do rascunho, vamos então iniciar a gravação da macro. Clicando na guia Desenvolvedor, vá ao painel Código e clique em Gravar Macro.

Figura 15.004

Ao clicar em Gravar Macro, o Excel exibirá a caixa de diálogo Gravar Macro. Preencha os campos como mostrado na figura que segue:

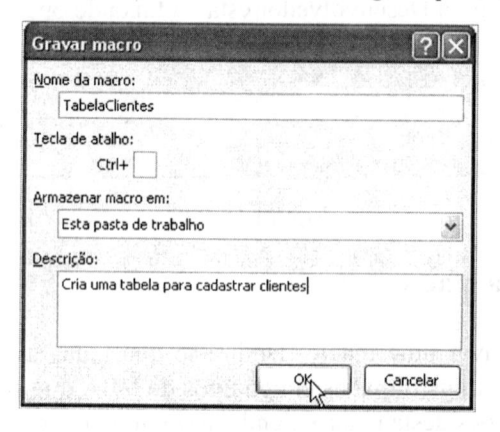

Figura 15.005

Caso queira adicionar um atalho para a macro, simplesmente digite uma letra ou número no campo Tecla de atalho. Esta letra ou número deverá ser digitado em conjunto com a tecla Control (ex. Ctrl=Q)

Após preencher os campos conforme citado anteriormente, clique em OK para iniciar a gravação.

Ao terminar a construção da tabela, pare a gravação clicando em Parar gravação no painel Código. Vejamos:

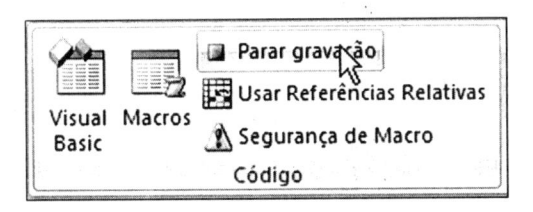

Figura 15.006

Neste exemplo, gravei a construção de uma tabela nomeada Tabela de clientes. Vejamos:

	A	B	C	D	E
1		Tabela de clientes			
2	Nome	Endereço	Cidade	CEP	Telefone
3					
4					
5					
6					
7					
8					
9					
10					
11					
12					
13					
14					
15					
16					
17					
18					

Figura 15.007

Agora podemos executar a macro TabelaClientes toda vez que necessitarmos da mesma tabela.

Executando uma macro criada

Para executarmos a macro criada, siga a rota: menu Desenvolvedor > painel Código > opção Macros. Vejamos:

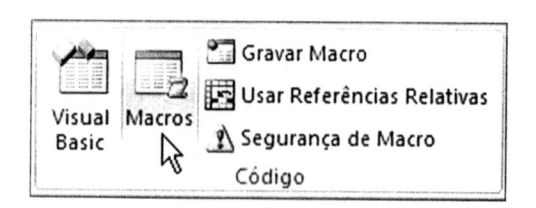

Figura 15.008

Ao clicar no botão indicado, a caixa de diálogo Macro será exibida para que possamos escolher uma macro na lista de macros existentes. Selecione a macro TabelaClientes e clique no botão Executar. Vejamos:

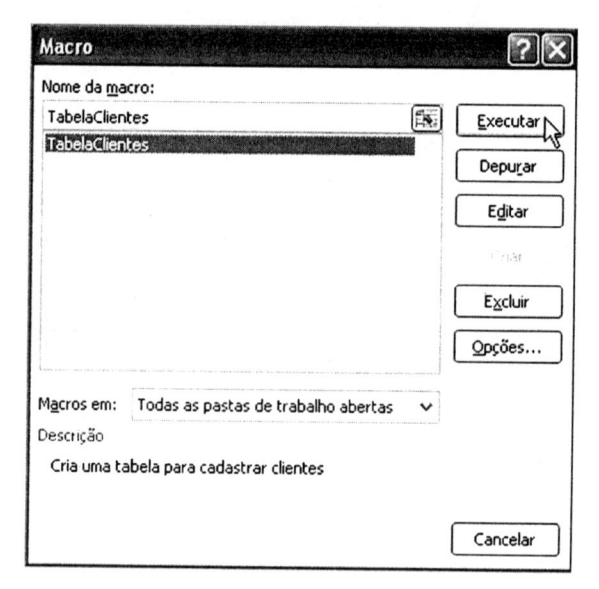

Figura 15.009

A macro nesse momento será executada e a tabela será criada instantaneamente, como num passe de mágica.

Como as macros são formadas

Muita gente sabe como gravar uma macro no Excel; isso não é nada complicado depois do que acabamos de ver, pois bastaram alguns passos e todo o trabalho foi feito quase que automaticamente, sem necessidade de códigos, funções ou complicações.

Uma macro, como já salientamos anteriormente, executa uma sequência de códigos e toda vez que essa macro é chamada, cada ação gravada é novamente aplicada às mesmas células.

Para entendermos melhor o funcionamento de uma Macro, como que ela é escrita e como é estruturada pelo Excel, iremos gravar uma nova macro bem básica, e assim, vamos adentrar em seu código para visualizá-lo e compreendê-lo.

Use os passos explicados no exemplo anterior e grave uma macro que aplica a cor de fundo cinza e insere a palavra "OuroData" na célula A1.

Lembrando que, para isto, basta selecionar a célula A1 > selecionar a guia Desenvolvedor > ir ao painel Código > clicar em Gravar Macro. Na caixa de diálogo, dê o nome "CellA1" para a Macro e clique em OK. Enquanto grava aplique a cor de fundo e digite "OuroData" dentro da célula A1. Pare a gravação.

Depois de gravada, a célula ficará como mostrada na figura a seguir e todos os passos que seguimos para formatá-la foram gravados na macro:

	A	B	C
A1	▼	f_x	OuroData
1	OuroData		
2			
3			

Figura 15.010

Agora que temos uma pequena macro gravada, digite Alt+F8 para acessarmos a caixa de diálogo Macro. Selecione então a macro recém criada e clique em Editar. Vejamos:

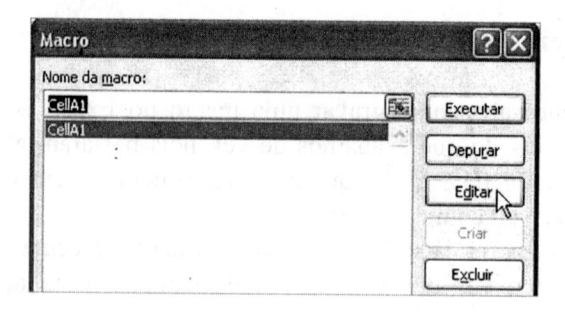

Figura 15.011

O Excel então abrirá o editor de VBA, onde veremos a macro em forma de códigos, estes códigos, na verdade, é a essência da macro criada. Observe a figura a seguir:

```
Sub CellA1()
'
' CellA1 Macro
' Formata A1 com cinza claro de fundo e insere OuroData
    With Selection.Interior
        .Pattern = xlSolid
        .PatternColorIndex = xlAutomatic
        .ThemeColor = xlThemeColorDark1
        .TintAndShade = -0.149998474074526
        .PatternTintAndShade = 0
    End With
    ActiveCell.FormulaR1C1 = "OutoData"
End Sub
```

Figura 15.012

Entendendo o código
"Inicia o código abrindo uma sub-rotina (sub)"
Sub CellA1()

"comentários iniciados sempre por um apóstrofo ou aspa simples (')"
' CellA1 Macro
' Formata A1 com cinza claro de fundo e insere OuroData

"Inicia a formatação da célula usando códigos de cor, tipo, binários e outros"
With Selection.Interior
    .Pattern = xlSolid

.PatternColorIndex = xlAutomatic
.ThemeColor = xlThemeColorDark1
.TintAndShade = -0.149998474074526
.PatternTintAndShade = 0
"fim da formatação da célula"
End With
"insere a palavra à "OuroData"célula"
ActiveCell.FormulaR1C1 = "OutoData"
"Fim da sub-rotina"
End Sub

É claro que o Excel, como qualquer outro editor de código, enriquece o código incrementando-o com linhas até certo ponto desnecessárias para o objetivo final pretendido.

Para entender melhor o que estou afirmando, compare esta linha o bloco de códigos a seguir com o já mostrado anteriormente:

"Inicia o código abrindo uma sub-rotina (sub)".
Sub CellA1()
"Inicia a formatação da célula localizando a que estiver selecionada e indicando o interior da mesma".
With Selection.Interior
"Aplica a cor de fundo (interior) número quinze".
.ColorIndex = 15
End With
"Aponta a célula selecionada e insere a palavra".
ActiveCell.FormulaR1C1 = "OutoData"
"Fim da sub".
End Sub

Ao executar esse bloco de código veremos que o resultado será o mesmo conseguido anteriormente. O fato de o Excel incrementar o código é devido ao modo que a macro é criada, ou seja, no modo gravação muitos pontos são avaliados pelo Excel bem como o estado atual da seleção, alinhamento do texto padrão e outros mais. Isto não ocorre quando digitamos uma macro pelo editor de VBA do Excel.

Criando novas funções pelo editor de VBA

Como já vimos no decorrer dos últimos capítulos deste livro, o Excel disponibiliza uma vasta gama de funções prontas para diversos usos e aplicações. Embora possuindo uma grande quantidade de funções, em muitos casos precisamos criar nossa própria função personalizando-a para uma tarefa em particular.

Para criar uma função personalizada no Excel, precisamos antecipadamente criar um módulo para que essa seja aplicada a uma determinada planilha do documento. Para iniciar o editor do Visual Basic, selecione: guia Desenvolvedor > painel Código > opção Visual Basic.

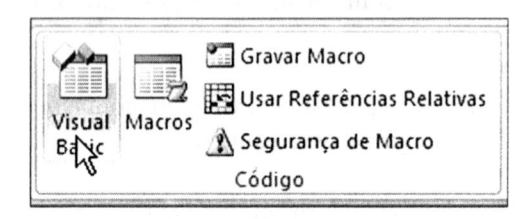

Figura 15.013

Já podemos ver a área de edição do VB.

Inserindo novo módulo

Para inserir novo módulo, selecione a planilha referente à esquerda com o botão direito do mouse, escolha Inserir > Módulo. Vejamos:

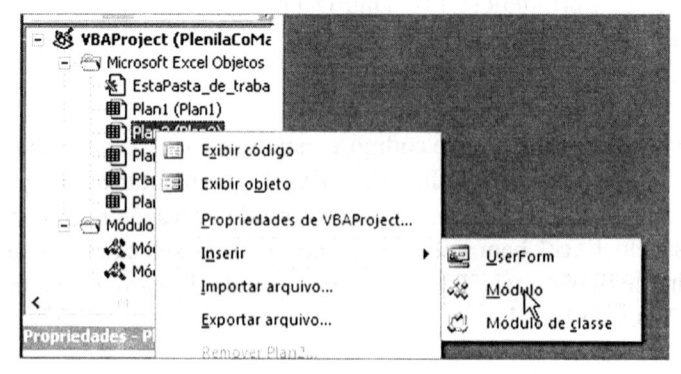

Figura 15.014

No exemplo mostrado na figura anterior, usei a Plan2 como exemplo para criar o módulo; dessa forma a função está disponível somente para a planilha 2 (Plan2).

Caso altere os nomes das planilhas, esses aparecerão alterados nessa lista.

Renomeando o módulo

Quando criamos novos módulos, esses são automaticamente nomeados por "módulo" mais um número sequencial à direita (ex. Módulo1, Módulo2...).

Para alterar o nome de um módulo, basta selecionar o módulo e na seção "Propriedades", logo abaixo, selecionar a guia "Alfabético" e então digitar o novo nome. Vejamos o exemplo:

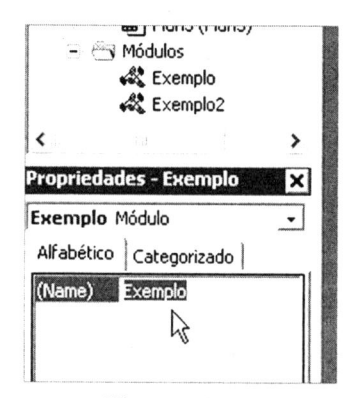

Figura 15.015

Automaticamente o módulo será renomeado na lista acima.

Acessando a área de edição de código do VBA

Para acessar a área de edição do Visual Basic, dê duplo clique sobre o nome do mesmo ou clique com o botão direito sobre o módulo e opte por Exibir código.

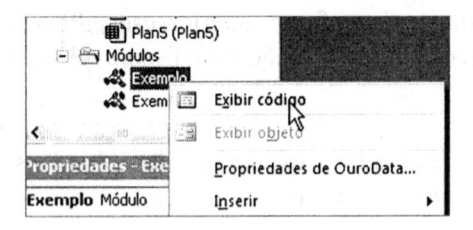

Figura 15.016

Haverá uma janela de edição no meio da tela:

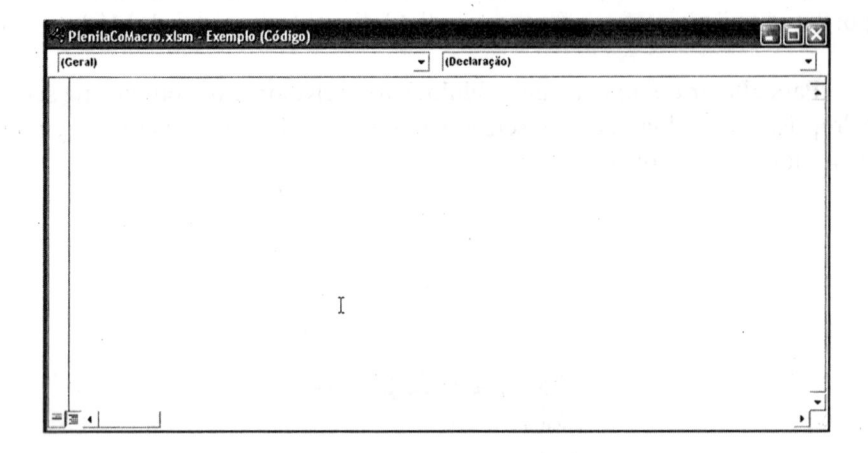

Figura 15.017

Nessa janela ou área de edição serão inseridos os códigos em VBA para a criação de macros e funções.

Estrutura de uma função em VBA

Uma função no Visual Basic sempre é escrita dentro da tag Function... End Function. O exemplo a seguir mostra a estrutura básica de uma função:

Function <nomedaFunção> (variável)

Comandos...estrutura lógica...

End Function

Função usando a estrutura Select Case

Para essa função usaremos a estrutura Select Case, mas ainda veremos o mesmo exemplo usando a estrutura IF...If Else.

Digite os códigos como mostrados a seguir na janela de edição do Visual Basic. Vejamos os detalhes:

```
'Comentário: Esta função foi desenvolvida por ::>>TARCIZIO DA ROCHA<<:: e foi exclusivamente
'desenvolvida para exemplificar detalhes deste livro. Espero que possa ser útil
'para o seu aprendizado.

Function quesexoeoseu(sexo)
    Select Case sexo
        Case "F"
            quesexoeoseu = "Feminino"
        Case "M"
            quesexoeoseu = "Masculino"
        Case Else
            quesexoeoseu = "Sexo não informado"
    End Select
End Function
```

Figura 15.018

Você poderia se perguntar: "mas e essas três linhas separadas no topo da janela de edição, fazem parte do código?" A resposta é NÃO. Estas linhas fazem parte dos comentários no VB.

Comentando código no Visual Basic

O comentário tem uma função muito importante em uma estrutura de código, isso em qualquer linguagem de programação. Os comentários são extremamente úteis para fazer citação, dar explicações detalhadas de partes do código, comentar e etc.

Para comentar no Visual Basic, use um apóstrofo no início da linha; dessa forma, o texto à direita do apóstrofo e na mesma linha que ele será desconsiderado durante a compilação do código pelo VB.

Aplicando funções criadas na planilha do Excel

Bom, criamos e comentamos a função quesexoeoseu. Resta agora mostrar o seu uso e aplicação na planilha do Excel. O primeiro passo é ir à planilha para a qual nós criamos o módulo e sequencialmente a função.

Já na planilha, monte uma pequena tela de trabalho para tornar o uso da função o mais profissional possível:

Figura 15.019

Feito isto, na célula B6 digite a função quesexoeoseu da mesma forma que digitamos outras funções e passe como parâmetro o endereço B5. Ex.: =quesexoeoseu(B5).

Note que o Excel, ao digitar as iniciais da função, mostra-a na lista de opções do menu flutuante, vejamos:

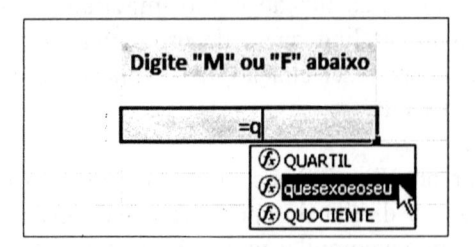

Figura 15.020

Depois de tudo pronto, digite em B5 "F" ou "M" ou outro valor e veja o resultado. A função retornará "Masculino" quando "M", "Feminino" quando resultado. A função retornará "Masculino" quando "M", "Feminino" quando "F" e "Sexo não informado" quando nenhuma das letras citadas forem digitadas.

Figura 15.021

Função usando o laço (loop) If...Then...Else

O objetivo é o mesmo, ainda que usado uma estrutura diferente. O uso da estrutura If...Then...Else é bastante simples de se entender. Vejamos um exemplo:

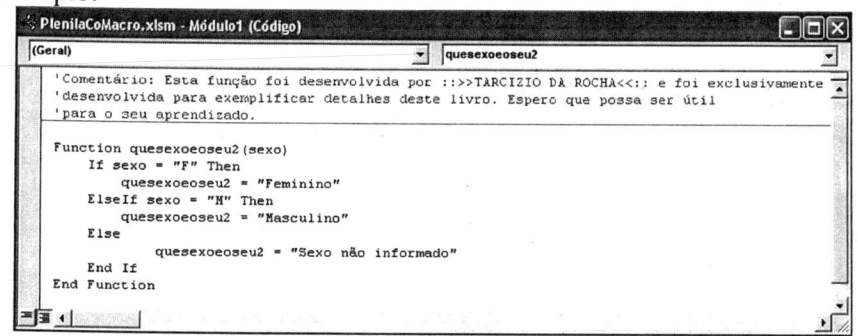

```
'Comentário: Esta função foi desenvolvida por ::>>TARCIZIO DA ROCHA<<:: e foi exclusivamente
'desenvolvida para exemplificar detalhes deste livro. Espero que possa ser útil
'para o seu aprendizado.

Function quesexoeoseu2(sexo)
    If sexo = "F" Then
        quesexoeoseu2 = "Feminino"
    ElseIf sexo = "M" Then
        quesexoeoseu2 = "Masculino"
    Else
        quesexoeoseu2 = "Sexo não informado"
    End If
End Function
```

Figura 15.022

Não esqueça de definir antes o local de execução dessa função, ou seja, devemos sempre criar ou selecionar o módulo no qual pretendemos executar nossa função.

Para executar a função, siga o mesmo procedimento mostrado para a função, o Excel já exibe a mesma na lista. No caso, as funções criadas são quesexoeoseu e quesexoeoseu2.

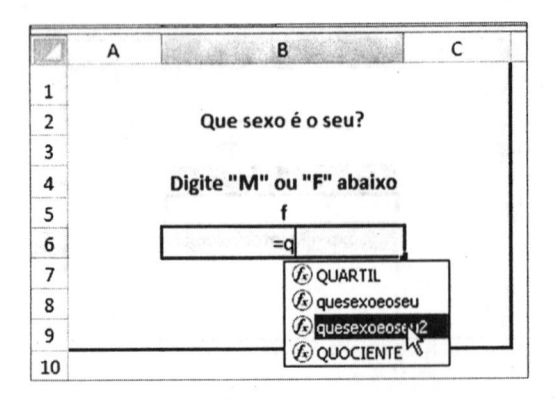

Figura 15.023

Testando valores lógicos com laço

Vejamos um exemplo de aplicação da estrutura Select Case testando valores lógicos com a ajuda de operadores. Nesse exemplo, testaremos se o número digitado em uma célula é maior (>) que 10, menor (<) que 10 ou ainda, se ele é igual (=) a 10. Vejamos:

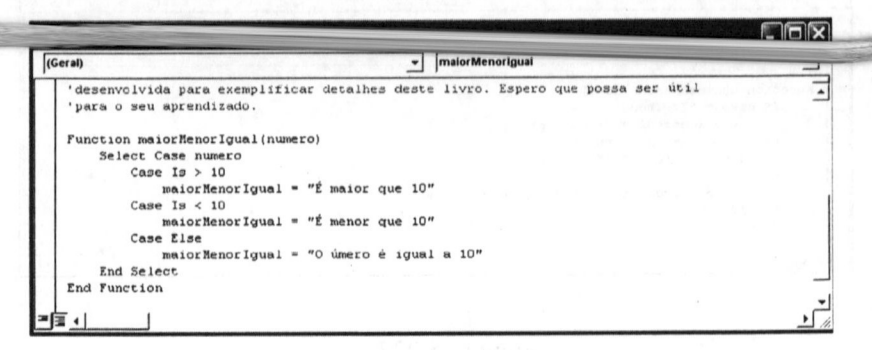

```
'desenvolvida para exemplificar detalhes deste livro. Espero que possa ser útil
'para o seu aprendizado.

Function maiorMenorIgual(numero)
    Select Case numero
        Case Is > 10
            maiorMenorIgual = "É maior que 10"
        Case Is < 10
            maiorMenorIgual = "É menor que 10"
        Case Else
            maiorMenorIgual = "O úmero é igual a 10"
    End Select
End Function
```

Figura 15.024

Para testar o código, proceda da mesma forma usada anteriormente. Vejamos:

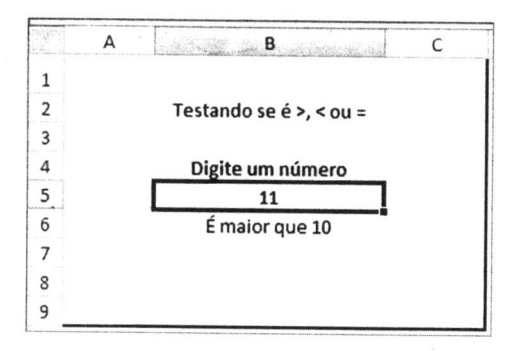

	A	B	C
1			
2		Testando se é >, < ou =	
3			
4		Digite um número	
5		11	
6		É maior que 10	
7			
8			
9			

Figura 15.025

Não se esqueça que a função foi digitada na célula B6 e foi passada como parâmetro a referência B5. Assim, o número digitado em B5 é que será avaliado pela função maiorMenorIgual.

Chegamos ao final de mais esta obra. O meu desejo é que esta possa ter sido e ser útil no dia a dia do amigo leitor. Que cada assunto, aliado ao esforço, prática e dedicação da sua parte, possa resultar em um aprendizado que venha a somar conteúdos para o seu crescimento profissional.

"Não se turbe o vosso coração, credes em Deus credes também em mim. Na casa de meu Pai há muitas moradas, se não fosse assim eu vo-lo teria dito. E se eu for e vos preparar lugar, virei outra vez e os levarei para mim mesmo, para que onde eu estiver estejais vós também."

"Disse Jesus: Eu sou o caminho, a verdade e a vida, ninguém virá ao Pai a não ser por mim."

João 14:1-3; 6.

Word 2007 Sem Limites
Uma Abordagem Completa do MS Word 2007

Autor: *Tarcízio da Rocha*

296 páginas - 1ª edição - 2009
Formato: 16 x 23
ISBN: 978-85-7393-837-1

Esta obra consiste em uma abordagem minuciosa e didática das funcionalidades do Microsoft Word 2007.

O autor se propõe a desmembrar e exemplificar cada item, de maneira que o leitor tenha em suas mãos um guia completo para tirar suas dúvidas nas atividades profissionais ou estudantis. Por ser altamente didático, o livro é indicado para uso em escolas de informática, onde o aluno ou professor terão total visualização do aplicativo e poderão facilmente tirar suas dúvidas enquanto estudam ou lecionam. Este livro possui conteúdo diversificado e distribuído de forma ascendente, podendo servir de fonte para estudantes de nível básico, intermediário e avançado.

À venda nas melhores livrarias.

EDITORA CIÊNCIA MODERNA

CorelDraw X3 Criando Gráficos Profissionais

Autor: *Tarcízio da Rocha*

416 páginas - 1ª edição - 2006
Formato: 16 x 23
ISBN: 85-7393-531-6

A suíte de aplicativos do CorelDRAW surpreende mais uma vez com inovações robustas e muito úteis. Neste livro são abordadas e detalhadas as funcionalidades dos quatro aplicativos da suíte Corel, incluindo CorelDraw, Corel Photopaint, Corel PowerTrace e o capturador de telas Corel Capture.

O livro se caracteriza como excelente material didático, possibilitando tanto o aprendizado quanto o aperfeiçoamento de profissionais já gabaritados na área da Editoração Gráfica.

Entre os muitos tópicos abordados, podemos enfatizar os exemplos de criação de logotipos, folders, convites, macros etc.; o tratamento de imagens e aplicação de filtros através do Corel Photopaint; a captura de telas, menus e áreas de tela através do Corel Capture; a vetorização e a manipulação de imagens através do Corel PowerTrace, e muito mais.

À venda nas melhores livrarias.

EDITORA CIÊNCIA MODERNA

Impressão e acabamento
Gráfica da Editora Ciência Moderna Ltda.
Tel: (21) 2201-6662